구자일의
한국인의 꿈 분석

| 신경정신과 전문의 구자일 지음 |

하나醫學社

들어가는 말

아직 많은 사람들이 꿈을 분석한다는 것에 아직 익숙하지 못하다. 그저 해몽이라는 것에 집착하고 있는 형편이다.

꿈을 분석한다는 것은 꿈꾼 사람의 무의식을 분석하는 것이다. 따라서 해몽과는 많은 차이가 있다.

우선 해몽과 꿈의 분석은 꿈을 보는 개념부터 서로 틀리다.

해몽에서는 꿈을 초자연적인 현상으로 해석한다. 따라서 절대신이나 귀신이 만들어 주는 것으로 보고 꿈에 나타난 [사물]의 의미에 집착한다.

그러나 꿈의 분석에서는 꿈을 초자연적 현상으로 보지 않는다. 그것은 단지 꿈꾼 사람이 각본을 쓰고 연출을 하고 주연을 하고 자기 혼자 관람하고 비평하는 혼자만의 영화로 규정한다. 그리고 그안에 나타나는 주제가 꿈꾼이의 무의식에 간직되었다가 떠오르는 흐름으로 보며 또한 꿈속의 [행위]가 꿈속의 [사물] 이상으로 분석에 주요한 대상이다.

춘향이가 옥중에서 거울이 깨지는 꿈을 꾸었다는데 춘향전 자체의 해몽은 거울이 깨졌으니 소리가 날 것이라고 했다. 결국 시간이 지나면 어떤 소리든 나기 마련이니 무슨 일이 벌어져도 해몽은 맞는 것이고 그렇기 때문에 아무런 의미도 없는 암시다.

사또 잔칫판도 소리가 나는 것이고 사형 판결도 소리가 나는 것이고 어사출도도 물론 소리가 나는 일이다. 춘향전에서는 태산명동하는 소리, 천지개벽하는 소리를 의미했을 것이지만 이는 춘향이에게 마지막으로 희망을 주는 것이고 위로의 말을 주는 것이지 이 꿈이 밝은 미래에 대한 계시를 내려준 것이라는 어떤 의미도 찾기 어렵다.

반면에 춘향이 자신은 여자가 아끼는 거울이, 분신같은 거울이 깨졌으니 그녀가 곧 죽으리라는 불안감에 싸여 있었고 그것이 턱없는 해몽보다 현실적이다.

그러나 춘향전의 독자들은 무의식중에 꿈은 이런 신령스러운 계시를 주는 것이고 해몽을 잘하면 그 뜻을 알 수 있다는 식의 꿈에 대한 교육을 얻은 것이다. 그것이 현재 한민족의 정서라고 해야할 것이다.

필자가 춘향의 꿈을 보면 거울은 여인의 분신이고 정절을 의미한다고 분석한다. 고래로 청동거울에는 죽을 때까지 님을 사랑하겠다는 금언들이 새겨져 있었다.

춘향이는 온갖 고초 속에서 정절을 지켜야 한다는 현실적 이성과, 월매의 말을 따라서 정절을 깨고 사또 수청을 들어서라도 목숨만은 살아남아야겠다는 꿈속의 본능적 무의식이 서로 갈등하는 상태라고 분석할 것이다. 갈등은 이성이 남아 있는 인간의 고유 권한이다. 본능만 따른다면 아예 존재하지 않는 것이 갈등인 것이다.

춘향이의 꿈 하나로 춘향이는 자신의 죽음을 예견하고, 해몽가는 천지개벽을 주장하고, 분석가는 정절을 포기하고 싶은 춘향의 본능을 분석해 낸다.

꿈의 분석은 바로 이러한 인간의 내재된 무의식적 본능을 이해하여 이성과 본능의 균형을 잡기 위한 것이다. 그러니 꿈이란 전적으로 그 사람의 지나온 경험 과정의 소산이며 하늘에서 떨어진 것이 아니다. 개인의 과거 경험과 미래의 희망으로 만들어지는 꿈을 현실 과학적으로 분석하는 과정이 꿈분석인 것이다.

반면에 꿈의 해몽은 한 인간의 경험의 산물이 아니라, 절대적으로 해몽자의 신과 같은 예지력에 의지하고 그 결과도 막상 새로운 것이 기대되는 바가 없으니 그저 주간지의 유머 코너를 갈음할 뿐이다. 믿거나말거나다.

꿈의 분석은 정신 치료의 일부이다. 즉 정신 치료의 한 과정에서 무의식을 알기 위한 것이다. 여러가지 신경증을 일으키는 소위 컴플렉스란 것은 컴퓨터 바이러스와 같은 잘못된 소프트웨어 프로그램과 같다. 컴플렉스는 바이러스 같은 생명체는 아니지만 컴퓨터바이러스처럼 컴퓨터의 주요 섹터에 상주하면서 인간에게 잘못된 정신적 조건반응을 일으킨다.

이를 테면 자라에게 물린 다음에 자라와 비슷한 솥뚜껑을 보고 비명을 지른다고 할 때에 이는 잘못된 정신 조건 반응인 것이다. 여기서 거꾸로 솥뚜경만 보면 놀라는 정신적 문제를 풀어나갈 때에 이것이 자라 때문인지 후라이팬 때문인지 혹은 지뢰 때문인지를 역추적해 나가는 주요 도구가 꿈의 분석이다.

여러 가지 정신적 문제의 결과에서 이러한 원인을 그 자신이 의식적으로 알고 있는 경우보다는 그 자신이 모르는 경우가 많고 또한 모르기 때문에 무의식의 컴플렉스라고 한다.

컴플렉스는 흡사 컴퓨터바이러스처럼 활동을 하여서 대뇌의 주요 기능을 할 수 없도록 마비시킨다. 강박증으로 자신이 한 일을 다시 확인하기 위해서 그외의 것은 아무것도 할 수 없거나, 공황장애로 집밖에는 한발짝도 나갈 수 없게 된다거나 하면, 그 사람의 대뇌라는 컴퓨터시스템은 대체적으로 양호한 상태지만 결과는 신경증이라는 컴플렉스로 인하여 아무 것도 할 수 없게 되는 것이다. 은행의 주 컴퓨터가 바이러스 때문에 시스템이 다운되는 것이나 별 다름이 없는 것이다.

은행의 컴퓨터가 바이러스에 감염되면 결국 바이러스를 찾아 제거해야 한다. 마찬가지로 사람에서도 잘못된 컴플렉스를 찾아 교정해야 하는데 우리가 주고받는 이성적인 말 속에서 그 사람의 컴플렉스는 대개 숨겨지므로 컴플렉스를 찾아내기 어렵다. 특히 자기 자신이 자신만의 컴플렉스를 발견하기란 더욱 어렵다.

"꿈에 혼자 사우나를 하다가 오빠가 나타나서 같이 수영을 했다." 결혼 10년째로 부부갈등을 가진 주부의 꿈이다. 꿈의 분석에서는 혼자 사우나를 하는 것은 성적 욕구가 분출되기 시작한 것이고 오빠와 수영한다는 것은 오빠와 섹스를 한다는 상징이다.

그녀는 현실적으로 오빠와 근친상간을 이룬 적이 없다. 하지만 그녀의 무의식적 소원, 즉 오빠에 대한 컴플렉스가 너무 강하다. 그래서 오빠가 남성의 기준이고 오빠같은 남자를 찾아야만 하고 오빠에 미치지 못하는 남편에게 불만에 빠져 있는 것이다. 동시에 오빠를 차지한 올케는 무의식 속의 라이벌이다. 저절로 옳은 말만 하는 미운 시누이가 되고 만다.

그러나 정신 치료는 숨겨진 문제, 컴플렉스를 아는 데서 끝나는 것이 아니다. 문제를 알아내는 것은 단지 정신 치료의 시작이다. 차근차근히 컴플렉스를 벗겨내야 되는 것이다.

진정한 정신 치료는 그 문제가 형성된 과정에서 결여된 요소들을 보충하는 과정이다. 그것은 비타민이 부족한 사람에게 비타민 부족을 알아내서 치료가 끝나는 것이 아니라 비타민을 얼마 기간동안 투여하는 것처럼 치료 과정이 있다.

신뢰감이 부족하면 신뢰감을 보충하고 안정감이 부족하면 안정감을 보충하고 의지력이 부족하면 의지력을 보충하고 이러한 치료과정이 반년에서 이년씩 걸리는 것이다.

물론 "자신감을 가져라."는 금언을 백번, 천번 옆에서 반복해서 말한다고 절대로 없는 자신감이 생기지는 않으니, 잘못된 컴플렉스의 벽을 해체하고 다시 처음부터 벽돌을 한장 한장 쌓는 시간 소모적 과정이 필수적이다.

항간의 최면요법과 전생요법은 이런 점에서 단기간에 불가사의한 해결을 볼 수 있다는 기대를 버려야만 한다. 본래 전생요법은 수년간의 정신치료의 보조적으로 쓰였던 것이고 지금도 외국에서는 보조요법이다.

그러나 이것이 한국적 현실에서는 보조 치료가 아니라 주된 치료가 되고 숨겨진 문제를 발견한 그 날이, 그 문제가 진짜 전생의 문제인지도 절대로 확신할 수 없지만, 모든 치료가 끝나는 날로 환자들에게 인식되고 있다.

해몽이나 전생 같은 비과학적 현상에 대하여 한민족의 기형적인 기호 정서는 식을 줄을 몰라서 20세기가 다 가도록 미신에 집착하는 사람이 많다.

적어도 10% 이상이 미신에 의지해서 살며 30%이상이 미신에 호감을 가지고 있다. 약간을 지나친 수많은 점복술 집은 더욱 번성하고 있다. 그러니 한국적 집착에 의하여 도저히 말도 되지 않는 사이비 신흥종교가 이 땅에는 쉽게 뿌리내리기도 하고, 또한 외국의 고등 종교도 한국에 들어오면 토착화되어서 미신화 되고 우상화 되는 일이 많다. 거기에 낭비되는 한국의 경제도 무시할 수 없을 지경이다.

다방보다 많은 교회 숫자는 "한 지붕 세 교회"를 이룰 날도 머지 않았다. 그것이 이 나라가 기독교의 새로운 성지라는 의미로 생각되지 않는다. 그대신에 하느님보다 개인을 위해 교파와 교회가 건설되어 철저히 개인 우상화되는 일탈된 기독교가 많다는 의미로 귀결된다.

개인의 선택 역시 미신적이다. 이 곳에서 복을 주지 않으면 다른 곳에 가서 기복을 한다. 복을 주는 것은 하느님이 아니라 그 대리자인 셈이다. 보이지 않는 하느님을 믿을 수는 없고 복을 잘 주는 대리자, 안수 능력을 가졌다는 대리자만 믿을 수 있는 것이 된다. 결론은 한국적인 기형적, 미신적 신앙심이 신과 거의 같은 대리자와 그들의 교회를 양산한다는 것이다.

정신과 환자의 치료에 있어서도 귀신 쫓는 안수에 의해서 정신병이 나아진 사람은 일부이다. 예전에 위장속에서 막힌 돼지고기를 꺼내면 위장병이 낳는다고 목구멍을 통해 돼지고기 꺼내는 사이비 시술이나, 심령수술이라고 맨손으로 수술한다면서 사실은 돼지피를 환부에 바르고 쇼를 하는 사이비 시술처럼 극히 일부 환자에게 "병이 다 나았다"는 확신을 주어서 병세를 조금 잠시 낫게 하는 정도의 효과밖에 없다. 그보다는 정신병에 걸렸던 약한 정신력의 사람이, 안수 과정을 통해서 몸에 나쁜 귀신까지 들었다는 새로운 병을 얻게 되는 것이 대부분이다.

한국인의 미신 생활은 여기서 그치지 않는다. 서울 종로 한복판에서 멀쩡한 사람 허리춤을 붙들고 "당신 조상살이 끼었어. 500만원 짜리 제사를 지내야 돼." 라고 시비를 걸면 90명은 아무 생각 없이 뿌리치고 그냥 가지만 10명은 그 정도 돈이 여유가 있으면 조상살을 벗어나기 위해 투자할 수도 있다고 생각하고 개중에 2-3명은 빚을 내서라도 꼭 살풀이 제사를 지낸다. 좀 심약한 사람을 골라서 허리춤을 붙들면 훨씬 확률을 올릴 수 있다.

동대문 평화시장 앞에서 지나가는 사람 백명을 붙들고 손목 한번 잡고서 "당신 간이 나빠." 하면 열명은 "정말로 간이 나쁩니다. 좋은 방법 있습니까?" 할 것이고 삼십명은 끄덕거리면서 "요즘 쉬 피곤해졌는데 그때문이군요." 할 것이다. 삼십명은 "뭐 잘 못느끼겠는데 조심해서 나쁠 것은 없지." 할 것이다. 그리고 나머지 삼십명 정도만이 의문을 보일 것이다. "최근에 간 검사 했는데 이상이 없었는데요?"

이때 "내가 말한 간은 해부학적 간이 아니고 동양적 전통 간 시스템인 간 경락이야. 이 간 시스템이 약해지면 눈이 흐려지고 피로가 빨리 오고 또 흥분을 잘하여 분노하기 쉽고 지금처럼 잘 따지는 성격이 되지." 라고 다시 한번 협박을 하면 그중 절반은 고개를 끄덕이고 물러서는 형편이다. 나머지 열다섯명도 잘 모르겠다 하고 물러서고 만다.

그러나 실제 손목 잡고 진찰하는 맥진의 오차율은 얼마나 될까? 하고 따지는 사람이 없다. 수년전 체질진단이 유행할 때에 텔레비젼에서 체질맥 감별을 여러 시술자에게 시켜봤더니 일치율이 60%를 넘기 힘들었다. 그러니 맞아도 그만, 안 맞아도 그만, 믿거나말거나 수준이라고 할 수 있다.

하지만 그보다 더 중요한 것은 "간이 나쁘다"는 의미의 진정한 가치이다. 간은 어떻게 나쁜 것인가? 간의 선천성 기형인지, 간염인지, 간암인지, 간염이면 바이러스형인지, 바이러스형이면 A형인지, B형인지, C형인지, E형인지 구별해야 의미가 있고 세균 감염형인지 간농양인지, 혹은 해로운 약물 중독형인지, 혹은 간암이면 원발성 간암인지, 전이형 간암인지 감별진단이 되어야 비로소 진단적 의미가 있다. 결코 손목의 맥진으로 감별이 가능한 것이 아니다.

각기 적확한 감별 진단을 내리고 거기에 맞는 치료를 하면 "간이 나쁘다"는 결론이 의미가 있지만, 적확한 진단 없이 적확한 치료도 아닌 "그저 간을 좋게 하는 보약"이라면 진짜 간 나쁜 사람도 제대로 치료받고 살 수 있는 기회마저 잃고 말 것이다. 병든 농작물에 무조건 비료를 듬뿍 주어서 살리려는 농민은 없다.

요즘 간암 환자까지도 많은 사람이 목숨을 구하고 있는데 이는 오로지 양의학의 진단과 치료 기술의 발달에 힘입은 것이다. 손목 잡고 간 나쁘다고 진단해서 많은 간암 환자들의 목숨이 연장된 것이 결코 아닌 것이다. 또한 일부 우상화된 신적인 존재들의 안수 기도가 점점 잘 되어서 그런 환자들의 목숨이 연장된 것도 아니다.

한국은 기적의 건강식품이 유독히 많은 세계적 낙원이다. 그런데도 세계에서 4,50대 남자들의 과로 사망율이 가장 높다. 그러나 우리나라 남자들만 처자식 먹여살리고 우리나라 남자들만 과로하는 것은 절대 아니다.

그보다는 건강을 지키는 방법이 보약이나 건강식품에 의존하는 미신적 행태에 머물러 있기 때문에 일찍 죽는 것이다. 기적의 건강식품을 구했어도 대부분은 기적을 얻지 못한다.

이 보약의 새로운 기적에 매달리는 동안, 혹은 저 보약의 기적적인 효과를 믿고 스스로 헛된 믿음을 얻어서 자위하는 동안, 가장 중요한 기본 운동에 소홀해져서 심신이 건강을 잃고 4,50대에 과로를 견뎌내지 못해 죽는 것이다. "보약 드세요."의 미신적 권유는 "빨리 죽으세요."라는 강권이 되는 것이다.

다가오는 21세기를 맞으면서 우리 한민족은 바로 이런 미신 근성을 타파하고 일상 생활을 과학화하지 않으면 안될 것이다.

꿈분석에서 무엇보다 중요한 것은 자신의 기억을 이용한 개인적 연상이다. 여기에 소개되는 꿈분석은 바로 여러분 자신의 연상이 결여되어 있다. 여러분 자신의 연상이 연결되어야 분석이 정확히 맞을 수 있다. 이런 꿈은 무조건 이렇게 분석한다고 생각하면 여러분은 이 책으로서 새로운 미신에 빠지는 것이다.

하지만 비슷한 패턴의 꿈분석이 이꿈, 저꿈에서 여러번 반복되는 경우에는 당신의 무시와 부정보다 이 책이 옳다. 여러분은 "나는 절대로 아냐."라고 말하고 싶을 것이나 그것이 바로 여러분이 극복해야 할 컴플렉스다.

"외디푸스 컴플렉스, 나는 그런 것 없어."라는 공언은 100% 틀린 말이다. 누구나 어릴 때부터 있었던 것이고 아직도 얼마간 남아 있는 것이다.

우리 주변에서 자신의 섹스 유희 상대로 굳이 미성년자를 찾고, 그래서 [원조교제]를 하거나 외국까지 [섹스 투어]를 떠나는 4,50대 남자들은 바로 자기 딸에 대한 근친상간적 욕구가 병적으로 깊어서 이를 해소하러 다니는 것이다. 분명 잘못된 외디푸스 컴플렉스 행태가 우리들 머리 위로 날라다니는 것이다.

특히 [마마보이]를 양산하는 우리나라의 가부장적 사회 구조에서는 외디푸스 컴플렉스가 뿌리를 잘 내린다. "나는 [효자]이고 [마마보이]가 절대로 아냐" 라고 말하는 한국 남성의 50%도 현실적으로 냉엄한 자기 시각 교정이 필요한 [마마보이]다.

이 책에서는 임상에서 꿈분석을 하는 몇가지 사례를 소개한다. 불안증, 우울증, 의처증등 여러 증상의 꿈들을 볼 수 있다.

환자의 꿈과 일반인의 꿈은 별반 다르지 않다. 정신과 외래에서는 자신의 불편을 느끼고 해소하러 왔으므로 그 자리에서 환자인 것이며 진료실을 벗어나면 일반인과 다를 것이 별로 없다. 똑같은 불편이지만 그냥 혼자 참고 살며 병원 신세를 한번도 지지 않았다고 해서 정신력이 특별히 강한 건강한 일반인이라고 볼 수는 절대로 없다. 그보다는 우매하고 차마 용기도 없는 불편한 일반인일 뿐이다.

한 편의 꿈분석과 달리 사례집은 한 사람의 꿈분석 치료 과정에서 꿈이 어떻게 진단적으로, 또 치료적으로 유용한지 알 수 있다. 그리고 특히 치료 과정 중의 [전이현상]에 대해서 주목해서 보아야 한다.

이 책의 부록 "꿈의 해설" 에서는 꿈에 대한 여러가지 의문을 체계적으로 풀어준다. 모든 미신적 정신 현상을 과학적으로 바라보게 하는데 도움을 줄 것이다.

이 책 전반에 걸쳐서 가끔은 필자의 상념이 두드러져서 다른 전문인이나 일반인에게 또다른 의문을 갖게 할 것이다.

필자는 아직도 변화할 수 있다. 아직 생생히 살아 있음으로서 변화를 수용할 수 있는 것이다. 따라서 필자의 잘못된 관점이 있다면 조만간 깨닫고 수정될 것이며 그럴 준비가 되어 있다.

그러나 고목이 되면 변화를 수용하기 어렵다. 여러분들의 의문을 가을날의 고목 의식으로서 부정적으로 판단하지 말고, 대신에 역시 여러분의 내재된 사유 능력으로 의문을 풀어보기를 기대한다.

contents

1장. 개꿈도 약이 된다.

contents

2장. 사느냐, 죽느냐?

contents

3장. 영혼의 치료자

4장. 짝 잃은 외기러기

부록 [꿈의 해설]

1장

개꿈도 약이 된다

초조해 양의 경우

"간밤에 꿈을 꾸신 것이 있습니까?"

당장 눈앞에 닥쳐온 여러 증상에 집착하여 안절부절하며 얼굴을 찌푸리고 마주앉은 환자에게 이런 질문을 하면 대개 꿈을 꾸기는 했는데 잘 기억이 나지 않는다고 한다.

그것이 보통이다. 우리는 살아가면서 기억해야 할 것이 너무나 많기 때문에 굳이 지나간 꿈까지 유념하고 다닐 필요가 없고 그래서 잘 기억하기 어렵다.

하지만 그래도 또 묻는다. 치료자에게는 환자가 겉으로 표현한 증상보다는 그 증상의 뿌리가 더욱 중요하기 때문인데, 바로 그 뿌리를 추적하기 위해서 환자의 무의식을 들여다볼 수 있는 실마리를 잡기 위해 잘 기억나지도 않는 꿈을 이야기하라고 하는 것이다.

그러면 환자는 며칠 전에 꾸었던 인상 깊었던 꿈 한두 가지는 단편적이나마 기억해 내기 마련이고 거기서부터 꿈분석이 시작될 수 있다. 하지만 겨우 단편적인 꿈 쪼가리 하나로 충분한 분석이 될 수 있을까?

물론 가능하다. 단편적인 꿈에 등장하는 주요 인물이나 주요 사건에 대한 보충 설명을 환자로부터 듣고 또 연상을 시키고 그럼으로써 가능하다. 그뿐 아니라 대개 꿈분석의 시작은 아주 짧은 꿈에서 시작이 되는 것이 보통이다.

그러면서 분석을 점차 진행시켜 나가는 동안에 환자들은 꿈을 기억하는 양이 점차 늘어나서 저절로 긴 꿈을 가져오게 된다. 단지 아침에 깨어나 간밤에 보았던 꿈을 반추하고 좀더 신경 써서 기억하려고만 하면 더욱 선명하게 기억될 수 있는 것이 꿈의 속성이다.

"어제밤에는 그냥 개꿈이었어요."

처음 분석을 시작하면서 흔히 듣는 말이다. 하지만 치료자가 요구하는 꿈이 애당초 용꿈도 아니고 돼지꿈도 아니다.

그저 일상적인 꿈, 환자 자신의 평소 무의식이 솔직하고 자유스럽게 드러나는 간밤의 꿈 그자체로 충분하다. 바로 그 개꿈이 치료에 도움이 되는 것이고 약이 되는 것이다.

초조해 양은 이십오 세의 평범한 여성이었다. 그녀는 무난히 대학을 마쳤고 직장 근무를 충실히 해 오다가 얼마 전 집안 어른들의 중매로 맞선을 보았고 상대방에게 호감은 별로 없었지만 몇 번 만나 보고 괜찮은 남자라는 생각이 들어서 결혼을 응낙하였다.

그런데 결혼을 얼마 앞두고 열심히 결혼 준비를 하여야 할 시기에 갑자기 불면증이 심해지고 극심한 불안 초조 증상을 일으켜서 도대체가 혼이 나간 사람처럼 정신을 차리지 못하였다.

초조해 양은 견디다 못해 정신과 병원으로 직접 찾아오게 되었다. 그녀 스스로 불안하고 답답한 자신의 증상이 심리적인 원인에 기인하리라는 것을 어렴풋이 짐작하고 있었기 때문이기도 했다. 그러나 그것이 정확히 무엇 때문인지는 미처 알고 있지 못했다.

치료자와 처음 마주앉은 초조해 양은 알 수 없는 불안에 대한 걱정으로 꽉 차 있었다. 그녀는 제법 큰 키에다가 돋보이는 큰 눈을 가지고 있었는데, 그녀의 초점 잃은 눈동자는 여기저기로 계속 진료실의 허공을 바쁘게 떠다녔고 그녀의 목소리 역시도 겁에 질린 어린아이의 그것처럼 흐트러진 것이었다.

뿐만 아니라 그녀의 두 손도 역시 그녀의 의식적 통제를 벗어나 따로 놀다시피 하면서 가방과 무릎 사이로 바삐 쫓겨다녔다. 앉은 자세도 마치 죄지은 사람처럼 들썩였는데 바로 좌불안석이었다.

그러나 그녀는 한바탕 울어 버릴 것 같지는 않았다. 어쩌면 바로 그 울지 못하는 것이 병인 것 같았다. 평생 동안 슬플 때도 마음대로 울지 못하고 겨우겨우 억지로 참고 견디어 오다가 마침내 미칠 것 같은 불안감의 엄습으로 더이상은 견디지 못하고 병원을 찾아온 것이다.

정신과 병원에 오면 누구나 가장 어릴 때의 첫기억부터 시자하여 이제까지 살아오는 동안에 기억나는 거의 모든 일을 자의반 타의반으로 밝히게 된다.

그녀는 치료자의 눈을 바로 보지는 못했지만 그녀의 신상 이야기를 두서없이 털어놓았다.

초조해 양은 비교적 부유한 집안에서 태어났으나 불행히도 5세경에 아버지를 중풍으로 잃었다. 그래서 그녀에게는 어머니와 오빠 하나가 전부였는데 다행히 경제적인 고생을 면한 것은 기업체를 운영하고 있는 작은아버지 덕이었다. 그녀는 대학을 마치자 바로 작은아버지 회사의 사장실에서 여비서로 근무하고 있었다.

그런데 그녀에게 한 가지 아픈 상처가 있었다. 한참 예쁘게 피어나던 대학 초년 시절, 선배와 데이트하던 중에 어설프게 순결을 잃은 것이었다. 그녀는 지금도 그 남자를 몹시 원망하면서 그것은 분명히 일방적인 강간이었다고 주장하였는데 아마도 내용상으로는 데이트 강간이라는 용어가 걸맞을 것 같다.

이를테면 두 사람은 가벼운 마음으로 데이트를 하고 저녁에 같이 술을 마시기는 하였지만 그녀로서는 순결을 내줄 의도가 전혀 없었다. 그러나 그 남자는 그녀의 명백한 거부 의사를 무시하고 술김에 일을 저질렀다고 하였다. 그는 그녀와 결혼할 의사도 표시했다.

그러나 그녀는 현명하게도 그런 식의 일방적인 결혼에 끌려갈 수는 없다고 스스로 결론지었고, 그와 즉시 헤어졌다. 이십세기 말에 여자의 순결이 결혼의 절대적 조건은 아니라고 생각했던 것이다.

그 이후에 속으로 그 남자만 생각하면 분통해서 이를 갈았고 겉으로도 그녀는 자기도 모르게 조금씩 변해 갔다. 보이는 남자마다 하찮은 속물 같았다. 그래서 어떤 남자를 만나도 자신의 진면목을 보여 주기 보다는 다소 연극적인 태도를 보이며 귀찮아했다.

어느 남자 앞에서나 늘 같은 이야기를 앵무새처럼 되풀이하면서 그녀는 무엇인가 새로운 것을 찾았지만 항상 별것이 없었고 그래서 금방 관계가 시들해져서 헤어져야 했다. 그러다 보니 어느 남자와도 진실한 마음의 대화를 가질 수는 없었다.

그러다가 결혼 때가 되었다고 강요하는 어머니의 권유로 초조해 양은 맞선을 보고 당시로서는 꽤 괜찮은 조건을 갖추었던 맞선 상대자와 너무나 쉽게 결혼을 하기로 약속하였던 것이다.

그런데 바로 그 약속이 있은 직후부터 그녀는 도저히 편안한 잠을 이룰 수가 없었다. 결국 그녀는 혼수 준비를 하다가 중단하고 식구들 몰래 치료를 받으러 오게 되었다.

치료자는 초조해 양의 이야기를 듣고 나서 그녀의 내면에서 솟아오른 거부감, 눈앞에 닥친 결혼에 대한 무의식적 저항의 원인을 찾아보았다. 초조해 양의 무의식이 두려워하고 거부하는 것이 결혼 자체인지, 혹은 결혼 상대자인지 또는 모든 남성인지 아직 알 수 없었다.

다만 그녀의 내면에서 시작된 무의식적인 결혼 거부를 잠시 억누르고 진정시켜서 그녀를 억지로 결혼식장으로 밀어 넣는다면 아마도 결혼 자체는 성립하겠지만, 그러나 그 이후로 그녀는 그 해결되지 않은 무의식의 갈등으로 해서 더 큰 고생을 자초하게 될 수도 있는 것이다. 그것은 결혼 초기부터 만성적인 히스테리 증상들, 이를테면 이유없는 허리 통증이나 만성적인 두통으로 나타나 평생 동안 그녀를 괴롭힐 수도 있다.

치료자는 치료의 결과를 그녀 자신의 무의식이 충분히 성숙된 이후에 바로 그 무의식의 결정에 따르도록 방임하기로 하였다.

그리고 그녀에게 치료자가 선택한 치료법에 대하여 간략하게 설명하고 그녀가 치료자의 치료에 적합한지를 알아보는 시간을 가지기로 하였다.

꿈분석을 통한 치료는 아무나 치료자로 나설 수 없는 것이지만 역시 환자도 아무나 될 수 없다는 단점이 있다. 꿈분석 치료의 환자가 되자면 결코 머리가 좋거나 학력이 높아야 하지는 않지만 그대신에 인내력이 있어야 하고 합리적인 상상력이 있어야 한다. 그것을 심리학적 마음씀씀이(PSYCHOLOGICAL-MINDNESS)라고 한다.

1. 다락방의 빈 상자

어느 작은 방에 있었는데 침대가 놓여 있었다.

여자 친구가 갑자기 찾아와서 책을 감춰 놓지 않았냐고 방안을 뒤졌다.

나는 아무 것도 숨긴 것이 없다고 말했으나 친구는 다락문을 열었다.

다락 안에는 작은 상자가 있었고 상자를 풀어 보니 또 상자가 들어 있고 그 상자 안에도 역시 아무 것도 없었다.

초조해 양은 치료 세번째 시간에야 처음으로 꿈을 가져왔는데 그동안 자기 꿈을 치료 시간에 이야기하는 데 대한 약간의 저항을 보이고 있었다.

"꿈이 없었어요"

"그냥 개꿈이었어요."

"조금밖에 기억나지 않아요."

꿈을 내놓기가 이렇게 힘든 것은 일종의 무의식적인 저항이며 또한 자신의 무의식이라는 미지의 세계에 대한 치료적 탐험을 두려워하고 있는 까닭이기도 하다.

초조해 양은 어렵게나마 꿈 이야기를 하고 나서, 또다시 현재 그녀가 느끼고 있는 정신적인 고통, 초조감이나 불안감 등의 여러 증상을 한 번 더 되풀이하였다. 그녀의 관심은 오직 초미의 신체 증상뿐인 것이다.

게다가 이제까지 자신이 살아온 이야기를 포함하여 자신이 밝힐 수 있는 모든 이야기는 한 점의 비밀도 남기지 않고 다 말했고, 거기다가 치료자가 시킨대로 간밤의 꿈까지 말했으니 더 이상 할말이 없다는 태도를 보이고 있었다.

이런 식의 환자의 항변은 치료 초기에 흔히 일어나는 일이다. 환자들은 자기의 지난 이야기를 단 몇 시간에 걸쳐서 장황하게 말하고 나면 치료자가 학교 선생처럼 해결 방법을 이야기해 줄 것으로 기대한다.

그러나 치료는 바로 그때부터 시작이다. 왜냐하면 이 치료는 환자가 스스로 치료하는 과정이며 치료자는 단지 치료의 길로 그녀를 안내하는 조력자라고 할 수 있기 때문이다.

그것을 구체적으로 설명하면 그녀는 치료 도중에 자기 스스로 자기의 꿈을 해석하는 방법을 배워서, 결국 치료자의 도움 없이도 자기의 무의식을 스스로 분석해 내서, 자신의 무의식과 의식을 그녀의 현실 속에서 적절히 조화시키고, 다시금 새로운 자신으로 태어나야 하는 것이다.

꿈은 한 편의 영화이다. 꿈꾼이의 무의식이 원작을 쓰고 꿈꾼이가 주연배우이자 감독을 하고 또 편집을 한다. 게다가 꿈꾼이 자신만이 유일한 관객이고 비평가이다. 꿈속의 어떤 인물이 무슨 행동을 하든 간에 그것은 꿈꾼이의 무의식이 조작한 각본이다.

그러나 꿈이 꼭 꿈꾼이의 소망대로 헐리우드(HOLLYWOOD)영화에서 보듯이 해피엔딩(HAPPY-ENDING)으로 처리되지만은 않는다. 때로는 비극적인 것이 꿈이다. 꿈꾼이의 의식적인 통제를 전혀 받지 않는 그의 무의식적 정서가 꿈을 만들어 내기 때문이다.

그 점은 병적인 신체 증상도 마찬가지이다. 자신의 의식적 통제를 받지 않는 무의식이 현실에 불만족을 느낄 때에 자신의 몸에 고통스런 증상을 만들어 내는 것이다. 그런 면에서 증상은 그 사람의 의식적인 행동 양식이나 그가 처한 환경 상태에 대하여 그 자신의 무의식적인 거부감을 충실히 대변하고 있는 신호이다.

치료자들은 초조해 양처럼 겉으로 나타난 신체 증상을 보고 충분히 그 사람의 무의식 상태를 짐작할 수도 있다. 그러나 그것을 그 자리에서 설명해도 환자는 대개 납득하기 어렵다. 환자가 미처 모르는 자신의 무의식을 치료자가 미리 안다는 것도 그렇고, 자신의 무의식이 자신의 의식적인 정신 행동에 도전한다는 것도 수긍하기 어렵다.

애당초 무의식은 의식보다 더 세력이 크고 의식을 지배하는 편인데, 일반적인 생각으로는 무의식이 의식보다 멀리 있는 것같이 느끼며 살아왔기 때문에 어느날 갑자기 자신의 숨겨진 무의식이 자기 자신의 앞길을 가로막는다는 것이 실감나지 않는다. 특히 자의식이 강한 사람일수록 무의식 자체를 인정하기가 어렵다.

그래서 환자의 현실과 조화롭지 못한 무의식 상태를 치료자가 증명을 해서 보여 주는데, 그때의 증거가 바로 그 사람의 꿈이다. 꿈은 바로 환자의 무의식이 주체적으로 전해 주는 솔직한 고백이기 때문이다. 따라서 꿈을 보면 그의 무의식이 평소 무엇을 생각하고 또 어떻게 느끼고 있는지를 쉽게 알 수가 있다.

그녀의 꿈을 분석하기 위해 꿈을 이루고 있는 여러 가지 중심 단어들을 살펴볼 필요가 있다. 첫째로 침대방, 둘째로 그녀를 추궁하는 여자 친구, 셋째로 책, 넷째로 다락방, 다섯째 상자 그리고 가장 중요한 것으로서 그녀의 결백 주장과 그것을 상대가 믿어 주지 않는데 대한 답답한 심정이다.

여기서 책, 다락방, 상자는 문학적으로 말하면 같은 원관념을 가지고 있는 상징적 표현이다. 그 공통점은 물론, 속을 열어 보이는 것이며 현재는 닫혀져 있고 그 안에는 무엇인가 숨겨져 있다. 책 속에는 비밀이, 다락방에는 오래된 것이, 상자 속에는 소중한 것이 담겨져 있어야 한다.

그러므로 다락문이나 상자 등은 여성의 성기를 상징한다. 책도 역시 마찬가지로 여성의 성기를 상징하는 의미가 있으면서, 동시에 비밀스런 역사, 이를테면 그녀의 순결 상실의 역사를 은유하고 있다.

꿈을 분석하자면 바로 이러한 꿈의 상징적 표현이나 위장 전술에 익숙해야 한다. 꿈이 굳이 직설적이지 않고 이렇게 상징이나 위장으로서 나타나는 이유는 그녀의 무의식속에 들어 있는 양심이라는 검열관에게 성에 대한 주제가 금기시 되어 있기 때문이다.

하지만 사람은 성에 대한 꿈을 꾸지 않을 수 없는 것이, 그 또한 사람의 무의식적인 본능이다. 그래서 본능적 무의식의 분출 요구와 양심적 무의식의 자제 요구가 서로 타협하여 나타난 산물이 바로 상징과 위장이다.

그래서 상징과 위장 속에 꿈을 좀더 모호하게 만들어서 양심의 제약이나 검열을 피하는 대신에, 적나라하게 본능적인 꿈을 훨씬 쉽게 편안히 꾸게 된다. 따라서 만일 치료 중에 그녀의 무의식적 금제가 상당히 풀리고 나면 그 다음의 꿈은 상징을 굳이 사용하지 않고, 보다 직설적으로 대범하게 나타난다.

이 꿈에서 그녀의 순결을 추궁하는 여자는 사실은 남자가 위장된 것이라는 것을 짐작할 수 있다. 침대가 있는 그녀의 방안에 외간 남자가 등장하는 것은 그녀의 무의식이 도덕적으로 용납할 수 없기 때문에 그녀의 무의식이 꿈을 감독하면서 남자를 여자로 위장하여 놓은 것이다.

다락문을 열고 상자를 뜯고 그녀를 추궁하는 남자는 바로 그녀가 결혼하기로 한 상대자라고 생각이 된다. 그녀의 무의식이 앞으로 다가올 장래를 생각하고 걱정하는 것, 그녀의 무의식이 혼자 걱정을 하다못해 병적인 신체 증상을 일으킨 원인이 분명하게 드러난 것이다.

다시 꿈을 처음부터 살펴보면 침대가 있는 장면은 그녀가 신혼 여행 중에 남자를 기다리는 장면이고 남자가 찾아와서는 실망스럽게도 책을 먼저 찾는 것은 그녀가 순결한가 추궁하는 것이다.

그녀가 결백하다고 말을 해도 그 남자는 믿지 않고 계속 추궁을 하는데 아무리 그래도 그녀는 이미 없어진 책, 즉 처녀막을 내놓을 수 없으니 답답하고 절망적인 심정에 빠지는 것이다.

이제 그녀의 꿈을 살펴보고 나니, 비로소 초조해 양의 원치 않은 첫경험이 그녀가 겉으로 부인한 것과는 달리, 깊은 상처를 남긴 것을 알 수 있다. 비록 의식적으로는 그렇게까지 순결에 연연하며 살고 있지 않다고 그녀는 여전히 말할 수 있지만, 의외로 그녀의 무의식속에 남겨진 상처가 깊은 것이다.

치료자 역시 그녀의 자기 소개만 듣고서, 그녀가 무의식속에서 두려워하는 것이 과연 무엇인지 모르고 다만 여러 갈래로 이것저것 추정만 해 왔는데 이 꿈으로써 확실한 단서를 찾은 것이다.

이제 그녀가 무엇 때문에 병이 났는지 진단은 거의 확실해졌다. 하지만 그녀의 치료는 아직 요원하다.

치료 역시 이제까지의 진단 과정과 똑같은 방법으로 이루어진다. 바로 그녀의 억압된 무의식이 꿈분석을 통하여 서서히 노출이 되면서, 그녀의 무의식속에 치료자와의 새로운 경험이 충분히 쌓인 연후에, 역시 그녀의 무의식이 주체적 판단을 내려서 그녀가 절대로 안전하다는 정서를 다시 얻어야 치료가 된다.

그러한 과정을 다섯 단계로 설명을 하면 첫째 의사가 진단을 내리는 단계, 둘째 환자가 의사의 진단을 이해하는 단계, 셋째 의사가 환자의 전이를 발견하는 단계, 넷째 환자가 자신의 전이를 이해하는 단계, 그리고 다섯째로 환자가 충분한 경험으로서 자신의 전이 감정을 용해시키는 단계로 볼 수 있다.

물론 다섯째 단계가 가장 많은 치료 시간을 필요로 하는데 그것은 반년이 걸릴 수도 있고 십 년이 걸릴 수도 있다. 그래서 정신 치료는 어떤 치료보다도 시간이 많이 걸리는데 치료받으려는 사람의 인내가 많이 필요하다.

2. 황톳길의 실뱀

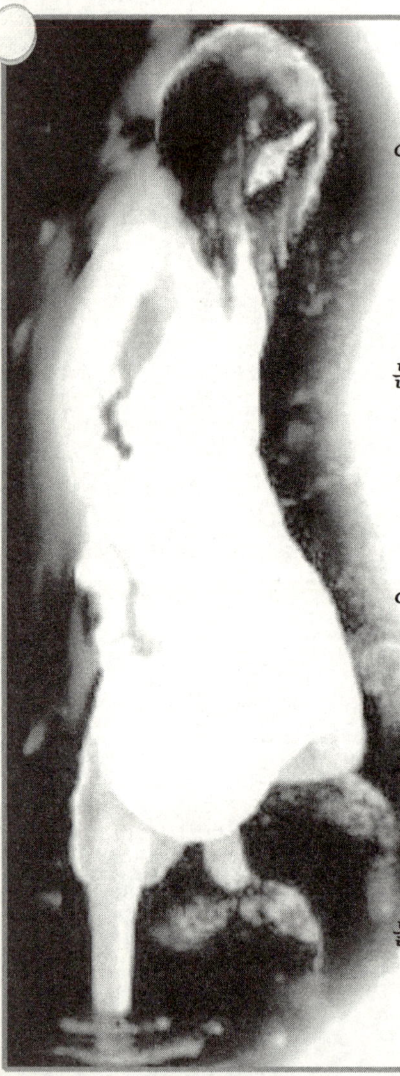

어떤 남자와 높은 빌딩 위로 함께 걸어 올라갔다.

나는 방에 들어가서 즉시 불을 껐다.

그러자 그가 화를 내며 물었다.

왜 그렇게 자연스럽게 불을 끄느냐는 것이다.

그래도 방안은 환하였는데.

나는 화가 나서 밖으로 나왔다.

놀이터로 가는 길이었는데 황톳길이었다.

뛰어넘어야 하는 개천이 나타났다.

나는 노란 윗도리에 하얀 짧은 반바지를 입고 있었고

막 발이 물에 빠지려고 하였다.

발 밑에 수많은 실뱀들이 나타나서 놀라 꿈에서 깨었다.

초조해 양은 짧은 반바지를 늘 입어 보고 싶었지만 한번도 입지 않았는데, 꿈속에서 처음 입어 본 것이라고 말했다. 그녀는 과도한 신체 노출이 남자들의 성충동을 자극하지 않을까 조심하며 살고 있다고 했다.

꿈을 해석하면 처음에 남자와 빌딩을 오르는 것은 그와 동침하기 위한 것이며 그것은 나중에 같이 한 방에 들어가는 행동으로 보아 쉽게 알 수 있다. 빌딩에 오르는 것은 성적인 고조 상태를 의미하기도 하는데 가벼운 애무를 상징하는 것으로 볼 수 있다.

방에 들어가자 불을 끈 것은 그녀의 두려움을 나타낸다. 그 두려움은 남자의 질문, 왜 그렇게 자연스러운가? 혹시 경험 많은 여자가 아닌가? 하는 따위의 추궁에서 드러나듯이 조만간 드러날 것 같은 순결 상실의 과거에 대한 두려움이다.

그후 그녀는 화를 내고 방을 나와 반발하듯이 어디론가 나선다.

놀이터는 바로 유희를 즐기는 곳이고 그녀가 어린 무의식으로 꿈꾸어 온 성애로 가는 길인데 황톳길은 바로 울퉁불퉁한 그녀의 질(膣)을 상징한다. 개천은 역시 유희의 한 장소이고 개천에 빠지는 것은 성적 접촉을 상징한다. 물론 어려서부터 흔히 듣는 주의의 하나인 개천에서 놀다가 옷을 더럽히지 말라는 금제적 지시가 무의식속에서 역시 금제의 작용을 한다.

노란 윗도리는 그녀의 동심 속에 있는 상반신의 나체를 상징하며, 하얀 반바지는 역시 반바지가 가리는 만큼의 그녀의 순백한 하체를 의미한다.

다음으로 그녀가 본 실뱀은 남자의 성기를 상징한다. 뱀이나 총, 혹은 열쇠처럼 뾰족하거나 긴 것은 보편적인 남성 성기의 상징이며, 반대로 자물쇠나 거울, 강물 등 오목하거나 평면적인 것은 여성의 성기를 상징한다.

그리고 그녀가 많은 실뱀들을 발견하고 놀라서 그만 꿈에서 깨어나는 것은 그 자체로서 또다른 해석이 기다린다. 그녀가 꿈속에서지만 본능적으로 원한 성행위의 마지막 절정을 눈앞에 두고, 무의식속의 초자아(SUPER-EGO)가 강력히 작용하여 그녀의 양심이 더 이상 용납할 수 없는 꿈을 그만 도중에 중지시킨 것이기 때문이다.

이 꿈에서도 그녀는 조심스럽게 본능적인 성적 결합을 원하고는 있지만, 혹시라도 상대 남자가 그녀의 과거를 추궁할 것을 염려하고 있다. 아마 앞서의 꿈 "다락방의 빈 상자" 에서 상징과 위장을 전제로 풀어 나간 치료자의 꿈분석이 너무 비약적으로 느껴지고 과연 정말로 그런 의미였을까 의심할 수도 있었을 것이다. 꿈의 해석도 사후 검증이 필요한 것인데 바로 여기서와 같이 새로운 꿈을 해석하면서 저절로 검증이 되는 것이다.

꿈으로 분석하는 대상인 우리의 무의식은 그 성질에 따라서 본능(ID)과 자아(EGO), 그리고 초자아(SUPEREGO)라는 세 부분으로 나누어서 생각한다. 본능은 타고나는 것이며 생존을 위한 욕구, 즉 식욕이나 성욕을 추구하는 무의식으로서 쾌락적이다.

반면에 초자아는 유아기 상태에서 부모나 사회의 금제 교육에 의해 생성되는 것으로서 권위적이고 금욕적이다. 그리고 마지막으로 자아는 자신을 현실에 적응시키는 주체자이며, 본능과 초자아의 영향을 받고 또한 그 둘을 조절해서 현실에 대처해 나간다.

그런데 위와 같은 무의식의 세 요소 중에서 주체인 자아보다 본능이나 초자아가 지나치게 강력하면 신경증적인 병이 되기 쉽다.

3. 외로운 선인장

인적이 드문 야산에 있었다.

나무도 없고 잡풀만 있었다.

이상한 꽃을 보았다.

들국화도 아니고 보기 드문 꽃이었다.

옆에 어느 여자가 와서 꺾어 주겠다고 했는데

나는 그냥 놔두라고 했다.

꿈을 분석하는 데에 있어서 감추어진 상징의 의미를 해석하기 위해서는 무엇보다도 먼저 환자 자신의 연상을 우선한다. 즉 그사람 나름의 독자적인 무의식이 상징을 통해 의미하는 것을 찾아야 한다. 따라서 서로 다른 두 사람이 비슷한 꿈을 꾸었어도 연상이 서로 다르면 해석도 전혀 다르게 되는 것이 꿈분석이다.

그 점이 해석자가 마치 신처럼 풀어 가는 민간의 해몽법과 꿈분석이 크게 다른 점인데, 꿈분석에서는 환자의 경험이나 가치를 바탕으로 그 사람의 무의식적 갈등을 합리적으로 밝혀 나가는 과정이 존재하고 또 그 과정에는 당연히 환자가 참여하는 것이다.

초조해 양은 꿈속의 이상한 꽃에 대해서 가느다란 선인장 같았다고 했다.

그녀의 연상 속에서 선인장은 찌르는 것이고 잘라 보면 파인애플처럼 속에서 전혀 별개의 것이 나오고 속은, 속옷, 속이 없는 사람처럼 무방비 상태에 있고 그래서 곱게 키우기가 힘들다고 했다. 일전에 선물 받은 선인장을 죽이고 속이 상한 일이 있었는데, 물을 주고 싶어도 물을 너무 많이 주면 선인장이 썩을까 봐 걱정되었다고 했다. 그밖에 선인장은 본래 생명력이 긴 것이고 남자의 그것이 연상된다고 말했다.

선인장의 상징을 일반적인 상상력으로 유추해 보면 생김새가 돌출되었고 숱한 가시가 달린 것으로서 수염 달린 남자의 성기로 먼저 연상하기 쉽다. 그러나 그녀의 무의식에서 펼쳐지는 여러 가지 연상을 우선하면 결코 남자가 아니라 여자의 성기였다.

속옷은 그녀의 우연한 실수로 입 밖에 나온 말이지만 역시 의미가 있다. 그녀는 이미 파인애플의 흰 속을 이야기하면서 하얀 여자의 속옷과 그 안의 육체를 연상하고 있었던 것이다.

그리고 연속적으로 여자가 성적으로 무방비이기 쉽다는 것을 의미했다. 또한 성적으로 충족하게 그녀의 성기에 물을 듬뿍 주고 싶지만 물을 많이 주면 썩는다, 즉 여자의 값이 떨어진다는 것을 무의식적으로 연상했던 것이다.

그녀는 이 꿈에서 선인장이 여성의 성기를 뜻하는 것으로 해석이 되자 그녀는 이어서 자신이 여자이기 때문에 느껴 온 취약함을 이야기하였다.

초조해 양은 연애 중에 여자가 노(NO)라고 말할 때에도 남자들은 예스(YES)라고 생각한다는 말을 꺼내고 그에 대한 거부감을 표현했다. 그 말속에 치료자가 알게 된 것은 그녀가 자신에 대해서 충분히 주체적이어야 하는데 아직 그녀는 전혀 자신감이 없다는 사실이다. 그래서 그녀는 더욱 무장을 하는데 마치 가시 돋친 선인장처럼 행동할 수도 있다.

꿈속에 인적 드문 야산은 바로 그녀의 외로운 육체를 상징한다. 아직은 삭막하고 겨울처럼 춥다. 그때 옆에서 그녀의 성기를 상징하는 선인장 꽃을 꺾어 주겠다는 어떤 여자는 바로 그녀의 어머니이다. 어머니는 계속 그녀에게 시집가라는 권유를 하는 것인데 그녀는 아직 스스로 준비가 되지 않았다고 생각하여서 그런 제의를 거절한다.

4. 야유회, 예고된 반항

세 여자 친구와 강가로 소풍을 갔다.

공터 앞에 멋있는 폭포가 있었고 그곳에서 사진을 찍기로 하였다. 모두들 사진기를 가져왔는데 나만 사진기가 없었다.

갑자기 일행이기는 하지만 누구인지 알 수 없는 웬 아이가 같이 사진을 찍기 싫다 하고 폭포 반대편으로 가서 사진을 찍겠다고 떼를 썼다.

그럼 네 맘대로 하여라 하였는데 그 아이는 기찻길을 건너 혼자 가 버렸다.

다음 시간에 가져온 초조해 양의 꿈은 조금씩 길어지고 있었다. 그녀는 폭포를 시원하고 깊은 물을 연상하고 두려움, 없어지지 않는 것, 실망감, 동결, 물소리, 남자까지 연상하고 더 이상 연상하지 못했다.

그녀가 선택한 언어들은 그녀의 비감한 심정을 차례대로 보여주고 있다. 그녀는 물론 남성 성기와 여성 성기의 접촉을 머리 속에 떠올리고 입 밖으로 언급할 수도 있었을 것이나 치료자 앞에서 그런 단어를 입에 올리는 것이 아직 익숙하지 못해서 조심스럽고 그래서 남자라는 단어를 가장 늦게 출현시킨 것으로 보였다.

그녀는 폭포의 연상에서 벌써 성행위에 관한 지점까지 거의 가까이 이르렀다. 즉 멋있는 폭포는 멋있는 성행위에 대한 동경을 상징하고 있고 기찻길을 건너가는 행위 역시도 바로 금지된 행동, 즉 성에 대한 도전이다. 아울러 과거에 대한 실망감, 그리고 그후로 동결된 그녀의 남자 관계에 대한 심정이 투명한 꿈을 통하여 무의식의 얼음장 밑에 들여다보인다.

그녀는 연상에 이어서 자연스럽게 그녀의 성적 첫경험을 이야기하였고 그녀의 첫경험을 충동에 의한 실패로 가정하고 있었는데, 더 나아가서 혹시 자신이 이중인격자가 아닌가 고민하였다.

그런데 바로 이런 식의 자신에 대한 쓸데없는 회의감이야말로 그녀가 데이트 강간에서 입은 가장 큰 정신적 상처이다. 강간을 당한 것만도 억울한 일인데, 그 사건의 결과에 아무도 책임을 지지 않는 사회 풍조이다 보니까 그녀는 아무런 위로도 받지 못하고 그 사건의 책임을 바로 자신에게 돌렸던 것이다.

혼자만의 자책 끝에 그녀는 복수의 비수를 자신에게 돌려서 자기의 어떤 결함 때문에, 그녀 말로 하면 그녀가 원래 이중인격이었기 때문에 남자를 자극하여 스스로 사고를 입었다는 비참한 결론에 이른 것이다.

그러나 강간은 그런 도발과 응전의 개념은 아니다. 가해자가 자신의 의지로서 그녀의 거부 의사에 반해서 그녀를 무력으로 강탈한 것이 강간이라는 범죄이다. 그녀가 명백하게 반대한 이상에는 힘이 부쳐서 굴복당했던 그녀를 결코 아무도 탓할 수가 없다.

그것이 사회 정의다. 그러나 우리 사회의 인습이 아직까지는 성숙하지 못해서 그와 같은 상황에서 가해자가 범죄 인식을 전혀 갖지 못하고 있는 것이 현실이고, 사회 제도도 그런 그녀를 충분히 보호해 주지 못하는 것이 문제이다.

설령 그녀에게 있었을지도 모를 본능적인 성충동을 십분 인정한다고 해도, 그녀도 성인인 이상에는 무의식적인 성적 충동이 내재되어 있는 것은 정상 범주이다. 하지만 그 뒤에 저질러진 강간은 의식적이고 고의적인 행동으로서 결코 정상 행위가 아니라는 것을 우리는 다시 한 번 생각해야만 한다.

이 꿈을 해석하면 강, 폭포, 기찻길은 여성 성기의 상징이다. 반대로 그녀만 가지지 못한 사진기는 남성 성기를 의미하고 기찻길을 건너가는 행위는 성행위를 상징적으로 표현한 것이다.

그 다음으로 주목할 것은 기찻길을 건너간 웬 아이이다. 웬 아이는 바로 현재의 그녀에게 숨겨져 있는 또 하나의 그녀 자신으로 해석이 된다. 흔히 꿈속에서 작은 아이가 나오고 그 작은 아이와 꿈을 꾸는 사람이 대화를 하면 그 작은 아이는 다른 사람으로 착각하기 쉽다.

하지만 여러 사람의 꿈분석을 하다 보면 꿈속에서 주인공이 어릴 때의 모습으로 돌아가 그러한 작은 아이로 나타나고, 그 꿈을 꾸는 사람이 현재의 성년의 모습으로서 작은 아이에게 다가가 말을 붙이거나 길동무하여 같이 걸어가는 것은 흔히 보는 일이다.

꿈속의 웬 아이는 현재의 그녀에 비해 유아적이고 하지 말라는 짓을 잘 하고 이성의 보호를 거부하며 충동적으로 성관계를 원하고 있는데 바로 그녀가 가진 원초적 본능의 화신이다. 또 그것을 지켜보는 현재의 그녀는 그녀의 약한 자아를 대표하며 이 꿈에서 보면 본능을 제어하기에 역부족이라서 차라리 방관적이고 두려워하고 있다.

그런데 그 웬 아이의 돌발적인 성충동이 바로 며칠 후 그녀의 실제 행동에서 일어났다. 그녀는 자신이 사장 비서로 근무하는 회사에서 업무상 일로 하청업체 사장의 전화를 받게 되었다. 그 사장은 나이가 갓 쉰을 넘긴 초로의 신사였고 평소에 친분이 두터워서 가끔은 그녀와 농담을 나눈 적이 있었다.

그녀는 생각만큼 치료가 빨리 되지 않아서 답답한 기분을 풀어 볼 생각으로 그에게 술을 사 달라고 부탁을 하였다. 그 사장은 선선히 그녀의 부탁을 들어주었고 저녁을 멋있게 산 다음에 나이트 클럽에 데려갔다. 그리고 나서 그는 호텔까지 동행할 것을 요구했고 그녀는 갑자기 비참한 기분을 느끼며 도망쳐야 했다.

그녀는 더이상 아무 일이 없었으니 별것 아니라고 생각하면서도, 속물 세상으로부터 다시 가슴 쓰린 상처를 받은 것이다.

정신 치료자들은 그녀의 이런 행동을 두고 학술적인 용어로서 행동화(ACTING-OUT)라는 말을 쓰는데 그녀는 꾸준한 인내를 요구하는 치료 과정에 무의식적으로 반발하고 치료의 틀을 벗어나 장외로 뛰쳐나갔던 것이다.

그 돌발적 행동의 저변에는 그녀 자신이 성적으로 지나치게 억제되고 위축이 되어서 이렇게까지 병이 된 것이 아닌가 하는 자기 판단에서, 그녀 자신을 성적으로 과감히 개방을 하면 병이 저절로 극복되지 않을까 하는 잘못된 기대 심리가 숨어 있다.

일반인도 그녀와 마찬가지로 생각하고 그녀에게 너무 조심스럽게 굴지 말고 과감하게 용기를 가져 보라고 충고할 수도 있고 혹은 눈 딱 감고 결혼하면 모든 것이 다 좋아질 것이라고 책임질 수 없는 장담을 할 수도 있다.

그러나 그것은 결코 옳은 처방이 아니다. 십중팔구 그런 처방을 따른 환자는 곧바로 다시 후회를 하고, 후회는 다시 깊은 우울증을 초래하여 이제까지 없던 병을 새로 얻게 된다. 혹을 떼려다가 혹을 붙이는 경우인데, 죄책감이나 자기 비애감 같은 증상에서부터 심지어는 자살 충동까지 더 큰 불행을 자초하는 것이다.

즉 환자는 아직 성(性)에 대한 준비가 전혀 되어 있지 않은데, 성에 대한 초보 걸음마 단계의 어린아이에게 거친 달음질을 주문하는 것은 환자로 하여금 뛰다가 넘어져서 다리를 다치게 하고 만다. 게다가 이미 그녀는 돌부리에 걸려 한번 넘어져서 아직까지 스스로 일어나지 못한 상태이다. 이제 빨리 돌부리를 치워 버린다고 해서 이미 부러진 다리가 즉시 붙고 병이 나아지지도 않는다.

환자는 결코 어린아이가 아니지 않느냐고 항변할지 모르나 그런 경우에도 다른 부분은 성인이어도 그 부분만은 성인의 기능을 아직 채 갖추지 못했다고 고려해야 된다.

5. 잃어버린 좌석

제주도의 공항 대합실에서 비행기를 기다리고 있었다.

마치 학교 건물 같기도 하였다.

휴게실에 앉아 커피를 마시려는데 네모난 탁자 앞에 어떤 남자가 있었다.

그 남자는 바로 얼마 전에 육체적 관계를 요구하던 하청업체 회사 사장이다.

잠시 후 그 사람의 얼굴이 30대의 흰 와이셔츠를 입은 남자로 바뀌었는데 얼굴은 보이지 않았다.

그 남자는 자기 다리 위에 올라앉으라고 하였다.

잠시 후에 보니 식탁에 수프가 있었는데 그 남자가 수저로 한 입 떠서 먹고 "맛이 좀 쉬었다."고 말했다.

비행기 표를 받아 비행기를 타니 비슷한 좌석 번호만 있고 내가 가진 비행기 표와 일치되는 653번 좌석은 도무지 없었다.

나는 크게 당황하다가 꿈에서 깨었다.

초조해 양은 결혼을 원하고 있지만 결혼에 대한 두려움을 갖고 있었다. 꿈속에서 그녀는 신혼 여행을 떠나는 듯이, 혹은 돌아오는 듯이 공항에서 기다리고 있었는데 그것은 그녀가 앞으로 겪을 상황과 일치한다.

그녀는 두번째의 남자가 자신의 다리 위에 올라앉으라는 요구를 한 것을 성관계에 대한 요구로 연상할 수 있었다. 여자가 남자의 다리 위에 올라앉는 일이나 남자가 남성 성기의 상징인 수저로서 여성 상기를 상징하는 접시에 담긴 수프를 떠먹는 일 등이 다 성행위에 대한 명백한 상징이다.

그러나 두번째의 얼굴이 뚜렷하지 않은 삼십대 남자가 누구인지는 잘 모르겠다고 했다. 언뜻 치료자였다는 생각도 들었지만 그녀는 그런 말은 어쩐지 할 수 없었다고 나중에 다시 말했다.

그러나 이미 둘째 줄에 나타난 학교 건물 같은 장소는 흔히 치료실을 상징함으로서 그녀가 결혼을 미루고 치료실에 나타난 현재 상황과도 같기 때문에, 치료자는 이미 치료자 자신이 그녀의 꿈속에 개입한 것을 충분히 짐작할 수 있다.

그러나 아직 그녀의 무의식속에서 치료자는 극히 조심스럽기 때문에 얼굴없는 남자로 나타났다. 그녀는 꿈속에서 아직 속을 알 수 없는, 얼굴 없는 치료자와 관계를 이루는데 끝에 가서 치료자에게 불순결한 여자로 비난받고 좌절한다.

그래서 그녀는 버림받고 혼자 비행기를 타고 집으로 돌아와야 하는데 그녀의 비행기 안에는 그녀의 좌석이 없다. 애당초 653번 좌석은 숫자에서 이미 6-5-4-3의 순서에서 4자를 생략하였는데 그래서 그녀의 자리가 바로 4자이고, 번

호의 생략처럼 그녀의 좌석도 지정번호 중에 없음을 암시한다.

그런데 하필이면 생략한 그녀의 자리는 바로 4(사,死)자이다. 여자가 소박을 맞으면 죽어야 한다는 고전적인 사고 방식이 드러나 있으며, 동시에 최후로 기대하는 치료자마저도 그녀를 버리면 그녀에게 남는 것은 죽음밖에 없다는 고백이다.

꿈속에서 치료자가 그녀에게 말한 "맛이 좀 쉬었다."는 부정적인 평가는 그녀가 치료자를 만난 이후부터 항상 염려해 온 것이다. 즉 그녀의 마음속에는 역시 남성인 치료자에게서 자신의 과거를 이해받지 못하고 부정적인 여자로만 비쳐지고, 얼마 후에는 버림받는 환자가 되지 않을까 하는 두려움이 겹쳐져 있다.

바로 이런 것을 전이 감정(TRANSFERENCE)이라고 한다. 전이 감정을 좀 더 알기 쉽게 설명하면 환자가 어릴 적에 갑(甲)이라는 대상에게서 얻어진 감정을 새로 만난 을(乙)이라는 사람에게 옮기는 것이다. 예를 들어 "자라 보고 놀란 가슴 솥뚜껑 보고 놀란다"고 하는 옛말이 있는데 솥뚜껑은 아무 죄가 없지만 자라에서 얻어진 공포 감정이 전이되어 환자를 놀라게 하는 것이다.

마찬가지로 그녀가 치료자도 다른 남자들처럼 그녀의 순결 상실을 오로지 그녀 책임으로 돌리고 그녀를 부정적으로 평가할 것이라는 그녀의 무의식적인 생각, 염려, 혹은 감정은 바로 그녀가 치료자에게 가진 부정적인 전이 감정이다.

그런데 신경정신과 의사들은 대개 세속적인 도덕적 판단 없이, 환자를 있는 그대로 포용하도록 훈련되어 있다. 만일 감추어진 치료자의 무의식속에서라도 환자에게 어떤 거부감이 생겨나면 그것은 치료자도 모르게 환자를 대하는 태도에서 언젠가 드러나게 되어 있다. 그러면 환자 역시 무의식속에서 치료자의 거부감을 눈치채게 되는데, 결국 그 치료자는 환자를 옳게 치료할 수가 없다.

6. 머리카락을 잘리고

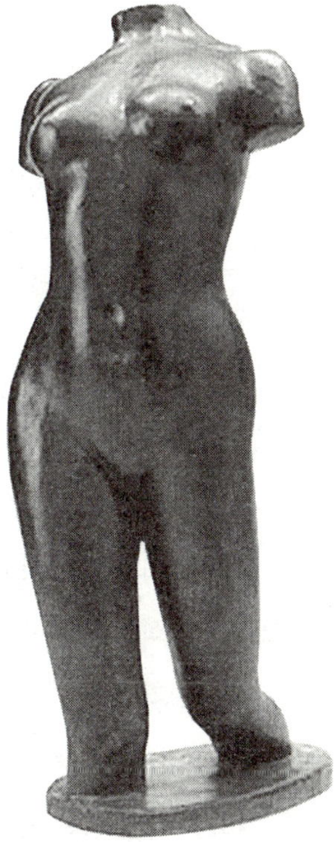

미장원이었다.

머리가 길어서 퍼머를 하려고 하는데 그 남자가 나타났다.

머리를 자르지 않겠다고 했는데 그만 머리가 잘려져 있었다.

여자 친구에게 머리를 보이니 머리를 다시 손질해 주었다.

거울을 다시 보니 내 옷이 검은 옷으로 되어 있었다.

그녀는 어려서부터 미장원에 가서 머리를 자를 때마다 꼭 울었던 기억이 있었다. 그녀는 혼자서도 머리카락을 그녀의 치모(恥毛)의 상징으로 연상하였고 꿈속에서 머리카락을 잘린 것은 첫경험으로 인한 처녀성 상실을 의미하는 것으로 해석하였다.

이어서 그녀는 검은 색의 연상을 통해서 그녀가 이미 순결을 상실한 이후에 자신은 이제 다시 백설같이 흰 고양이가 될 수는 없고 다만 약간 변색이 된 회색 고양이라는 생각을 하여 왔다고 말하였다. 그러나 절대로 바람난 검은 고양이는 되고 싶지 않았다고 강변하였다.

미장원에서 퍼머를 하는 것은 성인식의 상징이라고도 할 수 있다. 아울러 생머리를 곱슬머리로 일부러 바꾸는 것은 이제까지 그녀의 고전적인 사고방식을 바꾸어 보려는 의식적인 노력의 일부를 상징하는 것으로도 보여진다.

그녀는 자신이 이제 순결한 하얀 고양이가 아니어도 회색 고양이로서 만족하려 하고 스스로 위로하였고, 그러면서 회색 고양이도 이 시대에 괜찮은 것이라는 식의 사고 전환을 하려고 노력했을 것이다.

그러나 초조해 양이 처녀성을 상실하고 고민한 지는 이미 수년이 지나 있었고 시간이 지나면 괜찮을 것으로 막연히 기대했다가, 이제 막상 결혼을 앞두고 그런 고민이 불안 증상을 폭발시켜 일대 혼란에 빠져서 치료자를 찾아온 것이다.

그녀의 초자아(SUPER-EGO)는 사건 이후 그녀의 의식적인 자기 위안에도 불구하고 수 년 동안 조금도 변하지 않았는데, 기실은 바로 어릴 때에 초자아가 생성되던 시기에서 기십 년 동안 그대로 멈춰져 있는 것이었다.

직설적으로 말해서 그녀의 냉정한 초자아 속에는, 착한 흰 고양이와 나쁜 검은 고양이라는 단어는 있었지만, 어중간한 회색 고양이라는 말은 그녀의 낱말 사전에 존재하지 않았던 것이다.

그녀가 사고방식을 의식적으로 바꾸려는데 다시 그녀의 순결을 빼앗은 그 남자가 꿈속에 떠올랐다. 그리고 다시 과거로 돌아가 그녀의 생머리, 즉 순결이 마구 잘리던 아픈 기억이 되살아난 것이다. 그리고 친구의 도움으로 위로를 받고 머리 수선을 마친 지금, 거울에 비친 그녀의 모습은 아직도 검은 고양이었다.

꿈속에서 시간의 흐름은 물리적 법칙과 상관이 없어서 앞으로도 흐르다가 뒤로도 흐르다가 하는데, 사실은 시간이 평면적으로 함축이 되어서 과거, 미래, 현재가 한꺼번에 혼재 되어 나타난다고 말할 수 있다.

그녀는 치료자와 몇 시간을 치료한 덕분인지 점차로 본래의 안정된 자기 모습으로 돌아가고 있었다. 처음 치료자 앞에 나타났을 때처럼 여러 가지 초조한 모습을 보이지 않았고 불면증도 나아졌던 것이다. 다만 한 가지 치료자의 눈에 띄는 증상은 이따금씩 그녀가 한숨을 짓는 것이었다.

하지만 그녀는 현재의 심리 상태가 단 몇 시간의 치료로서 완전히 안정이 될 수 없다는 자각을 하고 너무 급박하게 다가온 결혼을 아예 포기하였다. 그러한 문제도 사실은 치료 시간에 충분히 다루어져야 할 것인데 그녀는 혼자 결정하고 시행하였다.

그 문제에 대한 직접적인 상담이 이루어지지는 않았지만 처음 면담시간에 치료자는 이런 치료시기에 일신상의 주요한 결정을 내리기보다는 안정된 이후로 결정을 미루라고 권유했었다.

7. 아버지의 죽음

꿈에 아버지가 돌아가셨다고 한다.

야광 묵주가 보였다.

묵주는 오빠 것이었는데 벽에 걸려 있었다.

아버지의 관의 위치도 옮겨져 있었다.

오빠가 옥으로 된 불상을 나한테 준다.

초조해 양의 아버지는 그녀가 겨우 다섯 살 때에 죽었다. 아버지가 돌아가셨을 때 그녀의 느낌은 오히려 안도감이었다고 했다. 그 이유는 더 이상 병난 아버지의 귀찮은 심부름을 하지 않아도 되기 때문이라고 변명했다.

혹시 조금이라도 그녀의 천성이 못 되서 그런 생각을 하지 않았을까 하는 의문은 부질없는 것이다. 또한 그녀가 아직 너무 어려서 부모의 죽음이 뜻하는 의미를 미처 제대로 몰랐었기 때문이라고 생각하는 것도 적절하지 않다.

그보다는 아버지 상실의 의미가 그녀가 감당하기에는 너무나 충격적이어서 그녀로서 그 충격을 최소화하기 위해 그런 자기 위로 또는 자기 최면을 걸었던 것으로 생각이 된다.

대개 우울증 환자에서 10세 이전에 조실부모한 경험이 많은데, 그런 환자들과 면담을 해 보면 이런 식으로 부모 상실이 별일이 아니었다는 생각을 가지고 자기 위로를 하고 있는 경우가 많았다. 즉 그들은 남보다 더 크게 슬픔이 느껴질 때 오히려 남만큼도 슬피 울지 못하고 진심을 숨겨 두는 것이다.

어린아이는 낯가리기를 시작할 때부터 벌써 부모의 중요성을 충분히 피부로 절감하기 때문에, 부모의 상실이라는 의미를 5세나 되어서도 아직 모르지 않느냐는 의심 역시도 어리석다.

이제 그녀의 꿈을 다시 보면 아버지가 죽자 야광 묵주가 보이기 시작한다. 그것은 오빠의 것이었다고 하는데 바로 가장이라는 집안 권위의 이동을 뜻한다. 오빠 역시 나이가 어릴 때이지만 당시 그녀의 어머니는 오래 앓는 아버지를 대신해서 심정적 의지가 필요했을 것이고 그 의지 역할은 오빠가 했을 것이라고 짐작이 된다. 구체적으로 말하면 집안에 어려운 일이 있을 때, 어머니는 앓아 누운 아버지보다는 어린 오빠를 붙들고 푸념이라도 했을 것이라는 예측이다.

그리고 오빠의 묵주는 벽에 걸려서 한참 우러러 보인다. 여기서 묵주가 남성 성기를 상징한다고 하면 그녀의 남근에 대한 선망을 생각할 수 있다. 어머니가 오빠에게 의지하는 것이 단지 오빠는 남자이고 그녀는 여자이기 때문이라는 생각이 들 수 있고 그래서 더욱 남근 선망이 촉진된다.

마찬가지로 그녀도 어머니를 따라서 오빠에게 상징적인 의존을 하게 되면서 더욱 깊어진 남근 선망으로 오빠에게 무엇인가를 바라게 되는데 바로 그의 남근을 이어받기를 희망한다.

그래서 그녀는 소원대로 그의 남근을 상징하는 옥불상을 받는다. 그것은 오빠와 그녀의 성행위를 상징한다. 일종의 근친상간적인 꿈인데 그녀는 아버지와 먼저 겪었어야 할 오이디푸스적 갈등을 충분히 완성하지 못해서 오빠로 대치하여 완성하려던 것이다. 또한 그녀가 오빠에게 부성적 사랑을 원했다는 뜻이기도 하다.

다섯 살은 심리학적으로 오이디푸스 시기이다. 즉 이성의 부모에 대한 애정과 동성의 부모에 대한 갈등이 지나가는 시기인 것이다. 그 시기에 오이디푸스 대상, 즉 이성의 부모가 없어졌다는 것은 그만큼 정상적인 정신의 성숙 과정을 충분히 거치지 못한 것이고 그 결과로 결핍 증상이 생길 수도 있다.

오이디푸스 콤플렉스라는 것은 그리스의 오이디푸스 신화에서 유래된 것이다. 그리스의 어느 왕국에 오이디푸스가 태어나자 국왕인 친아버지가 아들에게 죽임을 당할 것이라는 예언을 믿고 오이디푸스를 죽이려고 했는데 어머니가 오이디푸스를 구원하였다. 이후, 외국에 버려진 오이디푸스는 장성하여 이웃나라에 쳐들어가 그 나라 왕을 죽이고 그의 아름다운 왕비를 육체적으로 범하는데 나중에 알고 보니 자신의 친부, 친모였던 것이다. 오이디푸스는 스스로 미칠 수밖에 없어서 자신의 두 눈을 찌르게 되었다.

정신 분석에서는 가족중에 서로 이성인 아버지와 딸, 또는 어머니와 아들간의 미묘한 친화력과, 가족중에 서로 동성인 어머니와 딸, 또는 아버지와 아들간의 배타심 등의 복잡한 갈등을 가리켜 오이디푸스 콤플렉스라고 부른다.

그런데, 이 복잡한 갈등은 인간 관계에서 흔히 보는 삼각 관계의 생애 첫시작이라는 데서 더욱 중요한 의미가 있다. 정상인은 누구나 이 갈등을 겪어 내고 적절히 해소하여야 부모 아닌 다른 제 3의 인물이나 이성과 자연스럽게 교류하는데 어려움이 없다.

좀더 구체적으로 우리 실생활에서 일어나는 오이디푸스 현상을 예로 들면, 겨우 말을 자유롭게 사용하는 네 살 짜리 딸이 귀엽게도 "이다음에 커서 아빠에게 시집가겠다."는 말을 대뜸 하는 것을 생각해 보면 된다. 그러다 조금 지나서 유아원이라도 다니게 되면 여러 아이들과 자연스러운 교류가 일어나면서, 딸아이는 "내가 시집갈 때 아버지는 할아버지가 되지?" 하고 따져 묻게 된다. 그리고 "엄마에게는 아버지가 있는데, 나는 도대체 누구에게 시집가야 하나?" 하고 철없이 고민하게 되면서 오이디푸스 갈등을 스스로 극복해 나간다.

그런데 초조해 양은 아버지가 병을 오래 앓다가 그나마도 5세경에 돌아가시는 바람에 오이디푸스 콤플렉스에서 중요한 역할을 수행하여야 하는 아버지가 빠져 있었으니 이런 갈등을 충분히 경험할 수가 없었다고 보여진다.

요즈음은 오이디푸스 콤플렉스가 1세경에 시작이 된다고도 한다. 즉 환자가 성적 정체감, 내가 남성이다 혹은 여성이다는 인식이 생기는 때와 비슷하다. 그러니 그녀로서도 오이디푸스 콤플렉스를 전혀 겪지 못했다고는 할 수 없다. 다만 자연스럽게 마무리가 되지 못한 것이다.

그 결과로 그녀는 다른 이성을 사귀는데 있어서 첫째 자신감이 없고, 둘째로 이성 관계에서 동등한 이성보다는 좀더 부성(父性)을 보이는 남자를 선호할 수도 있고 경우에 따라서는 나이 많고 병약한 남자에게 마음이 끌리는 수도 있다.

그 이유는 그녀가 충분히 받지 못한 부성적 사랑을 찾아 헤매거나, 혹은 그녀가 아버지에게 주지 못한 애정을 대신 받아 줄 수 있는 나이 많은 대상에게 자기도 모르게 마음이 끌리게 되는 것이다. 앞에서 나이 많은 하청업체 사장과 술을 마시러 가서 위로받고자 하던 그녀의 돌발적인 행동에는 바로 그와 같은 심리가 밑바탕에 깔려 있다.

따라서 초조해 양을 치료하기 위한 주안점은 먼저 그녀가 받지 못한 부성적 사랑을 치료자가 보충해 주어서 그녀가 자기 인생에 자신감을 가지게 하고, 아울러서 그녀가 미처 겪지 못한 오이디푸스적 갈등을 치료자와 새로 경험하고, 그 갈등을 충분히 소화하여서 이성 관계에서도 자신을 가지게 하는 것이다.

다른 여자들도 흔히 순결 상실을 겪지만 아무렇지도 않게 넘어가는데, 그녀만이 유독이 후유증이 깊어서 치료를 받게 된 이유도 바로 여기에 있다. 그녀는 단순히 순결 상실 때문에 증상이 생겨난 것이 아니라, 그녀를 뒷받침하는 부성이 결핍되어서 그녀 인생에 대한 전체적인 자신감 부족으로 인해서 병이 생긴 것이었다.

8. 인어의 자궁

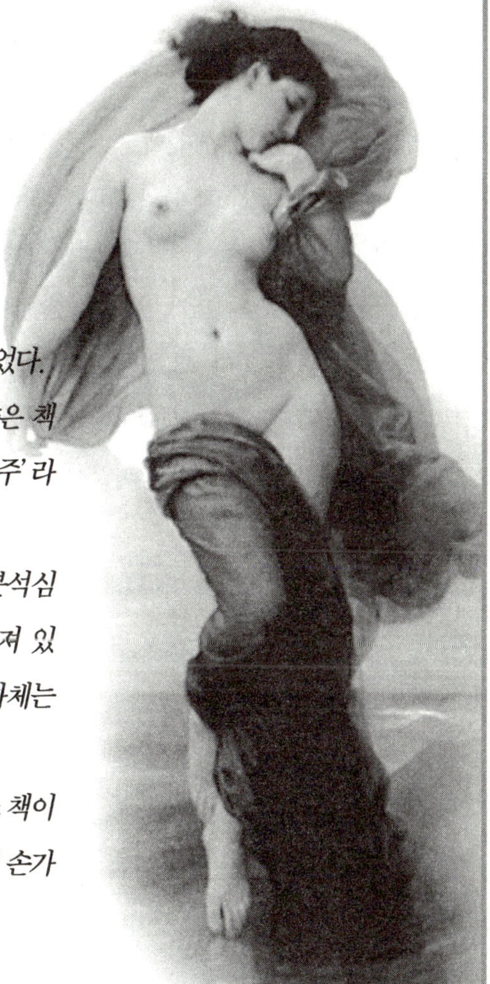

책방에서 책을 고르고 있었다.

주인이 좋은 책이라고 얇은 책을 주었는데 제목이 '정몽주'라고 적혀 있었다.

겉장에는 융(C.G.JUNG 분석심리학자)이 절반 정도 그려져 있고 또한 가슴이 여자 같고 하체는 인어 같은 그림이 있었다.

책을 펴 보니까 무슨 섹스 책이었고 여자의 자궁을 남자의 손가락으로 가리키고 있었다.

초조해 양은 이 꿈을 꾸고 나서 원치 않는 사람과 술을 마시고 취한 것 같은 불쾌한 느낌을 가졌다고 말했다. 때로는, 아니 거의 전적으로 의식적인 연상보다도 꿈꾼 뒤의 순간적인 느낌이 더욱 분석 치료에 의미가 깊다.

보다 정확하게 그녀의 느낌을 옮겨 보면 아마도 술에 취해 원치 않는 성행위를 하고 꿈에서 깨었다고 할 수 있다.

그녀는 치료자를 찾아오기 전에 스스로 자신의 심리를 알아보고 싶어서 심리학책을 골라 사서 보았는데 융의 심리학책을 먼저 보다가 치료 시작 후에는 치료자의 권유로 프로이트 심리학 중에 "정신분석입문"을 보고 있었다.

본래 꿈의 해석은 프로이트가 발견한 그의 무의식 이론이나 리비도 이론이 가장 핵심적인 기초가 된다. 그 외에도 다른 해석 방법이 많이 연구되었지만 치료자는 프로이트 관점으로 본 해석이 그녀의 치료에 가장 도움이 될 것으로 보였는데 성(性)에 대한 정신적인 억압이 그녀에게 여러 증상을 일으키고 있기 때문이었다.

그녀는 책방이 마치 치료방처럼 밝고 하얗다고 연상을 시작했는데 그것이 해석의 시작이었다. 그녀에게 책을 권한 책방 주인은 바로 치료자가 나타난 것이다.

'정' 몽주라는 책이름에서 같은 '정' 자로 시작되는 '정' 신분석이 연상되고 또한 절개를 지키다가 죽은 정몽주에게서 정조를 연상할 수도 있다.

가슴이 여자 같고 하체는 인어 같은 겉그림은 바로 환자 자신으로서 하체가 인간의 모습을 채 갖추지 못한 것이니 아직 성숙하지 못했다는 것이고 성적으로 억압되고 무장되어 있다는 뜻이다.

그런데 겉장이 들춰지고 섹스 책 같은 기분이 들면서 그녀의 무의식적 거부감이 표현되었다. 이어서 드러난 여자의 자궁은 물론 그녀의 것이고 그것을 지적한 손가락은 치료자의 것인데 그녀와 치료자와의 무감동한 성적 대화를 의미하는 것으로 보면 된다.

그녀의 무의식중에 본능(ID)은 그녀의 의식보다 훨씬 더 적극적인 것이라서 치료자를 찾는 것이고, 또한 그녀의 무의식중에 역시 한 부분인 초자아는 성행위라는 것을 아주 불쾌한 것으로 인식하고 있다고 추정이 된다. 이런 심리 상태에서 그녀가 실제로 어느 누구와 성관계를 가지면 그녀의 육신이 마치 시체처럼 해부당하는 느낌을 피할 수 없고 그녀의 심리는 공중 분해되고 만다.

전이 감정(TRANSFERENCE)에는 대표적으로 부모 감정의 전이와 성애적 전이(SEXUAL TRANSFERENCE)가 있다. 많은 경우, 여자 환자의 치료 초기에 부성 전이가 빨리 일어나서 치료자를 마치 아버지처럼 의존하게 된다.

그러면 점차 어린 시절에 친아버지로부터 잘못 경험한 오이디푸스적 갈등이 치료자에게 전이되어서, 부모 같은 역할을 하는 치료자와 성적 갈등을 다시 경험하게 되는데 그것이 마치 성애적 전이처럼 보인다. 지금 여기서 보이는 성애적 전이 감정도 단지 그녀가 아버지와 미처 경험하지 못했던 오이디푸스 경험을 치료자에게서 처음 경험하는 것으로서의 초기 단계의 성애적 전이이다.

이 초기 단계의 성애적 전이, 즉 오이디푸스 갈등의 재경험을 통하여 환자는 과거에 잘못된 오이디푸스 갈등의 결과인 지나친 성적 억제를 풀 수 있도록 치료자의 도움을 받는다. 그래서 환자는 보다 안전하고 부드러운 분위기 속에서 새로이 성숙한 성에 관한 무의식을 형성할 수 있는 것이다.

9. 뼈대뿐인 자동차

아주 환한 방안에, 마치 치료실 같은 방안에 차체만 뼈다귀처럼 남은 차가 있었다.

혼자서 차를 고쳐 보려고 나사를 다시 조여야 하는데 나사 구멍이 녹슬어서 잘 되지 않았다.

뭔가 필요한데 주위에 아무 것도 없었다.

차를 빨리 고쳐서 방안에서 꺼내야 하는데 생각하며 애를 썼다.

꿈의 해석은 내용의 정확성보다도 해석의 시기가 중요하다. 왜냐하면 환자의 무의식이 채 준비되지 않아서 아직 받아들이기 어려운 해석은 치료적이기 보다는 오히려 그녀의 무의식에 적지않은 부담을 주어 적극적인 꿈해석을 회피하게 만들 우려가 있다.

치료자는 지난 시간의 꿈, "인어의 자궁"에서 보인 초기 성애적 전이 해석이 아직 그녀의 치료 과정에서 때 이르다고 보고 그 부분을 덮어두었다.

치료 시간에 치료자가 성적인 해석에서 후퇴를 하였을 때 보통 두 가지의 길로 분석치료가 진행이 된다. 그중 한 가지 길은 환자가 치료자의 해석 회피를 추궁하듯이 더욱 노골적인 성적 꿈을 연속해서 가져오는 경우이다. 그런 경우라면 치료자가 자연스럽게 전시간에 미루어 둔 해석을 마저 진행하게 되고 환자도 그러한 해석이 거듭된 자신의 꿈에서 증명이 된 것이니 만큼 쉽게 납득을 하고 치료는 순탄하게 진행이 된다.

또 다른 길은 그녀와 치료자의 성행위에 대한 꿈이 이후로 영영 자취를 감추는 것이다. 그녀는 치료자가 회피하는 찰나에 그녀의 무의식에서 작용하는 순간적인 눈치로서, 아마도 이런 해석에 대해 치료자가 도덕적으로 꺼리거나 혹은 치료자의 환자에 대한 불쾌감 내지는 거부감 때문일 것이라는 무의식적 판단을 얻게 된다.

그러면 그녀의 무의식속에서 그렇잖아도 자신 스스로도 괜히 언짢았던 이런 종류의 꿈은 차후로 절대로 피해야 할 주제 즉 터부(TABOO)로 인식이 되는 것이다. 이런 경우에 분석 치료는 진행이 느려지거나 심하면 환자에 의해 치료가 일찍 종료되고 마는데 결국 치료 실패로 끝나는 것이다.

눈치나 육감은 전적으로 무의식인데 평소의 의식보다도 훨씬 많은 것을 감지하기도 하고 때로는 사람의 행동에 이성보다 더 큰 영향을 미친다. 그 결과로서 앞서의 꿈 "인어의 자궁"에서 그녀 자신은 가슴 달린 인어였고 어디까지나 생물이었는데 이 꿈에서는 무생물인 자동차로 변했다는 것이 특징이다.

앞의 꿈에서 본능적으로 위험을 느낀 초조해 양의 무의식이 그녀 자신을 치료자에게 유혹적인 인어가 아니라, 감정이 없는 자동차로 표현하였을 가능성이 있다.

그녀는 자신을 고장난 작은 차로 연상하였고 치료실은 환자를 수리하는 곳인데 그녀가 혼자 고치려고 애를 쓰지만 빨리 안 되서 마음만 조급해 하고 있는 심정이 나타난 것이라고 했다.

이때쯤에 환자는 자신이 더 많이 마음을 열고 치료에 적극적으로 협력해야 하지만 자신의 지나친 콤플렉스 때문에 치료가 자꾸 막히는 것이 아닌가 하는 염려도 토로하였다.

바로 자기 마음의 나사 구멍이 녹이 슬어 잘 열리지 않는다고 말했다. 그러면서 뭔가 그녀에게 필요한 것을 찾고 있다.

비록 그녀 스스로 자신의 콤플렉스 때문에 치료 진행이 늦은 것 같다고 말을 하였지만, 그 내면 속에는 치료자가 치료 기술이 모자라서 혹은 연장이 모자라서 그녀의 마음을 빨리 열지 못하는 것이 아니냐고 힐난하고 있다.

이 꿈에서 자동차는 육체를 상징하고, 뼈다귀만 남았다는 것은 치료 중에 그녀가 성적인 무장을 완전히 풀었다는 의미이다.

그리고 나사 구멍은 그녀의 성기인데 그녀 손으로는 잘 고칠 수가 없다. 그래서, 치료자의 도움이 절실하게 필요한데 치료자가 적극성이 부족하다는 의미로서 역시 성애적 전이 표현이다.

10. 커피 한잔

꿈에 사무실 안에서 쓸데없는 낙서를 하고 있었다.

사무실밖에는 두 남자가 지나가고 있다.

한 사람은 외국 남자 같은데 그냥 지나갔고 다른 사람은 신부(神父) 같았다.

신부가 나에게 커피 한 잔 타 주겠느냐고 물어서 나는 얼른 들어오시라고 했다.

두 사람이 사라졌는데 올라오는 길을 찾지 못하는 것 같았다. 원래 사무실이 찾아오기가 복잡한 때문이라고 생각하였다.

마침 작은 꼬마가 나타나서 나는 꼬마한테 신부님을 잘 데리고 오라고 하였다. 그리고 바로 깨었다.

초조해 양은 도대체 뭐 이런 꿈을 꾸었나 하고 생각했다. 그녀는 꿈속에서도 쓸데없는 낙서를 하면서 있었지만 또 현재의 자신이 낙서를 당하는 기분도 들었다고 했다. 이제까지의 꿈 해석이 그녀를 무의식적으로 당황하게 만들어 온 것이다.

그녀는 평소 회사에서 커피 타는 일을 싫어하였지만 꿈에서는 그까짓것 하고 어렵게 생각하지 않고 말을 걸어온 신부의 청을 들어주려고 했다고 한다. 그리고 오히려 신부가 그녀에게 찾아오지 못할까 봐 걱정을 하였다.

이때쯤 그녀는 다니던 직장을 그만두려고 하던 참이었다.

그녀는 사무실에 누군가 찾아오기를 바라지만 그것은 그녀가 사무실로부터 누군가와 같이 탈출하기 위한 것이다.

그녀는 사무실에서 탈출하기 위한 방편으로 청혼을 받고 싶었다. 그런데 상대는 차라리 외국 남자이기를 바랬고 그 이유는 아마도 그들이 그녀의 과거나 순결을 별로 따지지 않기 때문인 것으로 추측할 수 있다.

그러나 그 외국인보다는 신부에게서 청혼을 받는 셈인데 신부는 성욕이 거세된 인간을 상징하고 마치 치료실에서 환자를 대하는 치료자와 비슷하다. 즉 신부는 치료자가 그녀의 꿈속에 위장되어 나타난 것이다.

한편 커피의 상징은 환자가 연상하기 주저하였지만 결국은 다른 치료 시간에서 다시 등장한 커피를 연상하다가 여자의 성과 연관지었다.

우리 나라의 여러 환자들에게 커피를 연상시키면 오목한 컵으로 해서 여성 성기를 연상하거나 아니면 커피물 자체로 피를 연상하기도 하는데 우리말의 코피와 유사한 발음을 가진 때문이기도 하다. 그래서 자연스럽게 생리가 연상되기도 하며 결국 여성의 성기로 귀착된다.

이 꿈에서도 그녀는 치료자에게 성적인 관심을 원하고 있다. 다만 그것이 위장이 되어 사실과는 반대로 치료자가 원하는 것으로 나타나게 하고 있다. 또한 그녀는 치료자가 그녀를 찾아오지 못할까 봐 초조해 한다.

그때 작은 꼬마가 나타나서 그녀의 소원을 대신하여 사무실을 나가서 신부를 마중하러 간다. 그 꼬마가 바로 그녀의 본능(ID)적 분신인 것은 앞의 꿈 "야유회, 예고된 반항" 에서 이미 설명한 것과 같다.

그녀는 아직 냉철한 그녀 자신이 아니라, 그녀의 유아적 충동을 더 잘 대변하는 분신이 앞에 나서서 그녀의 문제를 연극적으로 해결해 줄 것으로 기대하는 심리가 있다.

그러나 그녀가 기다리던 진정한 신부, 그녀가 모든 것을 주고라도 부성을 받아 내야 할 신부를 그녀가 장차 만날 수 있을는지는 아직 의문이다.

아니 어쩌면 바로 그녀 자신의 무의식속에 숨겨진 성충동 때문에 더 두려워할 수도 있다. 그래서 그녀의 꿈은 신부와 서로 만나지 못하는 데서 끝맺음을 하고 있다.

앞서도 말했지만 꿈은 꿈꾼이 자신이 제작하고 꿈꾼이 자신만이 관객인 한 편의 영화와 같다. 그 중에서도 원작자의 사고 능력 수준은 꿈꾼이의 5세 무렵의 유아적 사고 수준을 보이고, 뒤에 그 꿈을 감상하는 관객은 마치 백일몽에 빠져들기 쉬운 사춘기적 사고 능력을 보인다.

그러면 아직 성인들이 생각하는 성행위의 의미를 모르는 상태에서 환자의 어린 무의식이 생각하는 성적 접촉의 의미는 그대로 순수하게 받아들여져야 하는 것이다.

이를테면 그 어린 나이, 즉 오이디푸스 갈등기의 5세 소녀 나이에 꼭 필요한 것이라고 추정할 수 있는 부모로부터의 사랑을 받아 보기 위한 소망에 불과한 것이다.

그런데도 이런 초기 성애적 전이의 꿈을 토의할 때에 환자는 거북스러워 하는 것이 보통이다. 토론에 나선 환자의 수준은 거의 성인 수준이기 때문이다.

환자는 성인이지만 아직 왜 그런 꿈을 꾸게 되는지를 잘 모르고 있다.

흔히 꿈은 현실과 반대로 나타난다는 속설이 있다. 그것은 꿈의 중요한 기능이 현실에서 이루지 못한 것을 꿈을 통해 이루고 만족하여서 꿈꾸는 사람의 쌓였던 갈등을 해결해 주기 때문이다.

따라서 오이디푸스 갈등을 드러내는 근친상간적 꿈은 자연스러운 현상이고 하나도 이상할 것이 없으나 실제 근친상간은 사회적 죄악으로, 둘이 전혀 별개의 것이다.

마찬가지로 치료자가 부모의 대리자처럼 환자의 보호를 계약하고 치료에 임할 때에 환자가 치료자와 성적으로 관계하는 꿈을 꾸게 되는 것도 자연스러운 치료 과정일 뿐이다.

다만 일반인이 근친상간을 꺼리지만 근친상간적 꿈을 전혀 거북하지 않게 이해하게 되는 성숙의 시간이 필요하듯이, 환자에게서도 치료자와의 성적 접촉의 꿈을 불쾌하지 않게 이해하게 될 만한 충분한 치료적 적응의 시간이 필요하다.

11. 문 좀 열어 주세요.

고등학교 때의 학교를 찾아갔다.

그런데 선생님을 찾아가라고 해서 선생님을 찾아가게 되었다.

어릴 때부터 길 찾는 데는 자신이 없었는데 겨우 찾아갔다.

에스컬레이터를 타고 올라갔는데 문이 닫혀서 선생님을 만날 수가 없었다.

학교는 치료실로 연상되고 그녀는 치료자를 찾아가는 길이었다. 꿈에서는 길 찾는 것이 문제였지만 해석상으로는 치료자가 그녀를 반갑게 맞이해 줄 것인가가 문제였다. 즉 어려서도 똑똑했던 그녀가 길 찾는 것 자체는 별문제가 되지 않았지만, 찾아가는 동안에 상대방이 그녀를 반겨 할지 걱정하느라고 초조했고, 그래서 더욱 길에서 헤매는 시간이 많았던 것이다.

결국 이 꿈은 그녀가 정작 필요할 때에 치료자를 만날 수 없으리라는 그녀의 예기 불안이 드러난 것이다.

이때쯤에 그녀는 치료자와 점점 깊은 공감을 나누게 되었는데, 한편으로는 치료자에 대한 의존심이 자라나면서, 또 한편으로는 치료자가 행여 그녀에 대한 관심을 줄일까 봐 염려하고 있었다.

여기서 치료자는 그녀가 찾아 헤매는 부성(父性)을 대리 충족시켜 주는 단계라고 할 수 있는데 그녀가 치료자에게서 자상한 아버지의 모습을 느끼는 전이(TRANSFERENCE) 감정을 보이는 동시에 그녀가 새로 찾은 부성이 죽은 그녀의 아버지처럼 사라지지 않을까 염려되기 시작한 것이다.

사람이 병들어서 죽은 것이 죄가 될 수는 없지만, 아버지로시의 의무는 끝까지 살아남아서 책임지고 자식을 돌보아야 하는 것이고 따라서 그녀의 아버지는 그녀에게 큰 죄를 지은 것이다.

그 결과로 그녀는 처음에 사랑을 주었다가 도중에 잃어버린 아버지의 경험에서 생겨난 상처를 다시 어떤 사람에게서 받게 되는 것을 두려워하며 새로운 사람과 친밀해지는데 두려움이 있다.

어린아이가 갑자기 부모의 죽음을 당하여 절망하게 될 때에 흔히 느끼는 감정은 무엇보다도 먼저 자책감이다.

"나 때문에 부모가 죽은 것은 아닐까?"

"내가 나쁜 아이라서 나에게 이런 불행이 닥친 것은 아닐까?"

그러다 보면 남보다 우울증이 더 잘 걸리는 체질이 되기도 한다. 그리고 그 아이는 자라나서 대인 관계가 더욱 조심스럽다.

"내가 그를 좋아하면 그에게 불길한 일이 일어나지 않을까?"

"내가 나쁜 아이라서 그가 다시 나를 버리지 않을까?"

이런 식이다. 이런 것은 무의식적으로 자신은 나쁘다, 혹은 재수가 없다는 패배주의적 자기 평가를 바탕으로 한다.

그래서 그러한 무의식적 열등감의 작용으로 해서 혹시 그녀와 좋아질 것 같은 사람이 생겨도 후에 그녀가 버림받고 상처받을 것을 먼저 염려하고, 그러기 전에 자신이 상대를 공격해서 떨쳐 버리는 수도 있다. 반대로 상대가 그녀를 어떻게 함부로 대하든지 아랑곳하지 않고 자신은 그래도 괜찮다 하고 상대에게 굴욕적으로 매달리는 경우도 있을 수 있다.

그러니까 그녀가 어려서 부모의 사랑을 충분히 받고 자랐다면, 지금 이 시점에서 그까짓 순결 상실로 걱정하지 않고 잘 이겨 나갔을 것이라는 가정도 성립한다.

그녀는 무의식적으로 치료자가 도중에 사라지지 않고 끝까지 그녀를 돌봐주기를 간절하게 기대하고 있다.

치료자는 물론 그 역할을 충분히 수행하여 그녀의 아버지가 주지 못한 안전한 경험을 새로 주어서, 환자가 다시 독립하게 하여야만 하는데 이것이 바로 전이 감정의 재경험을 통한 문제 해결이다. 그러니 그것은 결코 단 시일내에 이루어질 수 없는 것이다.

12. 채워지지 않는 욕구

꿈속에 내가 성행위하는 장면이 보였다.

상대가 누구인지는 알 수 없었다.

빨리 거부해야 한다는 생각이 들었다.

그러나 성행위는 계속되었다.

수동적인 형태였다.

그러나 욕구가 채워지지 않았다.

그녀의 꿈속에서 이제까지 상징적으로만 표현되던 성행위가 이제 더이상 감춰지지 않고 직접 당당하게 성행위의 장면으로 나왔다. 그녀의 무의식이 성적 표현에 대해 굳이 억누르지 않아도 좋을 만큼 여유가 생긴 것이다.

그러나 바로 그 다음 단계에서 그녀의 무의식은 다시 심술을 부리고 있다. 그녀는 자기가 원하는 상대의 얼굴을 마음놓고 꿈속에 드러낼 수가 없는 것이다. 그것만큼은 아직도 그녀의 무의식이 숨겨 놓지 않으면 안되는 이유가 있을 것이다.

흔히 누구인지 알 수 없는 상대자는 환자의 부친을 포함한 혈연 관계의 인물이거나 치료자인 경우가 많다. 아무튼 상대가 누구였는지는 이 치료 시간 중에 밝혀지지 않았다.

밝혀지지 않은 가장 중요한 이유는 아마도 꿈속의 장면에서 너무도 실제 같은 직접적인 성행위가 일어났기 때문이라고 보인다. 그녀의 무의식이 꿈에서 깬 이후의 치료 시간까지 여전히 작용을 하여서 이 치료 시간에서도 연상 작용을 차단시킨 것이다.

성적 접촉을 거부해야 한다는 생각도 역시 마찬가지로 초자아의 방해 작용이다. 하지만 한편으로 욕구가 채워지지 않았다는 그녀의 고백은 초자아의 작용과는 반대로 그녀의 본능이 자기 목소리를 내기 시작했다는 증거이다.

즉 그녀는 꿈을 통해서 본능적 욕구나 소원을 채우는 것을 당위적인 것으로 생각하고 있다는 뜻이다.

이제까지의 꿈분석을 보면 그녀의 꿈에서 많은 부분이 성적인 것이었다. 따라서 그녀로서는 이전에는 전혀 그렇지 않았는데 요즈음에만 건강이 나빠서 특별히 성적인 꿈을 꾸는 것인가 의문을 갖는다. 아니면 남들은 전혀 그렇지 않은데 그녀 자신만이 이런 성적인 꿈을 꾸는 것인지도 궁금해한다.

결론부터 말하면 모든 사람은 밤마다 성적인 꿈을 꾼다고 할 수 있다. 그 예로 젊고 건강한 남자가 금욕을 하고 자면 아침에 성기가 저절로 발기되는 현상을 볼 수 있다. 좀 더 정확하게 의학적으로 비뇨기과에서 측정 기계를 가지고 밤새 관찰을 해보면, 정상인 남자에서 수면 중에 일어나는 발기 현상은 꿈이나 마찬가지로 하룻밤에 한 번만도 아니고 여러 번 일어난다. 다만 잠을 자고 있기 때문에 일반인들이 그것을 모르고 그냥 잤을 뿐이다.

주로 꿈을 꾸면서 긴장을 하는 동안에 발기가 이루어지는데 남자가 보통 그렇게 여러 번씩이나 잠을 자면서도 성적 자극을 많이 받는데 반하여 여자는 아니라고 할 수 없다. 여자도 수면 중에 유두의 변화나 질의 활동을 밤새워 일부러 관찰한다면 마찬가지 현상이 있을 것이라고 쉽게 추측할 수 있다.

그러면 왜 밤에 꿈속에서 성적 활동이 지속되는가를 생각해 보면 꿈의 재료에서 밝혀진다. 꿈의 재료는 수면 중에 생겨난 자극과 꿈꾼이의 과거 기억이나 평소 생각, 미래의 소원이나 예측 등등으로 고려되고 있다.

수면 중의 자극은 시계 소리, 혹은 교회 종소리, 수면 중의 습도나 온도 등등 신체 외부로부터 오는 물리적 자극을 망라한다. 또한 갈증이나 허기, 혹은 배변, 배뇨를 하고 싶은 생리적 자극과 같이 신체 내부에서 오는 자극도 있다.

그런데 주기적인 생체 리듬(BIO-RHYTHM)에 따라서 밤이면 더욱 활발해지는 성호르몬(SEX-HORMON)의 왕성한 분비가 바로 우리 신체의 주요한 내적 자극 중의 하나로서, 꿈속에까지 수없이 침투하여 성적으로 자극하는 것은 너무나 당연한 것이다.

13. 꿈속의 방황

꿈속에 회사 사무실에 가니 책상과 책꽂이가 잘 정리되어 있었다.

옆에 다른 사무실로 들어가니 그 하청업체 사장이 앉아 있는데 그 사람의 사무실인 것 같고 얼굴이 달라져서 현재보다 젊은 얼굴이었다.

그는 반갑다고 나를 껴안았다.

그 사람이 목에다가 키스를 해서 놀라서 물러났는데 돌아서서 거울을 먼저 보았다.

도대체 내가 어떻게 했기에 저 사람이 나한테 이러나 싶었다. 내 몸에 노출이 심했던 것 같았다. 그래서 스웨터를 입고 목을 가렸다.

그가 양주를 박스로 가져다 놓았다.

그가 술병을 주어서 손으로 만져 보았지만 먹으라는 것을 거절했다.

그리고 밖으로 나오려고 하니 그 남자가 쫓아왔다.

철대문을 밀어서 틈새로 빠져 나오고 두 남자가 쫓아와서 버스에 올라탔는데 계속 남자가 쫓아와서 버스에서 내려 트럭을 탔다.

그런데 트럭 운전시는 전에 약혼했던 남자였다.

잠시 그 사람의 무릎에 앉아 있다가 놀라서 차문을 열고 내려 경찰서 안으로 뛰어들었다.

비가 내리고 있었고 순경이 비옷을 입었다.

계속 쫓아오는 두 사람을 잡아 달라고 해서 두 사람이 경찰에 잡히는 것을 보고 나서 꿈에서 깨었다.

초조해 양은 며칠 전에 회사를 그만두었다. 그녀는 꿈속에서 책장과 책상이 잘 정리된 사무실에 들어갔다고 하였는데 책장은 그녀의 사무실에 없던 것이다. 그것은 치료실의 분위기에 가깝다.

다음으로 등장한 하청업체 사장은 그녀가 생각해 온 부성(父性)의 상징이다. 그런데 그 부성적 인물의 얼굴이 달라지기 시작한다. 그보다 젊은 치료자의 얼굴로 변화하는 것이다.

이것도 전이 현상이다. 그녀가 부성을 찾는 무의식적 기대심이나 감정이 처음에는 부친 나이 또래의 그 사람에게로 옮겨갔고 다음으로 치료자에게 옮겨온 것이다.

그가 반갑다고 그녀를 껴안고 목에 키스한 것은, 그녀가 과거나 현실에서 어느 사람하고도 경험했던 일은 아니었다. 다만 본능적인 무의식속에서 앞으로 그녀에게 일어나기를 바라는 소원이다. 다음으로 그녀의 행동은 거울을 보고 자신의 나체를 돌아본다. 따라서 이 대목의 해석은 치료자가 그녀를 따뜻하게 해주기를 바라는 것이다.

그러고 나니 그녀의 초자아가 자극이 되어서 그녀는 반성을 하고 다시 자기 연민에 빠진다. 그녀가 치료자에게 성적 유혹을 해서는 안된다는 무의식적 판단이 자신의 노출이 너무 심했다는 식으로 그녀를 죄책감에 빠뜨린다. 그래서 그녀는 정신 무장을 새로이 했다고 말을 하였다.

그런데 그와 같은 말은 꿈속에서가 아니라 그녀가 현재 꿈을 보고하는 자리에서 조금 왜곡된 것일 가능성이 높다.

꿈속에서의 실제 진행은, 스웨터를 목까지 끌어올리면서 상징적으로는 그녀의 탐스러운 상반신의 나체를 강조하는 것이다. 아직 그녀의 본능적 욕구는 제 갈 길을 찾아가고 있었던 것이다.

그때 그가, 즉 치료자가 내놓은 양주 술병은 바로 남성 성기의 상징이다. 그녀는 본능적으로 그것을 만져 보지만 다시 초자아의 억제로 해서 차마 입에 대지는 못했다.

아무리 꿈속에서 그녀가 치료자의 성적인 요구를 거절했다고 해도 이제까지 그녀가 펼친 영화의 의미는 그녀가 바로 치료자와 성적인 관계를 바라고 있다고 해석이 된다.

그후 절대적으로 고조된 긴장 속에 남자에게 쫓기고 버스에 오르내리고 뛰는 것은 성행위의 절정을 상징한다.

이때 꿈이 갑자기 비약을 하여 상대가 바뀌고 트럭 운전사로 나타난 약혼자와의 성행위로 발전을 한다. 그녀의 무의식이 꿈속에서 검열을 하면서 치료자와의 관계를 부도덕하다고 판단을 내리고 도중에 안전한 상대로 출연 배우를 갈아치운 것이다.

그녀는 결국 비에 흠뻑 젖었는데 역시 만족한 성관계를 가졌던 것을 상징한다.

그리고 나니, 이제까지 보였던 본능적 욕구에 대한 뒷처리가 필요해서 순경을 불러들였다. 이때 순경은 바로 그녀의 초자아를 뜻한다. 그녀는 자기 소원을 이루어 본능적인 욕구를 충분히 충족시켰지만, 그녀의 초자아에게는 그 쾌락 추구의 책임을 두 남자에게 돌리고 자신은 면책을 받고자 하는 것이다.

바로 이렇게 그녀처럼 신체적으로 쌓인 성적 욕망을 간접적으로 해소하는 것도 꿈의 효용 중의 하나이다.

14. 도둑 심보

치료실인데 책상 뒤에 있는 선생님의 의자에 내가 앉아 있고 선생님은 아래 의자에 앉아 있었다.

갑자기 선생님의 부인이 애들 둘을 데리고 들어왔는데 쌍둥이였다.

부인의 나이가 몇 살이냐고 물으니까 몇 세라고 대답했는데 나보다도 훨씬 어린 나이였다.

선생님과 어린 부인은 나이 차이가 상당히 많이 났다.

선생님이 나이 어린 여자를 데리고 산다고 속으로 비난했다.

초조해 양은 치료자의 배우자에 대하여 어떤 정보도 가지지 못했다. 일반적인 치료 관행에서 치료자는 환자에게 자신의 신상에 대한 정보를 전혀 밝히지 않는 것이다. 그러니 그녀가 치료자의 부인을 어떻게 생각하느냐는 전적으로 그녀의 상상에 의한 것이고 자신의 현재 심리 상태를 나타낸다.

치료자의 의자에 그녀가 앉는 것은 치료자에 대한 성적인 도전이다. 이제까지 그녀의 꿈 중에 남자의 무릎에 올라앉는 행위로서 상징되는 성행위가 두 번 있었다. 즉 치료자의 의자는 치료자가 앉을 것이 전제되고 따라서 그녀가 먼저 치료자의 의자에 앉으면 치료자와의 동침이 이루어진다는 상징이다.

그러자 그녀의 무의식적인 죄책감이 치료자의 부인을 불러내게 된다. 이미 애가 둘이나 있어서 도저히 그녀 힘으로 어쩔 수가 없다. 그녀는 이러한 상황에서 화가 나고 이미 결혼해 버린 치료자를 탓할 수밖에 없다. 치료자의 부인으로 상상한 여자가 아직 나이도 어린데 왜 빨리 서둘러 결혼을 해 버렸는지, 성숙한 그녀 자신이 치료자의 배우자로 더 적당하지 않는지 따져 묻는 것이다.

이 꿈의 해석에서 환자가 치료자에게 보이는 긍정적인 전이 감정(POSITIVE-TRANSFERENCE)이 얼마나 쉽게 부성석인 전이 감정(NEGATIVE-TRANSFERENCE)으로 변할 수 있는지 알 수 있다. 그리고 바로 그러한 이중적 갈등의 모습이 진정한 전이 현상이고 또 해결해야 할 과제이다. 전이 감정이 심하면 자기만의 색안경을 쓰고 사람을 보는 것이나 같다. 장차 아무런 전이 감정도 없이 새로운 대상을 볼 수 있으면 그제서 그녀는 사람을 바로 볼 것이고 그녀의 무의식은 자유로워지는 것이다.

15. 벌거벗은 임금님

병실이었다. 마치 노래방 같았다. 건물의 아래 반은 나무고 위는 유리이다. 병실 안으로 들어갔는데 웬 여자가 환자용 침대에 누워서 혼자 몸부림을 친다. 그 장면이 마치 성적(性的)인 욕구가 채워지지 못해서 여자가 몸부림치고 있는 것 같다.

선생님을 찾으려고 그 다음 방문을 열었는데 선생님이 옷을 입은 채로 다른 환자와 성적인 행동을 하고 있었다. 놀라서 문을 닫았는데 선생님이 나를 몹시 흘겨보았다. 선생님이 경멸스럽게 보였다.

나도 화가 나서 말을 안하겠다고 했는데 선생님이 갑자기 험악한 얼굴이 되면서 다른 사람, "두 얼굴의 사나이"에서 보았던 "헐크"처럼 무서운 남자로 변했다.

초조해 양이 꿈속에 노래방처럼 생긴 치료실에서 처음 본 여자 환자는 아마도 그녀 자신일 것이다.

그런데 그녀가 이 전 시간의 꿈에서는 치료자의 부인에게 관심을 보였고, 지금은 치료자의 다른 환자에게 관심을 돌리고 있다. 그녀가 이성적으로 의식하기 훨씬 이전에 그녀의 무의식이 먼저 그녀의 안전에 장애가 될 만한 것을 하나둘 씩 검색하고 있다.

그것은 그녀가 치료자를 누구에게 빼앗기지 않을까 염려하고 있다는 증거이며 다시 말해 치료자가 그녀에게 영원한 관심을 가져 주기를 바라는 소망이 내포된 것이다.

다음 장면에서 치료자가 바람피우는 것을 연출한 그녀의 무의식속에는 그녀의 소원인 그녀와 치료자의 육체적 관계를 이루기 위해 치료자의 타락을 바라는 마음이 들어 있다.

끝 장면에서 치료자가 화를 내고, 즉 이성을 잃고 그녀에게 다가서는 것은 바로 그녀와 치료자가 성관계를 이루기 위한 상황 설정으로서 그녀가 무서워하는 것이 아니고 내심 바라는 것이다.

이 꿈을 보고 그녀는 자신이 치료자와 성관계를 맺으려는 의도가 무의식속에 있다는 것을 쉽게 알 수 있다.

치료 초기에 나타나는 성애적 전이(SEXUAL-TRANSFERENCE)는 환자가 어린 시절에 충분히 소화하지 못했던 오이디푸스 갈등의 새로운 경험이라고 앞에서 설명하였다. 그리고 이때 환자에게 필요한 것은 치료자가 친절한 부성으로서 안전하게 끝까지 돌보아 줌으로써 그녀 스스로 오이디푸스적 갈등을 처리하게 하는 것이다.

그러나 환자라고 해서 언제까지나 환자로 머물러 있는 것은 아니다. 정신적으로 항상 어린아이 같던 환자가 어느새 다 자라서 성숙한 여인처럼 치료자에게 비쳐지면, 그후에 나타나는 치료 후기 성애적 전이 감정은 부모 같은 치료자로서의 관심이 아니라 그 이상의 친밀한 관심을 요구하게 된다.

환자는 점차 치료자와 환자의 관계가, 엄숙한 부모와 아이같이 환자가 일방적으로 보호받는 차원에서 벗어나기를 원한다. 그 대신에 마치 한 쌍의 다정한 연인같이 성숙되기를 본심으로 바란다.

이때, 이런 감정이 치료자에게 위험스럽게 여겨지고 전혀 받아들여지지 않으면 환자는 다시 좌절하고 이제까지의 치료는 환자에게 단지 또다른 실패의 경험으로 돌아간다. 물론 그렇다고 해서 환자의 그러한 성애적 전이 감정을 치료자가 무조건적으로 다 받아들일 수는 없다.

그래서 치료자는 이런 다치기 쉬운 환자의 성애적 전이 감정을 천천히 조심스럽게, 긴 치료 시간을 두고서 적절히 다루어 주면서, 점차 그 감정의 물길을 바깥으로 흘려서 그녀의 사회 생활에서 만나는 적당한 남자에게로 관심을 돌리도록 유도를 한다.

그렇게 해서 환자가 치료자로부터 완전히 독립하여 사회로 돌아갈 때에 치료는 비로소 끝난다. 물론 이 때에 그녀가 다른 남자로부터 원하는 이성 관계는, 치료자에게서 일차적으로 원하던 보호자 같은 불평등한 관계가 다시 되풀이되어서는 절대로 안된다. 당연히 그 다음 단계로 넘어서서, 충분히 정신적으로 성숙한 그녀와 새로운 남자가 서로 평등한 남녀 관계로서 서로간에 부족한 것을 보완하는 이성 관계를 이루어야 바람직한 것이다.

어떤 영화에서는 자상한 치료자와 의존적인 환자가 최종적으로 육체적 사랑을 나누는 것을 하나의 소원이나 목표로 설정하고 있다. 그 이유는 일반인들의 무의식속에서 치료자가 대개 아버지 상이나 어머니 상을 대신하므로 해서 역시 일반인들의 무의식속에 숨겨진 오이디푸스적 갈등을 영화를 통해서 풀어 주고 만족시켜 주는 것이다.

만일 실제 치료 과정에서 치료자와 환자가 마치 통속 영화처럼 신체적 사랑을 나눈다면, 그것은 환자의 성애적 전이 감정이 잘못 처리된 것이다. 또한 그것은 치료자 역시도 환자나 조금도 다름없는 미숙한 인격으로, 자신의 무의식속에 숨겨져 있던 역전이 감정(COUNTER-TRANSFERENCE)을 적나라하게 드러내는 것뿐이다.

흔히 외국 영화에서 이런 식으로 치료자와 환자가 사랑하는 장면을 많이 보여준다. 어쩌면 대본을 쓴 영화 작가나 관객들은 그렇게까지 정성을 다해 몸까지 던져 사랑했던 그 단 한 사람의 환자만큼은 치료자가 완벽하게 치료했으리리고 착각할 수도 있다.

하지만 미처 해결되지 못한 치료자 자신의 미숙한 역전이 감정을 드러내면서 또다른 한 사람의 환자를 치료한다는 것은 애초에 불가능하다. 그 결과로, 단지 치료를 받으러 온 환자의 의존심을 이용하여 치료자는 자신도, 환자도 느끼지 못하는 동안에 환자만 공연히 괴롭혔다는 결론에 이른다.

그 좋은 예가 영화 "원초적 본능(BASIC INSTINCT, 폴버 호벤 감독)" 에서 주인공인 마약 중독 형사 마이클 더글러스와 경찰서에서 그의 심리 치료를 담당한 여자 치료자 진 트리플혼의 육체적 관계이다. 이 영화에서 두 사람의 관계는 환자의 의존심은 물론이지만, 그보다는 치료자의 결핍된 인격에서 오는 내면적 욕구로서 이루어지고 있다.

여기서 환자였던 형사는 그 여자 치료자를 통해 성적 욕구를 해소할 수는 있었지만, 정신적인 치료는 전혀 이루어지지 않았다. 결국 그 여자 치료자는 자신의 기형적인 심리 때문에 벌을 받아서 그 남자에게 총을 맞아 죽는 것으로 영화가 끝난다.

16. 미녀와 야수

친지 아줌마의 집이었다. 옛날 한옥집이었고 약간은 답답한 곳이었다. 저녁때인데 안방에 국민학교 저학년 애들이 대여섯 모여서 떠들고 있었다.

나는 애들에게 조용히 하라고 하고 "백설공주" 책을 읽어 주겠다고 했다. 그런데 애들이 잘 듣지를 않아서 혼자 책을 읽는데 책의 뒷부분이 "미녀와 야수"를 읽는 것으로 바뀌었다.

애들이 내 이야기를 듣지 않아서 조용히 책을 덮었다.

초조해 양의 어린 시절이 어떠했는지 보여주는 꿈이다. 사촌 형제들의 집에서 함께 어울리지 못하고 방 한 구석에서 조용히 동화책을 읽으며 외로움을 달래 온 것이다.

그녀는 야수가 솔직하고 자유롭고 또한 거친 가운데에 따뜻함으로 인해서 백설공주의 왕자보다 매력적이라고 표현했다.

바로 그런 야수는 그녀의 꿈의 대상이다. 처음엔 강제이다시피 그녀를 소유하지만 차차로 그녀에게 교화되는 것이 바로 그녀가 찾는 야수 같은 남자이다.

"백설공주" 와 "미녀와 야수" 는 같은 동화이지만 내용은 상당히 다른 것이다. 백설공주는 수동적이고 그에 반해 야수의 미녀는 능동적이며, 또한 백설공주에 등장하는 왕자는 처음부터 기다려 온 이상형의 남자라고 할 수 있지만 미녀에게서 재교육을 받고서야 인간이 되는 야수는 처음부터 이상형의 남자는 되지 못한다.

그녀가 나이가 들면서 점차 백설공주보다도 야수의 미녀에게 더 공감을 하게 된 것도, 가만있어도 행복이 찾아지는 백설공주의 비현실성보다 자신이 노력한 만큼 행복을 얻는 미녀와 야수의 상황이 훨씬 현실에 가깝기 때문이다.

무의식의 관점에서 보면 "백설공주" 나 "미녀와 야수" 는 오이디푸스 콤플렉스를 동화로 표현한 것으로 설명이 된다.

바로 일상적인 모녀간의 갈등을 극대화하여 어머니를 계모나 마귀로 형상화시키고 주인공이 박해받는 딸이 되어 집에서 도망나가 독립하는 것이 "백설공주" 이야기로서, 많은 소녀들이 어머니에게서 야단을 맞으면 한번쯤 꿈꾸어 보는 이야기이다.

도중에 그녀를 도와주는 난쟁이 할아버지는 부성(父性)을 상징한다고 보이는데 남성으로서의 능력이 거세되어서 성적으로는 안전한 난쟁이인 것이다. 따라서 백설공주가 얼마간 피신하는 대상은 되지만 그녀를 마녀로부터 영원히 지켜 주는 데에는 일곱 명으로도 부족하다. 그리고 그녀에게 꼭 맞는 젊은 왕자가 나서야 지만 비로소 어머니의 그늘에서 벗어나는 것이다.

반면에 "미녀와 야수"는 오이디푸스적 부녀간의 사랑이 주제이다. 주인공이 아버지를 찾아 낯선 곳으로 떠나가는데, 아버지를 대리할 수 있는 강한 야수를 만나게 된다.

그리고 아버지와의 이루어질 수 없는 사랑을 위하여, 아버지의 목숨을 구하는 대신에 미녀는 거친 야수에게 자신을 던지고 희생한다. 결국은 그녀를 잘 이해하던 아버지 대신에 낯선 야수와 짝을 이루고 점차로 야수 같은 한 남자를 그녀 마음대로 길들이는 데 성공하여 행복을 찾는 것이다.

이런 오이디푸스 갈등은 "신데렐라"나 "콩쥐팥쥐", 그리고 "미녀와 야수"와 "심청전"에서 보듯이 동서양을 막론하고 범세계적인 것이고, 선사 시대 이래 인간의 역사를 관통해서 내려오는 것으로서 시대에 따라 크게 달라지지 않는다.

어쩌면 사람이 태어나서 실제 경험을 하기도 전에 선천적으로 타고나는 갈등이 아닌가 생각되기도 한다.

17. 봉황새의 만남

봉황새가 움직이지 않고 멈춰 있었다.

분명히 공작 꼬리가 아니고 봉황의 꼬리였다.

그리고 암놈이었다.

모래사장이 있었고 뒤에는 건물이 있는데 암놈이 앉아 있었다.

잡혔는지 본래 있었는지 모르겠다.

갑자기 불새가 나타났다. 봉황새의 수컷이라고 생각했다.

불새가 암놈을 향해서 날아 들어가는데 갑자기 건물 안에서 폭죽이 터지듯이 빛이 났다.

건물 안에는 호두까기 인형 같은 병정 옷을 입은 사람이 있었다. 그것은 수놈 봉황이 사람으로 변한 것 같고 얼굴이 검은 색이었다.

암놈에게 바깥으로 나가자고 한다.

가만이 있으니까 투명한 플라스틱 같은 나비들이 날아와 내 옷소매를 잡고 하늘을 날았다.

하늘을 날아서 저녁 무렵 그윽한 한옥집에 도착했다.

봉황새는 고고한 신분을 상징하며 동시에 상서로운 만남을 상징한다. 흔히 봉황새는 왕실의 권위를 상징하였고 현재 그런 뜻으로 봉황새가 휘장으로 쓰이는 곳은 청와대이다. 그리고 만남의 뜻으로는 결혼 청첩장이나 결혼식장의 단상에 봉황새의 그림이 쓰여지고 있다.

가만히 기다리고 있는 암놈 봉황새는 바로 그녀 자신이다. 그 화려한 봉황새의 꼬리, 혹은 공작새의 꼬리는 아마도 웨딩드레스의 긴 꼬리 정도로 연상될 수 있을 것이다.

이어서 모래사장이 가까이 있는 건물은 신혼 여행을 연상시키는 해변 호텔이다. 수컷을 기다리는 암놈 봉황은 그녀 자신이고 불새는 앞에서 보인 야수 같은 새로서 그녀가 기다리던 새이다.

불새는 끈질긴 생명력을 의미하는 것보다도 특히 불알 달린 새라서 불새라고 할 수 있다. 폭죽이 터지면서 두 새는 사람으로 변하는데 마치 야수가 사람으로 변하는 것과 같다.

그런데 건물 안에서 병정 옷을 입은 사람이 그녀에게 다가드는 것은 남자가 그녀를 가지는 것을 의미한다. 일반적으로 꿈속에서 낯선 군인들이 칼이나 총을 들고 여자를 쫓아오는 것은 바로 성관계를 요구하는 것을 뜻한다.

바로 그 뒤에 이제까지 그녀가 걱정하던 일은 사라지고 그와 함께 하늘을 날아간다. 투명한 플라스틱 나비의 도움을 받는데 마치 "피터팬" 영화에서 보는 나비 소녀를 생각나게 한다. 혹은 마술을 부리는 요정의 도움으로 궁정으로 파티를 떠나는 신데렐라를 연상시킨다.

흔히 말하는 "신데렐라 콤플렉스"는 모든 사람의 무의식속에 깊이 자리하고 있다. 특히 여자의 능력 발휘 기회가 제한되고 단지 남자의 선택에 의해서 여자의 가치가 결정되던 먼 과거로부터 근대까지 모든 여자의 무의식속에 깊이 박힌 사고 체계이다. 그것은 여자가 착하게 남자 말을 잘 듣고 체제에 순응을 함으로써 여자에게 주어지는 행복을 강조하는 것이다.

그 반대의 경우로서 여자가 남자를 무한히 선택할 수 있는 "황진이" 처럼 기생이 되어 성공할 수 있기를 바라는 세태도 있다. 요즈음 서울의 화려한 술집에 종사하는 여자들의 모습에는 절대적 빈곤 때문이 아니라 쉽게 그들 자신을 과시하기 위한 것으로 보일 때가 많다. 그들은 그동안 억눌렸다고 생각한 많은 여성들이 성적으로 폭발하고 싶은 꿈을 대표하고 있다고 할 수 있다.

그런데 바로 이 신데렐라 콤플렉스와 황진이의 소원을 하나로 합쳐서 영화로 꾸민 것이 바로 "애수" 와 "귀여운 여인" 이다.

마빈 르로이 감독의 "애수(WATEROO BRIDGE)" 에서는 여자들의 그 두 가지 욕망의 갈등적 대립 때문에, 한때 창녀로 생계를 이어온 여주인공 비비안 리가 로버트 테일러의 사랑을 등지고 결국 자살함으로써 끝나며, 당시에 동서양의 많은 여자들의 심금을 울렸다.

그 후 시대가 수십 년이 지나서 최근에 제작된 게리 마샬 감독의 "귀여운 여인(PRETTY WOMAN)" 에서는, 역시 창녀로 출발한 여주인공 줄리아 로버츠가 기업가 리처드 기어마저도 사로잡아서 "애수" 와는 달리 행복한 결혼에 이르면서 역시 많은 여인들의 울분을 풀어 주었다.

이들 두 영화는 바로 일반 여인들의 그 두 가지 꿈 같은 소망, 즉 황진이로 출발하여 신데렐라가 되는 꿈을 한꺼번에 다루었기 때문에 성공한 것이다. 알게 모르게 일반인들의 무의식적 소망을 속시원히 대변하는 작품들이 커다란 공감을 끌어내는 것이다.

18. 갈라진 항해

고등학교 일학년 교실이 보이는데 내가 물건을 잃어버려서 교실로 가서 물건을 찾았다. 그리고 배를 탔다. 배가 빌딩 이삼 층 높이는 되어 보였다. 배로 바다를 건너가는데 배가 갑자기 둘로 나누어졌다.

그녀는 갑자기 선택을 하게 되었다.

이 쪽은 사람이 많은 쪽이었고 저쪽에는 남자가 혼자 있었다. 어느 쪽으로 갈까 망설이는데 그때 재빨리 스무 살 남짓한 금발 여자가 나타나서 그 남자와 함께 가겠다고 하였다.

배가 가로로 나눠지고 바다를 가운데에 두고 그들과 헤어졌다.

고실은 치료실이고 병원 건물이 배로 나타났다. 그녀는 치료자와 한 배를 타는 것으로 출발을 하였다. 마치 그녀와 치료자와의 기나 긴 치료 과정을 막막한 항해라고 은유하였다.

그런데 도중에 배가 갈라져서 그녀와 치료자가 결별을 하게 된다. 배가 목적지에 닿기도 전에 그녀는 치료자와 헤어져야 한다는 압력을 무의식적으로 느끼고 있다.

그녀 대신에 치료자와 같이 떠나는 젊은 금발 여자의 의미는 그녀가 상상하는 치료자의 부인이다. 전에도 치료자의 부인이 젊을 것이라는 그녀의 공상적 결론이 있었고 게다가 잘 모르기 때문에 이국적인 여자로 공상을 이어가고 있다. 어쨌든 그녀는 이제 치료자를 그녀 마음속의 연인에서 그만 떠나 보내야 한다는 무의식적 깨달음에 도달한 것이다.

하지만 이러한 깨달음이 위험할 때도 있다. 바로 그녀만의 특별한 무의식적 경향 때문인데 그녀는 자신의 체험적 판단으로서 친한 사람은 죽은 아버지처럼 곧 헤어지게 된다는 것을 염두에 두고 있다. 그래서 그녀 스스로 예상한 상황을 통하여 치료자에게 또다시 상처받기 전에 미리 치료자를 떨치는 돌발적인 행동을 하게 될는지도 모른다. 그것이 이제까지 그녀가 살아온 방법이었다.

바로 그런 문제, 인생길의 수많은 대인 관계 속에서, 그녀 스스로 미래의 불행을 예측하고 미리 자신을 고립시켜 가는 것, 그래서 평생 자신감이 없는 것이 좀 더 깊은 토론을 기다리고 있다.

여기서부터 그녀가 완전하게 자신감을 회복할 때까지 충분히 오랜 기간을 치료자가 도와서, 그녀에게 새로운 부친상이 생겨나 그녀가 자신감을 찾고 그녀 혼자도 세상을 살아가는 것이 충분히 안전하다는 무의식이 생기도록 만들어 나가는 것이 진정한 치료다.

19. 대통령의 프로포즈

꿈에 대통령이 나타났다.

텔레비전에 보는 대통령 집무실에서 전화를 하여 나를 불렀고 내게 도와 달라고 했다.

얼마후에 나무 칼집에 들은 세 자루의 칼을 보여 주었다.

나에게 그 중에 하나를 고르라고 했는데 나는 가장 가까운 곳에 있는 나무칼을 잡았다.

초조해 양은 꿈에서 나타난 대통령을 치료자로 생각하였으며 그에게 받은 나무칼은 남성의 성기로 해석하였다. 대개 꿈에 보이는 대통령이나 왕 등은 부친이나 치료자를 상징한다. 그리고 꿈속에 자유롭게 드러나는 성적인 생각들이 그녀의 무의식적 성적 갈등을 다소간 해소해 주지 않을까 하고 기대한다고 그녀는 말했다. 바로 그런 것이 꿈의 효용 중에 하나이기도 하다.

점차로 그녀의 무의식이 그녀가 쉽게 깨달을 수 있도록 꿈에서 너무나 투명하게 의식화되고 있어서 더이상의 구구한 해석도 필요가 없다. 그것은 바로 치료가 진전된 상태로서, 그녀가 이런 성적인 꿈을 꾸고 또 치료자와 토론하는 것이 그녀의 초자아로부터 제어 받지 않아도 될 만큼 치료적 분위기가 무르익었기 때문이다.

그래서 그녀는 보다 성숙하게 그녀의 무의식을 이해하고 바로 그녀 자신을 더욱 사랑할 수 있다. 아는 것이 힘이라고 말하는데, 사람은 자신을 깊이 알면 알수록 자신에 대한 사랑이 깊어 가고 또 새로운 자신감이 솟아난다.

이 무렵 그녀에게 새언니가 물었다. 치료자와 수개월 이상 만났는데 치료자를 어떻게 생각하느냐는 것이었다. 만일 새언니가 환자라면 치료자를 좋아하게 될 것 같다고 하면서 그녀에게도 이를테면 개인적인 친근감이 들지 않느냐고 물은 것이라고 했다.

그녀는 그 자리에서 치료자를 그냥 의사로서 생각한다고 대답했다고 했다. 그리고 나서 그녀는 비로소 의식적으로 치료자를 다시 관찰하기 시작하였다.

그러다 보니 치료자가 평소와 달리 피로해 보이고 살도 빠져서 왜 그런지 까닭을 알고 싶어졌지만 치료자의 사적인 일이라서 한 달여를 감히 묻지 못했다고 하였다.

당시에 그녀의 상상은 치료자에게 가정 문제가 생겼던지 혹은 초봄이 시작되어 치료자가 봄을 타느라고 그랬던지, 그것도 아니면 치료자 성품이 본래 그러하지 않았는가 하고 세 갈래로 추측을 하였다고 말했다.

마지막 치료자의 성품론은 그녀에게 정을 주지 않는데 대한 항변이었다. 치료자는 다시 더 구체적으로 언제 정을 주지 않는다고 느꼈는지를 물었지만 그녀는 말을 돌리고 머리를 지난주에 잘랐다고 하였다.

굳이 말로 할 필요 없이, 그녀의 약간 짧아진 머리에 아직도 치료자가 관심을 보여 주지 않는 것자체가 치료자에게 세심한 정이 부족하다는 뜻이다.

그러면서 그녀는 치료자에게 어떤 연민을 느낀다고 말했다. 그녀가 말한 연민의 의미는 그녀가 어쩌지 못하는 것, 의지대로 되지 않고 도와주지도 못하는 것, 애써서 되는 것이 아닌 마음, 이를테면 절대적 고독감을 가진 사람에 대해서 그녀가 바라보고 있을 때의 느낌이라 하였다.

처음에 그녀는 경황이 없어서 치료자를 똑바로 보지도 못하고 그녀 자신의 문세에만 빠져 있있지만, 이제는 자신만의 굴속에서 빗어 나와 한결 여유를 가지고 그녀의 주의 상황을 다시 살펴 나가기 시작한 것이다.

그래서 치료자가 평소와 조금 달라지면 그녀도 때맞추어 반응을 보이는 것이고, 꿈속에서처럼 저절로 치료자를 돕고 싶은 마음도 드는 것이다. 바로 그만큼 치료가 진전된 것이다.

20. 피 묻은 침대

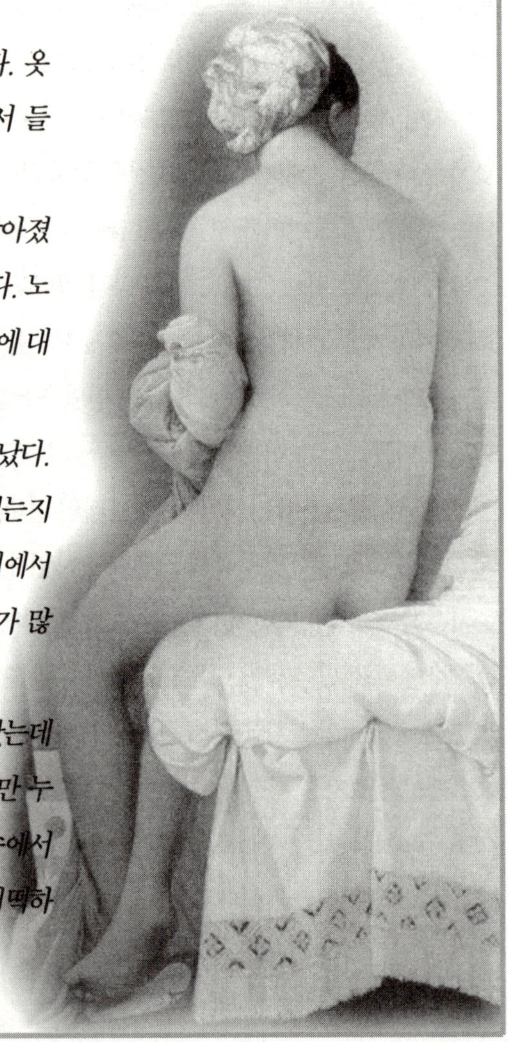

꿈속에 가게로 들어갔다. 옷 가게였는데 거울이 있어서 들여다보았다.

거울 속에 내 머리가 짧아졌다. 섭섭하면서도 시원했다. 노란 윗도리를 사고 거울 속에 대보았다.

꿈속에 웬 남자와 자고 났다. 누구와 어떻게 같이 잤었는지는 기억나지 않는다. 침대에서 막 일어났는데 침대에 피가 많이 묻어 있었다.

목욕탕에 갈려고 일어났는데 상대 남자를 언뜻 보았지만 누구인지 알 수 없었다. 꿈속에서 내가 처녀가 아니어서 어떡하지 하고 고민하였다.

앞에 소개한 꿈은 치료 초기에 보였던 꿈 "머리카락을 잘리고"와 아주 유사한 구조이다. 그러나 꿈의 진행이나 결과가 그녀에게 당혹스럽게 되어 가지 않은 것이 전과 다르다.

그녀는 머리가 짧아진 것을 치료 후의 변화와 연관시키고 꿈꿀 때 드러난 무의식적 감정으로 시원섭섭한 것은 더 이상 과거에 연연하지 않아도 좋을 만큼 감정적인 성장을 이룬 것으로 해석했다.

하지만 막상 그녀가 새로운 남자와 친밀감을 느끼기 시작할 때, 현재 가라앉은 증상들이 다시 재발하지는 않을지 의문이 생긴다.

뒤에 꿈은 앞의 꿈이 있고 얼마 후에 생긴 꿈이다. 이 꿈은 실제 그녀에게 일어날 만한 상황이 직설적으로 표현되어 있어서 누구나 쉽게 해석이 된다. 침대에 피가 묻는 것은 그녀의 바램이지만 사실이 아니기 때문에 그녀는 다시 꿈속에서 고민을 한다.

그런데 이 꿈을 꾸고 난 아침에 그녀는 별로 당황하지 않았다고 말했다. 그녀는 실제에서 똑같은 문제를 놓고 생각해 보아도 이제는 별걱정이 되지 않는 것이다. 그게 바로 치료의 결과이다.

만일 그녀가 아직도 이 꿈으로 당황할 지경이면 그녀의 무의식이 미리 방어를 하여서 애당초에 이런 적나라한 꿈조차도 꿀 수 있는 능력이 없다. 그대신 더 모호한 상징으로 꿈이 표현되어 첫번째 꿈, "다락방의 빈 상자" 처럼 도대체 무엇인지 확실히 알 수 없는 상황에서 그녀가 막연히 당황하는 꿈을 꾸었을 것이다.

그렇다면 그녀가 머지않은 장래에 현실에서 맞게 될 실제의 문제 상황에서는 전과 같이 다시 급성 불안 증상을 일으키지는 않을 정도의 안정된 심리 상태라고 생각할 수도 있겠다.

사실 그녀가 처음 찾아온 불안 증상은 의식적으로 연유를 알 수 없는 막연한 것이고, 그녀가 그냥 덮고 넘어가기를 원했던 것인데, 그래서 무의식이 돌발적으로 일으킨 것으로서 증상은 극심했다.

하지만 이제는 그 증상의 뿌리를 그녀가 의식적으로도 알고 더러 실생활에서 적잖이 걱정하는 문제이며, 그대신에 그녀의 숨은 무의식이 따로 증상을 만들어 그녀를 괴롭히지 않아도 되는 것이다. 즉 문제의 원인이 충분히 의식화되었고 한편으로 그녀의 초자아가 상당히 약화되었으며, 또한 치료자로부터 약간의 부성적인 지지를 얻었기 때문에 그녀의 문제 인식이 우리가 흔히 겪는 단순한 불안의 테두리 안에 올라와 머무르게 된 것이다.

그리고 그 정도 남은 가벼운 정신적 불안까지도 마저 없애려는 것은, 그녀의 상처를 처음부터 아예 없었던 것으로 돌릴 수 없는 것처럼 불가능하다.

최근의 정신 분석은 정통적인 장기(長期) 치료 일변도에서 벗어나 단기(短期) 치료를 지향하는 쪽인데 그 이유는 경제적 효율성을 우선시키는 것이다. 즉 상담 치료가 시간적 경제적 비용이 많이 드는데 비해서 치료 효과를 측정하기가 어려운데, 단기 치료를 먼저 시행해서 그 결과를 관찰한 이후에 치료가 만족스럽지 못하면 그때서부터 장기 치료를 하는 것이 비용면에서 효율적일 수도 있다는 것이다.

필자도 장기 치료는 지양하고 있는데, 현재 그녀에게는 초기 증상이 거의 다 사라지고 약간의 의식적 갈등으로 되어 남아 있다. 그 갈등이 차후에 휴화산이 될지, 사화산이 될지는 아무도 모르는 것이지만 그렇다고 비관적이지는 않다.

21. 이별 연습

누가 떠났다고 한다.

나는 그의 와이셔츠를 챙겼다.

빨강색 줄무늬, 노랑색, 초록색 셔츠를 챙겨 여행 가방 속에 넣어서 어디엔가 정리를 해 두려는 것이다.

이 무렵 초조해 양과 치료자는 치료 종결을 한 달 정도 앞두고 있었는데 그녀는 요즘 들어 짜증이 나는 편이라고 하였다. 그리고 그녀가 텅 비어 버린 느낌이라고 하였다. 또한 사람에 대한 호기심이 사라졌다고 말했다.

이 모든 것은 치료 종결에 대한 그녀의 반응이다. 치료자가 들어오도록 그녀는 최선을 다해 마음을 활짝 열었지만 치료자가 물러 나간다고 하자 텅 비어 버린 느낌, 그녀의 말로 허무감에 빠져 있다는 것이다. 물론 그렇다고 치료자가 걱정할 상태는 아니라고 덧붙였다.

그녀는 물론 사람에 대한 호기심을 상실했을 것이다. 그 누구에 대한 호기심보다도 치료자에 대한 호기심을 상실했을 것이다. 그것은 체념이다. 그리고 또한 그것은 그녀가 무의식속에서 치료자가 그녀에 대한 호기심을 상실하여 치료 종결에 서둘러 이르른 것이 아닌가 하는 그녀만의 염려를 뒤집어 보인 것이다.

물론 그녀의 허무감에 대한 원인을 그녀의 무의식속에서 찾다가 거기까지 이른 것인데 이런 것은 일반적으로 어떤 환자의 치료 종결 때에나 흔히 나타나는 것이고 치료자가 미리 예측하는 것이다. 또한 그녀가 혼자서 겪어 내고 극복을 하여야 치료자의 영원한 환자에서 벗어나는 길이기도 하다.

치료자는 그녀가 기꺼이 마음을 열어서 본인의 적극적인 노력으로 이제까지 꿈분석 치료가 가능했었는데, 앞으로도 그런 그녀의 수고에 의해 그녀의 짝이 될 어떤 사람이 그녀와 진정한 대화를 나눌 수 있을 것이니, 그렇게 해서 그 미래의 시점에서 이 치료가 완성되는 것이라는 것을 이야기했었다.

꿈속에서 그녀를 버리고 떠난 사람은 치료자이다. 하지만 이 꿈을 꿀 때의 감정은 마치 남의 일처럼 별로 대단하지 않았고 그저 누가 떠나갔다는 정도로만 느꼈다고 부언하였다.

그러나 뒤에 이어지는 그녀의 행동은 범상치 않다. 실제로 그녀의 어머니는 아버지가 돌아가시자 그의 양복을 잘 정리하여 두었다가 재활촌의 가난한 사람들에게 전해 주었다고 하였다. 그것은 그녀의 다섯 살 무렵의 일로서 그녀가 거의 잊었던 일인데 이 꿈을 통해서 다시 옛기억이 살아난 것이기도 하였다.

그녀는 바로 어머니가 했던 행동을 그대로 모방하여 죽은 사람의 옷가지를 정리하고 있는 것이다.

프로이트는 여행의 상징적 의미를 죽음이라고 말했다. 즉 그녀를 두고 소리 없이 여행을 떠난 남자는 그녀의 감정 속에서는 영원히 죽은 자가 되는 것이다. 그녀에게 치료 종결이란 말이 주는 무의식적 의미가 영원한 이별이란 것을 알 수 있다.

그런데 마치 남의 일처럼 담담했다는 그녀의 감정 토로는 아버지가 죽었을 때와 마찬가지로 현실적이지 않고 위장된 것이다.

게다가 그녀가 무의식속에서 치료사에게 부성 전이를 일으켜서 결국은 치료자를 죽은 사람으로 취급하려는 데에 대하여 치료자는 만족할 수가 없다.

치료자는 그녀의 아버지와는 달리 분명 살아 있고 더 많은 부성을 간직하고도 있으며 그녀가 다시 필요로 한다면 치료자와의 치료적 만남은 언제든지 다시 시작될 수 있는 것이다. 또 바로 그러한 사실, 즉 미래에 대한 확실한 보장이 그녀의 치료 종결을 가능하게 하는 것이다.

그녀의 어머니가 한 남자의 부인으로서 했던 행동을 따라서 그녀가 마치 치료자의 부인과 같은 행동을 꿈속에서 답습한 것은 아직 전이 감정이 충분히 해결되지 않았다는 것을 의미한다.

정통 분석 치료에서는 이러한 전이 감정을 깨끗이 다 없애야만 치료 종결이 되는 것으로 생각하였다. 그러자니 치료 시간이 한없이 길어질 수밖에 없는 폐단이 있었다.

하지만 단기 치료를 지향하다 보면 완전한 전이 감정의 해소를 기대할 수 없다. 또한 치료자와 그녀는 상당 기간 만남을 가졌고, 치료자가 그녀의 의식과 무의식속에 남긴 인상을 완전히 소거하는 것은 현실적으로 불가능할 수도 있다.

그런데 때로는 환자 자신의 치유 능력이 치료자의 예상을 훨씬 앞서 나가기도 한다. 그녀는 얼마 전부터 새로 남자 친구를 사귀었다. 그와 한두 달 정도 만나는 도중에 어느 날 갑자기 그녀 스스로 그 남자와 치료자가 어딘가 비슷하다는 결론에 이르렀다.

그녀는 그것이 바로 치료자로부터 비롯된 새로운 전이 감정이라는 것을 깨닫고 그러한 전이적 인상을 그 남자에게서 지워 내고 다시 그 사람을 바라보았다. 그리고 그 남자에게 실망하여 헤어지고 말았다.

여기에서 알 수 있는 것이 두 가지인데 그 중에 하나는, 초조해 양은 이미 치료자가 떠나도 다시 그녀의 빈 가슴을 채워 줄 새로운 대상을 스스로 물색하고 있다는 것이고, 또 하나는 다른 남자에게서 치료자로부터 비롯된 전이 감정을 냉정하게 구별하여 객관적으로 바라보는 분별력까지 가지게 되었다는 것이다.

즉 그녀는 전이 감정의 본질을 충분히 이해하고 실생활에서도 전이 감정이라는 색안경을 벗게 되었다. 그래서 치료자는 더욱 안심하고 그녀의 치료를 예정대로 종결할 수 있었다.

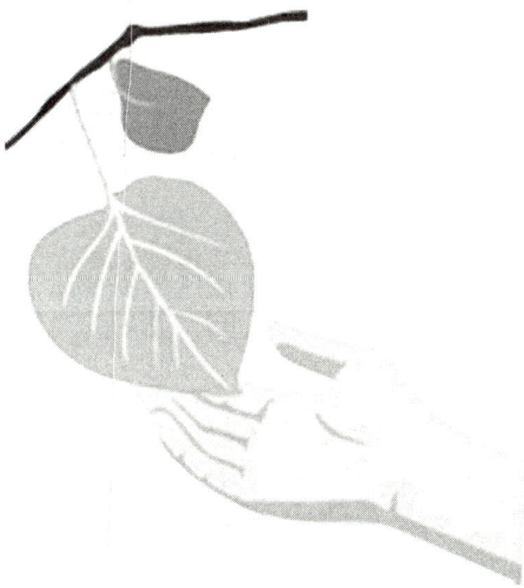

22. 사진 조각 맞추기

여자 친구의 집들이에 갔다.
거기서 미국에 들어간 남자 친구를 보게 되었다.
그런데 그 친구의 수첩에서 내 사진이 나왔다.
"왜 이 사진을 나한테 주지 않느냐" 고 물었다.
그 사람은 필름이 없어서 줄 수 없다고 했다.
그 작은 사진은 겨울 사진이었고 어쩌다 보니 커다란 사진으로 변해서 마치 조각 맞추기 퍼즐 그림 같았다.
나는 크게 확대된 것 같은 그 사진을 내 손가방 속에 몰래 집어넣었다.

대개의 환자들은 치료자가 자신을 평생 돌봐 줄 것을 기대하며 치료를 시작한다. 그러나 어떤 이를 평생 돌보는 것은 그녀의 부모라도 하기 어렵다. 게다가 치료자는 단지 계약된 시간만큼 환자를 돌본다.

그리고 치료의 본질로 돌아가서 치료자가 평생 돌봐야만 되는 환자는 결코 병이 나아졌다고 할 수 없다. 부모 역시 때가 되면 자식을 독립시켜야 부모 역할을 마친 것이 되는 것처럼, 치료자도 환자를 낫게 하여 혼자 독립시키는 것이 치료의 목표이다.

이 날은 초조해 양과 치료 종료를 약속한 날이다.

지난 치료 시간에는 그녀와 치료자가 함께, 이제까지의 치료 과정을 처음부터 정리하였다. 그러면서 그녀는 자신의 꿈을 기록한 진료일지를 다시 보게 되었다.

이미 많은 꿈과 해석이 그녀에게는 아득한 옛일로 잊혀져가지만 기록은 그대로 남아 있어 새로운 감회를 전해 주었다.

오늘의 꿈에서 그녀의 사진을 가지고 외국으로 떠날 남자는 치료자로 해석이 된다. 그녀가 의식한 치료사와의 이별이 외국으로 떠나는 치료자로 상징되어 나타난 것이다.

사진은 흔히 나체를 상징하는데 그녀가 마음의 옷을 벗고 진솔하게 치료에 임했던 기억을 상징하는 것으로 보는 것이 더 좋다.

그런데 얼마 후에 사진이 커져서 마치 조각 맞추기 퍼즐처럼 보였다는 것은, 마치 이제까지 치료 과정 중에 있었던 꿈 해석의 작업이 퍼즐 조각 맞추기처럼 수수께끼를 해결하는 과정으로 그녀의 무의식속에 남아 있었다는 것을 가르쳐 준다.

그리고 그녀가 슬쩍 훔쳐 간 사진은 바로 그녀의 꿈을 기록한 치료일지를 가리키는 것으로 보인다. 그녀는 단순히 치료자의 것을 하나쯤 영원히 기념으로 갖고 싶었는지 모른다.

초조해 양의 치료는 여기서 일단락이 되었다.

그후 일 년이 지나서 그녀는 새로 사귄 남자와 결혼을 하게 되었다. 그녀는 기쁜 마음으로, 혹은 그녀의 표현대로 치료자에게 과시를 하기 위해 진료실에 다시 들렀다.

그런데 결혼한 지 한 달 만에 그녀는 약간의 과도한 긴장 증상이 재발되어서 치료를 받으러 다시 찾아왔다. 그녀는 아무도 모르게 혼자만 긴장하는 편인데, 증상의 정도는 결혼 전에 처음으로 찾아왔을 당시보다 십분지 일도 되지 않는다고 말했다.

그녀의 결혼 생활은 치료자가 보기에 충분히 안정되었다. 남편도 잘 해주고 시집도 그녀에게 따뜻하였다. 다만 그녀는 자신에게 새로 주어진 소중한 행복을 끝까지 지켜 나갈 자신감이 아직도 부족해 보였다.

치료자는 다시 그녀와 몇 시간의 면담을 가지고 그녀의 자신감을 재충전시켰다. 이후 그녀의 긴장 증상은 쉽게 해결이 되어서 그녀는 다시 자신의 세계로 돌아갔다.

이때 인상 깊었던 꿈중에 하나는, 그녀가 치료받으러 오는 날 아침에 꾸었던 것으로 어린 시절의 외가집에 다니러 가는 꿈이었다. 마치 시집간 여자가 어려울 때 친정 아버지를 찾아가듯이 다시 치료자를 만나러 오는 것을 상징적으로 표현했던 꿈이었다.

그 꿈을 보고 치료자가 이제까지 노력한 만큼 그녀의 새로운 부성으로서 충분한 역할을 수행했다는 사실을 평가할 수 있었다.

2장

사느냐 죽느냐?

햄릿 양의 경우

"사느냐, 죽느냐? 그것이 문제로다."

이 유명한 말은 세익스피어의 비극 "햄릿" 에서 비극의 주인공 햄릿이 존경하던 아버지를 잃고서 사랑하던 어머니마저 삼촌과 재혼하자 스스로 묻던 말이다.

삶과 죽음의 문제를 놓고서 사람들은 보통 오랫동안 고민을 하게 마련이다. 게다가 이지적인 햄릿은 비록 결단을 내리지 못하고 삶과 죽음 사이에서 고민, 고민하는 것 같아도, 이미 삶에 대한 의지를 죽음보다 앞세우고 있나. 나반 사는 방법이 문제였다.

그런데 이 비극 "햄릿" 의 주인공이 만일 여자였다면 상황이 크게 달라졌을 것이다. 주인공 햄릿 양의 어머니가 어느 날 갑자기 죽고 나서 그녀의 비극적 운명은 시작된다.

"죽느냐, 사느냐? 그것이 문제로다."

햄릿보다 좀더 감상적인 햄릿 양은 스스로 이렇게 질문한다. 그리고 시간을 들여 고민할 여지도 없이 감정이 먼저 앞서서 당장 어머니를 따라 죽고 싶어진다. 그런데 그 무서운 결단만큼은 햄릿처럼 우유부단하여서 한없이 무기력한 세월이 지속되어 온다.

어린아이가 살면서 어머니를 잃는다는 것은 아주 큰일이다. 1세 이전에 어머니를 잃으면 자신의 생존 자체가 위협을 당하므로 해서 어린아이의 신체적, 정신적 발육이 느리고 상당히 무디어진다.

또한 1세 이후부터 3세 이전에 어머니를 잃으면 생애 첫 일 년 동안 정을 붙인 어머니를 다시 잃은 것으로써 더욱 치명적인 정서적 상처를 입고 도대체 갈피를 잡을 수 없는 불안한 성격이 된다.

그 이후 10세 이전에 어머니를 잃으면, 성격은 이미 형성된 뒤이지만 매사에 자신감이 없어서 진취적이지 못하고 우울증에 잘 걸리는 경향이 있다고 한다.

그보다 좀 성숙한 나이인 사춘기에 어머니를 잃는 것도 역시 적지않은 충격을 주게 된다. 보통은 두 달 이내의 심심한 애도 반응으로 그치지만, 그보다 심하면 병적인 것으로서 반 년 이상 진행하는 우울증에 빠져든다.

대개 애도 반응을 지나친 우울증의 뒤편에는 심리학적으로 커다란 분노가 숨어 있다고 추정한다. 자신에 대한 분노인지 혹은 죽어서 떠난 사람에 대한 분노인지 모호할 수도 있고 복합적이라고 할 수도 있다.

상식적으로 자신에 대한 분노는 가까운 사람을 죽지 못하게 막지 못한 데서 오기도 하는데, 자신도 어쩔 수 없는 무력감에 대한 분노가 우울증으로 변하게 되는 것이다.

심리학적으로는 그 외에도 좀 더 깊이 있게 분석하여 죽은 사람에 대한 애정과 증오의 혼재를 가정하고, 그 애정과 증오 중에서 증오만을 떼어서 살아남은 자신에게 되돌린 것을 우울 증상의 병리로 보기도 한다.

그것을 터닝 어게인스트 더 셀프 (TURNING AGAINST THE SELF)라고 부르는데 우울증의 주요한 심리 기전이다.

특히 동성의 부모가 죽었을 때에 그런 경우가 많다. 예를 들면, 지독한 술꾼 아버지에게 어린 시절 내내 시달린 아들이 아버지에게 품었던 증오가 있었는데, 막상 술꾼 아버지가 죽어 없어지면서 그 증오가 아들 자신에게 향해져서 아들이 갑자기 우울증에 빠지거나, 혹은 아버지와 동일시하여 그때부터 아버지처럼 술을 많이 마시고 바로 자신을 서서히 망가뜨려가는 경우를 볼 수가 있다.

여기 소개하는 햄릿 양은 명문 대학인 A대 법대 학생이었다. 그녀는 침착한 모습으로 진료실에 들어와 소파에 앉아서 조용히 크리넥스 티슈를 조각조각 찢었다. 하지만 그녀는 곧 눈물이 맺혔고 말을 붙이기가 무섭게 울음이 바로 터질 것같이 보인다.

그녀는 자신이 점차로 소극적이 되어 가는 것을 느끼고 때때로 죽고 싶은 마음이 든다고 말하였다. 치료자는 여러 가지 문진을 계속하여 그녀가 요즘 들어서 불면증도 있고, 의욕도 없고, 자신감도 잃고, 무기력한 기간이 상당히 오래 되었다는 것을 알게 되었다. 게다가 평소에 죽고 싶은 마음이 있었으니 전반적으로 보아서 그녀의 진단은 우울증이 틀림없었다.

우울증은 보통 전 인구의 10퍼센트가 평생에 한 번은 걸릴 수 있을 정도로 흔한 병이다. 다만 증상이 조용하고 수동적이어서 주위 사람들의 눈에 빨리 띄지 않는 경우도 많다.

치료자는 햄릿 양에게 최근의 꿈을 물었는데 그녀는 죽은 어머니의 꿈을 반복적으로 자주 꾼다고 하였다.

흔히 사람들은 우울증에 시달릴 때에 죽은 사람의 꿈을 많이 꾸게 된다. 그런데 민간 꿈풀이로 보면 어쩌다 죽은 사람이 나타나는 것은 좋은 계시를 주는 식이고 조상이 음덕을 베푸려고 하는 전조로서 해몽을 한다. 하지만 우울증 환자들은 그런 꿈풀이를 보아도 아무 소용이 없다. 다만 죽은 사람이 이제 자신을 저승으로 데려가려는 신호로서 자신의 꿈에 나타났다고 생각한다.

치료자는 그녀에게 죽은 어머니 대신으로 따뜻한 인정을 해주어서 그녀의 정서를 안정시키고, 또한 죽은 어머니에 대한 부정적인 감정들을 적절히 해소시켜서 그녀의 우울증을 형성한 무의식적인 갈등들을 하나씩 풀어 나가기로 치료 방침을 세웠다.

1. 괴물로 변한 시체

꿈에 친구와 여행을 하고 있었다. 눈이 아니면 얼음으로 덮인 길이었다. 높은 언덕길을 지나는데 옆에 안전 철책이 없어서 위험하게 보였다.

운전사는 외국인이었고 안내원도 마찬가지였다. 창밖에 낯익은 건물이 보였는데 B대학교 같았다. 그런데 지나가면서 보니 C대학교 건물이었다. 갑자기 길이 없어지고 앞이 안 보였다.

버스가 가파른 층층계단을 내려가게 되었다. 버스가 급커브를 꺾다가 그만 밑으로 떨어져서 모두가 죽게 되었다. 죽는다고 생각하니 엄마가 죽을 때 기분이 어땠을까 하는 생각이 들었다.

시체 두 구를 보았다. 그중 한 구는 안내원이라고 생각했다.

그런데 안내원의 시체가 갑자기 괴물처럼 변했다. 눈이 뻥 뚫리고 한쪽 얼굴이 없어졌다.

햄릿 양은 이 꿈을 꾸고 나서 저승에서 어머니가 그녀를 빨리 오라고 부르는 것이라고 생각했다. 그래서 그녀는 자신의 의지와 무관하게 이날도 죽음의 그림자에서 쉽게 벗어나기 어려웠고 꿈을 이야기하는 도중에 울고 말았다.

그녀는 단지 작년에 죽은 어머니가 그립고, 어머니에게 불효한 것이 후회되며, 그래서 어머니를 따라 그녀도 죽고 싶을 따름이라고 하였다. 그런데 아직까지도 죽은 사람을 따라 죽고 싶다는 그녀의 심정은 단순한 애도 반응이 아니고 병적인 현상이다.

햄릿 양은 지난겨울 설악산에 여행 갔던 기억과 간밤에 읽다가 잠들었던 네팔 여행기가 어우러져서 꿈속에 나타난 것으로 생각하였다. 눈이 아니면 얼음으로 덮인 위험하고 높은 길은 죽음으로 가는 길을 연상하게 한다. 네팔이란 나라도 히말라야 고원 중에 있으며 지구의 지붕으로서 천국으로 가는 길을 상징한다. 그래서 저승사자라고 볼 수 있는 운전사나 안내자가 마치 외국인 같다.

그녀의 이 꿈속 여행은 분명히 죽음으로 향하고 있는 것이다. 도중에 그녀는 자기 삶의 평가를 내린다. 그래도 대학은 다녔다는 작은 위안이 있다.

B대학은 그녀의 A대학보다는 나은 학교이고 반면에 C대학은 그녀의 대학보다 조금 떨어지는 것으로 세상에 알려져 있다. 그래서 마치 여행을 하듯이 이승을 멀리하고 떠나가는 뒷길에 그녀가 선망하던 B대학이 나오자 그녀는 한을 삼키며, 다음에는 조금 자위가 되는 C대학이 등장한다. 그것만 보아서도 그녀는 대학의 이름에 과도한 열등감과 자만심을 가진 것을 알 수 있다.

본래 열등감과 자만심은 동전의 양면과 같다. 강한 사람 앞에서는 열등감으로 몹시 비굴한 사람이, 자기보다 조금 약한 사람에게는 자만심으로서 지독하게 잔혹한 것과 마찬가지로서 열등감이 심한 사람은 자만심도 심하고 자만심이 심한 사람은 열등감도 심한 것이다. 그 중간 선에 정당한 자기 평가, 열등감도 없고 자만심도 없는 상태를 가리켜 진정한 의미의 자존심이라고 해야 옳다.

여기서 치료자는 그녀의 자기 평가가 위아래로 오르내리며 이중적이고 불안하다는 기미를 채게 된다. 물론 그 결과로 그녀는 상당히 도전적이고 투쟁적인 성격을 가졌을 것을 염두에 두게 된다.

열등감과 자만심이 실제 생활에서 교차되어 진동하면서 나타날 때에 환자들은 일상적인 대인 관계가 힘들어지고 또 쉽게 좌절하며 성격적인 우울증에 걸리기 쉽다.

그런데 열등감이라는 것은 대개 사회에서 얻어지는 것은 아니다. 그녀가 다니는 A대 법대도 이 나라의 수재들이나 갈 수 있는 곳이다. 하지만 그녀는 그것으로 만족하지 못해서 열등감을 가진 것이다. 설령 경제적으로 유복하게 재벌의 아들로 태어나도 열등감은 존재하고 그것이 병을 만들어 자살에 이르게 할 수도 있다. 즉 아무리 선망을 받는 사람도 그 사람에 대한 사회적 평가와 무관하게 열등감은 주관적으로 존재한다.

그래서 이러한 개인적인 열등감과 보상적인 권력 추구 의지를 깊이 연구한 오스트리아의 의사 아들러는 그의 개인심리학에서 가족 구성상의 서열을 한 인자로 내세웠다. 대개 장남이나 장녀에 비해 차남이나 차녀가 열등감을 가지고 더욱 도전적이 된다는 이론이다.

햄릿 양은 그녀의 언니가 용모면에서나 지능면에서나 그녀보다 뒤떨어져서 항상 그녀에게 질투심을 느낀다고 말했다.

그러나 치료자가 다시 확인한 실상은 언니가 오로지 아버지의 귀여움을 독차지하였고 어머니가 죽은 후에도 아버지는 지방으로 시집간 언니와 더 많은 이야기를 하고 지낸다고 한다.

대개 첫째딸보다는, 둘째딸이나 셋째딸이 아버지의 관심을 끌려고 많은 노력을 기울이는데 비하여 아버지는 흔히 첫째딸에게 더 관심을 주고 마치 첫사랑의 연인처럼 애지중지한다. 그러니, 그 뒤에 태어난 둘째딸부터는 아무리 애교를 부려도 아버지로부터 무시당하기 쉽다. 결국 햄릿 양이 얻은 숙명적인 열등감의 뿌리는 바로 아버지에 대한 사랑 다툼에서 언니에게 서열상으로 패배한 것에서 비롯되는 것이다.

그 결과로 둘째딸은 집안에서 어머니와 강력한 동맹 관계를 형성하여 아버지와 언니에게 대항하거나 집밖에서 사회적 인정을 받기 위해 노력을 하는데 햄릿 양의 경우도 역시 예외가 아니다.

그녀는 어머니와 더욱 유착해서 어머니의 과도한 기대를 만족시키려고 각고의 노력을 해 오게 되었다. 그런데 그녀는 재수를 해서도 어머니가 기대한 B 대학에 가지 못했고 그것이 또한 꿈의 한 장면에서 영원한 콤플렉스로 나타나고 있다.

어쨌든 그녀와 부모가 팽팽하게 이루고 있던 복잡한 삼각 관계의 축이 어머니의 돌연한 죽음으로 깨지게 되었으며 이후 그녀는 심적인 방황을 하게 되었다.

이제까지 자기 자아(EGO)를 만족시키기 보다는 어머니의 기대를 만족시키기 위해 그 어려운 A대 법대에 들어갔는데 더이상 칭찬해 줄 사람이 없다. 도대체 누구를 위해 종을 울렸나?

억울하고 괘씸하다. 더구나 고시 준비를 해야 하는 법대 생활도 어려워서 순탄하지도 않은데 이제는 그녀를 밀어주고 도와줄 사람이 없다. 죽은 어머니가 그녀를 나무 위에 올려놓고 그녀가 나무에서 다시 내려오기도 전에 떠나간 것이다.

햄릿 양은 점차로 그녀를 뒤에서 채찍질해 온 어머니에 대한 무의식적인 증오심이 폭발 지경에 이른다. 그러자 그녀의 강력한 초자아가 발동하여 자신에게 벌을 주고 싶어하고 그것이 불의의 사고로 그녀가 어머니를 따라 죽는 것으로 꿈에 나타난다.

그런데 저승사자인 두 사람, 운전사와 안내원 중에서 안내원이 여성이고 아마도 먼저 죽은 그녀의 어머니를 상징할 것이다. 그 안내원의 시체가 괴물로 변하고 더욱 두렵게 다가온다.

바로 이 괴물로 변해 버린 시체에서 그녀는 죽은 어머니에게서 평소 느껴 온 무의식적인 공포 감정을 엿볼 수 있다. 생전의 공포가 증오로 변하는 것은 당연하다.

햄릿 양은 실제로 국민학교 시절까지 어머니가 공포의 대상이었다고 실토했다. 국민학교 때에 눈이 나빠서 교실 칠판을 똑똑히 볼 수가 없었는데도 그것을 사실대로 말하면 어머니에게 혼이 날까 봐서 숨길 수밖에 없었다고 했다.

또한 B대학만 강요하는 어머니로 해서 그녀는 이차 대학 시험에 합격했지만 재수를 강요당했고, 재수하는 동안 어머니와 늘 싸웠다고 말하면서 어머니를 원망하다가 다시 눈물을 흘렸다.

햄릿 양의 경우를 간략하게 정리해 보면 그녀는 오이디푸스기에 아버지의 사랑에서 소외되어 남자 같은 어머니와 강력한 동일시를 하였고 무서운 어머니의 기대를 만족시키기 위해 힘겹게 노력하면서 그것을 생의 목적으로 살아오다가 어머니가 돌연히 암으로 돌아가시자 그녀를 지탱해 온 어머니의 인정을 다시 못 받게 되어 흔들리게 된 것을 알 수 있다.

2. 빈 초가집

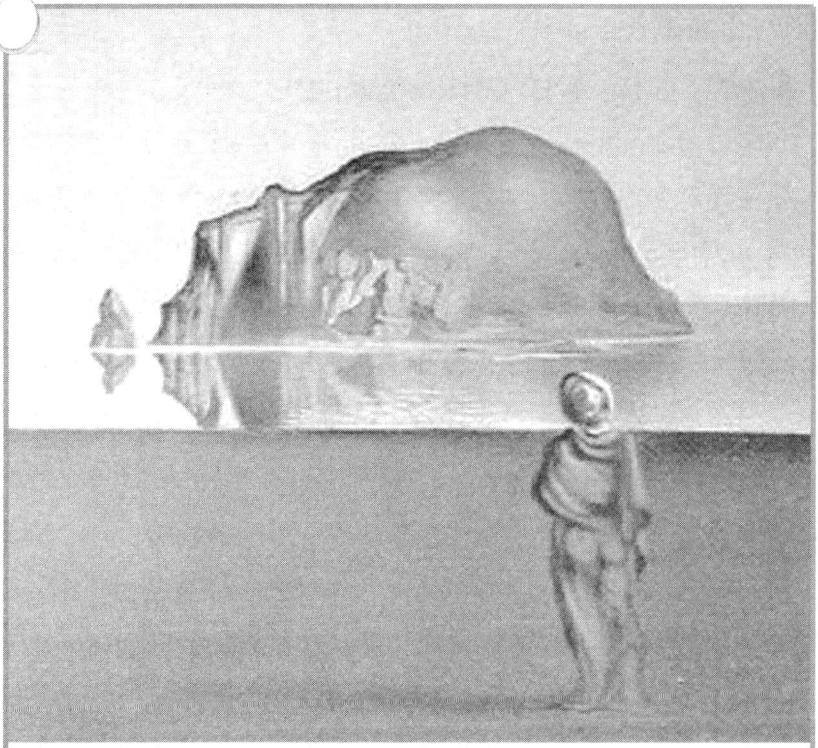

얕은 바다가 있다. 조금 헤엄쳐 가보니 옛날 초가집처럼 지은 구조물이 바다 가운데에 있다. 물론 그 부근은 땅이 솟아 집을 지을 수 있었다.

그 집에 노부부가 앉아 어떤 여자를 위해 이 집을 지었는데 그녀가 없으니 아무 소용이 없다고 슬퍼하고 있었다. 나도 같이 앉아 슬퍼한다.

관광객 배가 지나가며 이 집을 사진 찍으려고 하는데 나는 조금 화가 난다. 그들을 위해 지은 것이 아니다.

햄릿 양은 얕은 바다에서 헤엄치는 것을 편안한 엄마 뱃속으로 먼저 연상하였다. 마치 어머니의 자궁 속 같은 어두운 언덕에 그녀가 한 마리 작은 바닷새처럼 내려앉는다.

바다 위에 떠 있는 초가집은 여체를 상징하며 바로 성숙한 그녀 자신이다. 그런데 이 집이 어머니를 위한 집인데 어머니가 죽고 없으니 더 이상 소용이 없다고 한다. 그녀의 어머니를 위해 태어났던 햄릿 양은 어머니가 죽고 없으니 가치 없다는 뜻이다.

다시 처음으로 돌아가서 얕은 바다를 헤엄치는 것을 일반적인 상징의 하나인 죽음을 향한 여행으로 생각해 보자. 그러면 초가집은 그녀 자신을 위한 것이 되고 노부부로 나타난 그녀의 부모가 그녀의 죽음을 애도하는 장면이 된다. 그리고 영혼만 남아 여행하는 그녀 자신은 그들이 슬퍼하는 모습을 관조하고 있다.

앞의 해석과 뒤의 해석은 좀 다른 것 같지만 다 맞는 것으로 보면 한 가지 공통분모를 낳는다. 그녀의 주체가 미처 그녀의 것으로 독립되지 못하여 아직 어머니와 하나라는 점이다.

지나가는 관광객이 이 광경을 사진 찍으려 하여 그녀를 더욱 화나게 한다. 그것은 이 시점에서 치료자의 치료적 개입을 의미하고 있다. 치료자가 그녀의 문제에 개입하는 것이 그녀에게는 성가시기도 하고 또한 너무나 뚜렷하여 마치 자신의 나체를 사진을 찍어서 보여 주는 것과 같은 기분이 들기도 한다.

그래서 치료자에게 무의식속에서 화를 내고 있다. 그런데, 그녀는 첫날 면담에서 성경험에 대한 질문을 받고 충격적이었다고 말하였다. 그러나 성인 환자에게 치료자가 성경험에 대해서 질문하는 것은 의례적인 것이고, 그녀가 그 질문에 충격을 받고 화가 난 것은 단지 그녀 자신의 또다른 문제이다.

3. 비누와 파피루스

지방에 사는 친구한테서 소포가 왔다.

화장품 선전에 대한 책자들이다. 그런데 편지를 "파피루스" 같은 아주 길고 가는 흰 종이에 싸서 그것을 펼쳐서 글을 읽느라고 애를 먹는다.

내가 전에 주었던 선물에 감사하며 책자로는 미흡하여 비누가 담긴 화장품을 같이 동봉하였다고 써 있다.

햄릿 양은 비누를 연상하라고 하였더니 별생각이 안 난다고 하다가 성적인 것이냐고 되물었다. 치료자가 즉각적으로 대답하지 않고 그녀의 반응을 가만히 기다려 보니 얼마 후에 그녀는 스스로 말문을 열었다.

그녀가 사실은 꿈속에서 그 비누를 담은 비누병을 보았는데 비누병이 길고 원통형이었으며, 그녀 스스로 잠에서 깨고 나서 생각하니 마치 남자 성기를 상징하는 것으로 연상이 되었다고 했다.

그래서 이런 꿈이야말로 프로이트가 밝힌 대로 성기에 관한 꿈이라는 생각이 들었다는 것이다. 물비누가 담긴 비누병, 쏟으면 꼭지 끝으로 비누가 흘러나오는 그것이 남자의 성기를 상징하는 것은 재론할 필요가 없다.

덧붙여서 그녀가 고등학교 시절에 "정신분석입문"을 읽을 때는 성적인 꿈에 대하여 전혀 실감하지 못했는데 요즘 다시 그 책을 읽으니 실감이 난다고 말했다. 화장품을 소개하는 읽기 어려운 편지, 마치 수수께끼 같은 고대의 "파피루스" 문서처럼 보였던 그것은 그녀가 요즘 지루하게 읽고 있던 "프로이트" 책이었다.

그리고 책자만으로는 미흡하다는 평가는 친구의 것이 아닌 그녀의 무의식이 내린 것이고, 그것은 그녀에게 억압된 성의 적절한 해소가 필요하다는 스스로의 자각을 의미한다.

햄릿 양은 연상을 잘 할 능력이 있지만 무언가 연상되는 것이 있어도 선선히 내놓지 못하고 감추려고 하는 것이 문제였다. 그 자체도 성에 대한 그녀의 강한 콤플렉스를 드러내는 것이다.

4. 심마니 소녀

깊은 산골을 여행 중이었다. 그런데 아빠가 아파서 약을 구해 와야 하는 상황이 벌어졌다.

같이 간 친구는 싫다고 하지만 나는 약을 구해야 된다고 생각한다. 약을 구하느라 다시 긴 여행을 시작했다.

매우 어렵고 위험하다. 약을 구했어도 그게 아무 소용이 없게 되었다고 어떤 할아버지가 얘기해 준다. 난 실망한 후에 꿈에서 깨었다가 다시 자는데 연속되는 꿈에서 아버지가 돌아가신 것 같았다.

햄릿 양은 꿈속에서 아버지가 죽는 것을 연출하고 있다. 어머니 대신에 차라리 아버지가 죽었었으면 하고 무의식속에서 바랬던 적이 있었을 듯하다. 그러나 그러한 꿈만으로도 아버지에 대한 무의식적인 죄책감이 싹트고 그 보상 행동으로 그녀는 아버지를 살리는 약을 구하기 위해 깊은 산골을 찾아 헤맨다.

하지만 결국 아버지는 꿈속에서 죽는다. 아직 밝혀진 것은 없지만 그녀의 무의식속에 아버지에 대한 적지않은 원망이 도사리고 있는 것으로 보인다.

여기서 그녀의 아버지가 그녀에게 지은 죄가 도대체 무엇인지 궁금해진다. 우선 어머니의 죽음으로 인해 그녀가 보통 사람이 보이는 애도 반응보다 심한 병적인 우울증에 빠지게 되었다는 사실 자체로서 그녀와 어머니가 남달리 강한 유착 관계에 있었다는 것을 치료자는 이미 알고 있다.

그녀가 그토록 어머니에게 강한 동일시(IDENTIFICATION)를 일으킨 사실은, 필경 아버지에 대한 그녀의 오이디푸스 콤플렉스 역시 너무도 강렬했다는 사실을 반증하는 것이다.

그러다가 어머니의 죽음 뒤에 그녀의 숨겨진 열망이 다시 살아나기 시작하였다. 이제 안전하게 아버지를 그녀의 마음속에 독점하여도 그녀에게 죄책감을 일으킬 어머니가 없다.

그녀의 무의식은 당연히 순리적으로 그렇게 될 줄로만 알고 가만히 기다리고만 있었는데, 뜻밖에도 믿었던 아버지가 그녀를 갑자기 배신한 것이다.

그녀의 분노 어린 고백에 의하면 그녀의 아버지는 어머니가 죽은 지 채 얼마 되기도 전에 벌써 눈을 밖으로 돌려 어느새 다른 여자를 사귀기 시작하였다는 것이다.

아버지가 죽은 어머니를 배반하고 벌써 재혼을 계획한다는 사실을 알고 그녀는 상당한 충격을 받았다. 세상 어떤 남자도 믿지 못하게 되었다. 그녀는 공부가 바빠서 라지만, 남들이 대학 신입생 때 홍역처럼 치르는 미팅 행사도 전혀 흥미롭지 않았다. 그리고 지금 만난 치료자도 역시 남자이므로 어디까지 믿어야만 할지 갈피를 잡을 수 없다.

어머니는 이미 죽었고 살아 있는 아버지도 그녀에게는 더이상 살아 있는 것이 아니다. 그녀는 이제 심정적으로 고아나 다름없다. 그녀는 무의식적으로 자신이 속 빈 껍데기라는 생각이 들어서 더이상의 삶의 목적을 잃고 심한 우울증에 빠진 것이다.

동일시(IDENTLFICATION)라는 심리 현상은 역시 오이디푸스 현상에서 비롯되는 것이다. 어린아이에게 이성의 부모와 싹튼 사랑의 감정은 반대로 동성의 부모에게 죄책감을 가지게 하고, 그 죄책감을 보상하기 위해서 동성의 부모와 강력하게 한 편이 되는 것이 동일시이다.

만일 그렇게 행동하지 않으면 오이디푸스 신화의 아버지처럼 일찌감치 어린 오이디푸스를 제거하려 들 것이고, 아이는 그 위협을 당해 낼 수 없다.

그래서 여자아이는 더욱 어머니를 따르고 남자아이는 마찬가지로 아버지를 열심히 흉내냄으로써 동성의 부모에게 자신은 영원히 충실한 속국이며, 결코 사랑의 삼각 관계 속에 경쟁하는 적대국이 아니라는 뜻을 간절하게 표현하는 수단이 바로 동일시이다.

그것은 마치 신라가 당나라의 문화나 제도를 수입한 이유와 똑같다.

5. 불구자 아들

꿈에서 영화를 보고 있다.

영화에는 나쁜 아버지와 아들, 엄마가 나온다. 아들은 불의의 사고를 당해 죽은 것으로 알려졌으나 사실은 하반신만 불구가 된 채 방에 갇혀 비참하게 살고 있다.

아들은 엄마가 사고로 죽은 것으로 생각했으나 사실은 자기와 똑같은 상태에 있는 것을 알고 아버지에게 제발 같은 방에 있게 해 달라고 조른다. 그리고 마지막 장면에서 아버지와 아들 둘이 나란히 앉아 사이 좋게 얘기를 나누는 모습으로 끝난다.

햄릿 양은 이 무렵에 불구가 된 주인공을 소재로 한 책을 읽고 있었다. 꿈에 나타난 하반신 불구자 아들은 바로 그녀 자신이라고 연상을 하였고, 나쁜 아버지는 그녀의 기대를 저버리고 돌아가신 어머니에 대해 정절을 지키지 않는 아버지라고 했다.

또한 그 때문에 우울증을 얻은 그녀 자신은 죽은 것이나 다름없어서 처음에는 죽은 것으로 알려졌고 사실은 하반신 불구자로서 평생 방안에 갇혀 지내는 아들로서 나타나게 한다.

또한 그녀는 어머니의 죽음을 아직 무의식속에서 사실로 받아들이지 못하고 있으며 희망적으로 어디엔가 어머니가 살아 있다는 생각을 품고 있다. 그리고 아버지도 제발 그녀처럼 죽은 어머니가 아직 살아 있다고 생각해서, 혹은 살아 있는 그녀를 생각해서 더이상 새 여자에게 빠지지 않기를 애원하고 있다. 만일 그렇지 않으면 그녀는 어머니나 마찬가지로 죽은목숨이라는 뜻이다.

그리고 결국에 가서 그녀의 무의식이 정말 바라는 것은 동일시의 대상인 어머니와 같이되기 위해 따라 죽는 것이 아니라 오이디푸스 대상인 아버지와 다정히 지내는 것이라는 것을 드러낸다. 그녀의 소원을 충족시킨 마지막 장면에서 아버지를 즐겁게 하고 담소하는 상대는 바로 그녀의 화신인 병든 아들인 것이다.

그런데 여기서 그녀는 아버지와 둘이만 한 방에 다정하게 있어도 양심에 거리낌이나 죄책감을 느끼지 않기 위해서 그녀 자신을 여자가 아니라 남자로 등장시켰고 게다가 하반신 마비 환자, 즉 성불구자로 등장하게 하여 몇 겹의 안전한 위장을 만들어 놓은 것이다. 이윽고 아버지가 그녀의 요구를 받아들이고 부녀가 애인처럼 다정스럽게 지내게 되었다. 그것이 그녀의 소원이다.

6. 두 개의 큰 칼

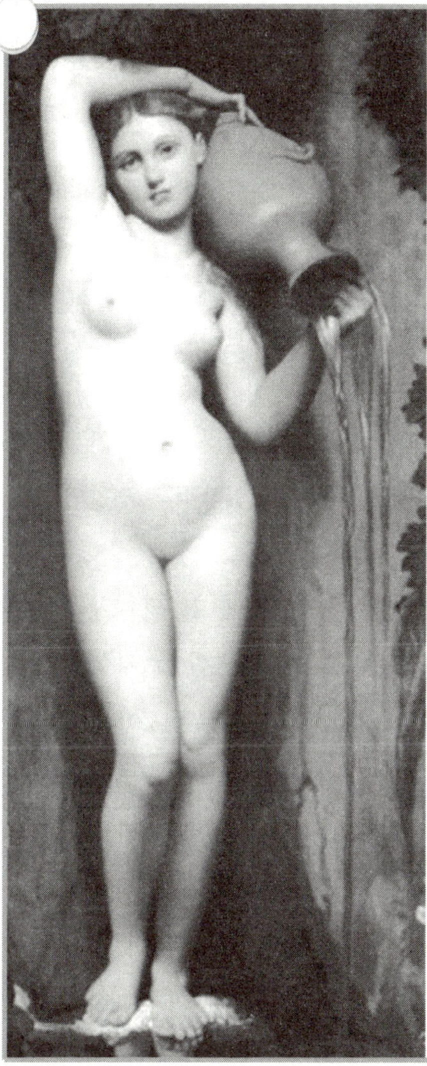

어떤 여자 모델이 주방 식품에 대한 선전용 촬영을 하고 있다.

그녀는 거의 수영복에 가까운 흰색과 푸른색의 원피스 아니면 셔츠와 반바지를 입고 있다.

나는 그 옷은 너무나 가슴이 두드러져서 싫다고 생각한다.

그녀는 주방을 한 바퀴 돌면서 주방 기구들을 잡았다 놓곤 한다.

싱크대 위에는 두 개의 큰 칼이 있는데 모양이 둥그스름하다.

그녀는 그 칼을 들고 애교 있게 웃으면서 나를 바라본다.

나는 그 여자가 걸을 때마다 가슴이 출렁거리는 것이 너무 보기 싫다고 생각한다.

햄릿 양은 두 개의 큰 칼에서 즉각 유방을 연상하였다. 흰색과 푸른색의 옷은 바로 그녀 자신이 원하던 옷이고 그렇다면 이 모델은 바로 그녀 자신이다. 흰색은 흔히 순결을 상징하고 푸른색은 물과 관련이 되어 출산을 상징할 수 있다. 즉 그녀의 육체가 여성으로서 능력을 다 갖추고 충분히 성숙했다는 의미이다.

주방의 여자 모델은 어머니와 동일시한 그녀 자신으로 보고 그녀가 주방에서 어머니를 대신하며 한 여성으로서 아버지에게 육체적으로 시위하고 있다고 해석이 된다.

그녀가 나를 바라본다는 것은 거울 속의 자신의 눈이 자신의 육체를 바라보는 것과 같다. 하지만 자신의 지나친 신체 노출이나 유방의 돌출은 어쩐지 죄책감을 불러 일으켜서 거북스러운 것으로 꿈을 끝맺고 있다. 바로 집안의 아버지를 향한 육체적 시위였기 때문이다.

햄릿 양은 언젠가 막 꽃봉오리가 맺히던 사춘기 시절에 그녀의 나체를 아버지에게 들킨 적이 있었다. 아버지가 술을 마시고 들어와 조심스럽지 못하게 덜컥 욕탕 문을 열어서 목욕 중이던 그녀의 몸매를 보게 되었던 것이다. 그녀는 몹시 분했고 그후로 며칠간이나 아버지와 말을 하지 않았다고 하였다.

그때 이미 그녀는 여성의 육체를 완성한 것에 대해서 어머니에게 더욱 죄책감을 갖고, 아버지에 대한 자신의 성적 노출을 되도록 억제하기 위해서 아버지에게 심한 분노를 표현했을 수도 있다. 또한 동시에 이제 그녀가 신체적으로나 감성적으로나 여성으로서 완전히 성숙했다는 것을 아버지에게 확실하게 주지시킨 것이었다.

7. 아버지와 싸움

꿈에 아버지와 싸우러 안방에 들어갔다.

나는 아버지에게 며칠 전에 싸웠던 일에 대해서 마구 따진다.

아버지는 잘못했으니 네가 다 이해하라고 한다.

프로이트는 여자 환자가 자신의 아버지와 싸우는 꿈을 성적인 욕구가 분출된 것으로 해석했다. 즉 아버지와 성적인 접촉을 갖는 것을 상징적으로 아버지와 춤추는 것으로 바꾸어 표현을 해보아도 자신의 초자아의 엄격한 도덕적 검열을 피하기 어려워서, 한 번 더 각색을 하여 아버지와 싸우는 장면으로 위장시킨다는 것이다.

햄릿 양은 며칠 전부터 아버지에게 따지고 싶었던 일이 있었다.

하지만 이 꿈에서 보이는 것은 단지 그 일 때문만은 아니다. 그보다는 아버지가 딴 여자를 보는 데 대해서 그녀가 가진 평소의 분노일 것이다. 아울러 그간의 치료 분석에서 그녀가 알게 된 자신의 병과 병의 근원인 오이디푸스 콤플렉스에 대하여 아버지가 져야 할 책임을 추궁하는 것이다.

치료자는 아버지가 바람 핀다고 그녀가 화를 내고 있는데 그 분노의 절반쯤은 그녀가 아니라 어머니의 몫이라고 설명한다. 즉 상식적으로 말해서 죽은 어머니가 지하에서 억울하고 통탄해야 할 일이기는 해도, 딸인 그녀가 어머니 대신 화를 낼 일만은 결코 아니라는 뜻이다.

또한 나머지 절반의 분노도 그녀의 숨겨진 오이디푸스적 환상에서 비롯된 분노라고 지적하여서 그 의미를 평가절하시켰다.

게다가 그녀의 아버지가 어머니 사후에 재혼을 생각하는 것은 한 남자로서 정상적인 행복 추구이다. 일반인이 상식적으로 믿고 있는 것과 달리, 생전에 좋은 부부 관계를 가졌던 사람일수록 더 빨리 새로운 배우자를 찾고 오히려 부부 관계가 나빴던 경우에 재혼이 쉽지 않다.

대개의 환자들은 오이디푸스 콤플렉스의 근원을 자신의 것으로 보지 않고 부모의 유산으로 보려는 경향들이 많이 있다.

사실 아버지에 대하여 환자가 오이디푸스 콤플렉스를 크게 가지고 있다면 그 뒷면에 아버지의 책임도 얼마간 존재한다. 아버지의 책무는 어린 딸과 신체적 접촉, 즉 스킨쉽(SKIN-SHIP)을 적절히 나누는 것이다. 그러한 유아기 경험은 장차 그녀가 이성 관계를 가지는 데 있어서 필요 없는 두려움을 갖지 않게 도움을 준다.

만일 어린 딸과 담을 쌓고서 단 한 번 따뜻하게 안아 준 일이 없다면 대개 그 딸은 이성 관계에 눈뜨지 못하는 무감동한 여자가 될 수 있다. 그런 딸의 무의식속에는 아버지에게서 적절히 해소되지 못한 오이디푸스 갈등이 평생 동안 얼음 덩어리처럼 차디차게 남아 있게 된다. 반대로 신체 접촉이 지나친 경우에는 어린 딸에게 선정적인 유혹이 된다. 그런 경우에 어떤 부모는 실제로 매우 유혹적인데 부모 자신이 성적으로 미숙한 경우가 많다.

단지 나이 많은 어른이라고 해서, 그들 모두가 성적으로 미숙하지 않은 것은 아니다. 오이디푸스 콤플렉스는 아이가 이성의 부모에게 느끼는 것만 있지 않고 그와는 반대로 미성숙한 부모가 이성의 아이에게서 느끼는 강한 애착도 있는데, 그것은 부모 자신이 어린 시절에 가졌던 오이디푸스 콤플렉스가 연장된 것이다.

흔히 말하는 과부의 지나친 아들 사랑도, 잃어버린 남편에 대한 보상으로서 묻혀졌던 오이디푸스 콤플렉스가 다시 자라나서 아래로 향한 것이다. 또한 우리 사회 일각에서 나타나는 사회병리적 현상으로, 술집의 나이 어린 여자들만을 열심히 찾아다니는 중년 남자들도 있는데, 그들의 무의식속에도 마찬가지로 자기 딸들을 향한 뿌리 깊은 오이디푸스 콤플렉스가 숨어 있는 것이고, 자신의 미숙한 인격을 길거리에서 적나라하게 드러내는 것이다.

이런 미숙하고 유혹적인 부모, 혹은 바람둥이 부모를 만나면 딸은 유아기를 지나서도 계속적으로 오이디푸스적인 유혹을 받게 되고 도대체 나날이 새롭게 쌓이는 오이디푸스 갈등이 짐이 되지 않을 수 없다. 그런 딸이 집밖에서 새로 이성 관계를 만드는 것은 무의식적으로 아버지에게 죄책감을 불러일으키기까지도 한다.

수년 전에 방영된 드라마 "사랑이 뭐길래"에서 신애라 양이 이성 친구의 신체적 접촉을 받아들이지 못하여 난리를 치고, 대신에 아버지 김세윤에게 지나치게 칭얼거린 행동의 밑바탕에는 바로 이러한 오이디푸스적 갈등이 숨어 있었던 것이다.

햄릿 양의 아버지는 전자의 경우에 해당된다. 즉 그녀가 어려서부터 관심 부족이었다. 그리고 지금까지도 여전히 그녀에게는 관심이 없고 어느새 죽은 어머니를 대신할 다른 이성을 찾고 있다.

그녀는 이제 아버지를 한 남자로서 이해할 수 있을 만큼 그녀 자신이 성숙해지지 않으면 아버지에 대한 분노를 줄일 수가 없고 여전히 마음의 병에 사로잡히게 된다.

또한 아버지가 이제부터 마음을 바꾸어 새 애인을 포기한다고 해서 그녀의 병이 나아지지는 않을 뿐더러, 게다가 아버지의 행동이 바뀌기를 기대하는 것 자체가 그녀 자신이 바뀌어 아버지를 포용하는 것보다 훨씬 더 어려운 일이다.

꿈의 마지막 장면에서 그녀의 아버지가 그녀에게 이해하라고 설득하는 장면이 무엇보다 더 의미 있다. 그것은 그녀의 무의식속에서 그녀가 이제 스스로 현실을 이해하지 않으면 안된다는 자각이 생겨났다는 것이다.

또한 그 내용은 바로 치료자가 지난 치료 시간에 그녀에게 설득한 것이다.그것이 다시 그녀의 아버지 입으로 되풀이된 것은 치료자에 대한 그녀의 부성적 전이가 시작된 것을 예고한다.

8. 어떤 아저씨

꿈에 어떤 아저씨가 집으로 찾아온다. 나는 내 방을 열심히 치웠다.

어느 회사에 다니는 사람인데 나는 그를 잘 대접하려 하지만 어떻게 해야 좋을지 잘 모른다. 나는 그에게 커피를 타다 준다.

잠시 후 문구점에 가서 수첩에 끼울 내용물을 사려는데 가게 사람 중에 그 아저씨가 앉아서 물건을 팔고 있다.

난 내 수첩에 비해 그 종이가 조금 작지만, 그 아저씨의 눈치를 봐서 사야겠다고 생각했다.

햄릿 양은 어떤 아저씨가 치료자라고 생각하고 있었다. 이제 그녀에게 치료자에 대한 긍정적인 전이가 시작되어 치료자가 그녀의 집을 찾아가는 꿈을 꾸게 되었던 것이다.

치료자의 방문은 그녀를 제법 긴장시킨다. 부산을 떨고 커피를 준비한다. 일반적으로 커피는 여성의 성기를 상징한다.

그래서 인지 그녀의 은밀한 규방을 무대로 한 꿈의 진행이 부담스러워서 그만 중지하고 그녀는 밖으로 뛰쳐나간다.

그런데 문구점에 가 보아도 다시 치료자가 기다리고 있다. 문구점은 치료실이라고 보인다. 그녀의 집에서 치료자를 만나는 것보다는 치료자의 병원에서 만나는 것이 훨씬 더 안전하게 무의식속에서 느껴진 것이다.

수첩에 끼울 내용물인 종이는 치료 시간에 그녀가 꿈을 적어 오는 종이라고도 할 수 있다. 그런데 그 수첩 종이를 매개로 오가는 치료자의 해석은 이제까지 그녀에게 못마땅한 것이었다. 혹은 그녀의 심각한 우울 증상에 비추어 치료자의 역량이 부족하다는 뜻도 된다.

하지만 그녀가 치료자의 눈치를 보면서 치료자의 제안을 기꺼이 받아들이겠다는 결심을 한다. 마치 그녀가 크게 선심을 쓰는 것 같지만 그것은 그녀의 자존심 때문이고, 사실은 치료자가 그녀를 무시하지 않을까 염려하고 있는 것이다.

그리고 이 결심의 밑바탕에는 이 성애적 전이가 드러난 꿈 자체를 치료자에게 사실대로 보고할 것인가, 아니면 혼자 숨겨 둘 것인가 하는 고민이 엿보이기도 한다.

치료자가 그녀를 찾아가는 것이나 그녀가 치료자에게 커피를 대접하는 것,

그리고 치료자가 그녀에게 수첩에 끼울 종이를 주는 것은 은근한 성애적 전이 표현이다.

바로 여기서 우리는 성애적 전이 감정의 진면목을 다시 보게 된다. 즉 이러한 성애적 전이 현상은 환자가 친아버지로부터 잘못 경험했던 오이디푸스 갈등을 치료자를 통하여 재현하고, 치료자로부터 새로운 안정된 경험을 받아들여 과거의 미성숙한 갈등을 점차 해결해 나가는 과정인 것이다.

따라서 햄릿 양의 경우에는 그녀가 아버지의 관심 부족으로 미처 처리하지 못한 유아적인 오이디푸스 갈등에 대하여 중점적으로 다루어 나간다. 그래서 그녀가 아버지 대신 치료자를 유혹하고 싶은 오이디푸스 갈등에 대하여, 치료자가 자상한 아버지처럼 그녀에게 지속적으로 안정적인 지지 감정을 보여줌으로서 그녀의 갈등을 처리하고 치료에 이르게 하는 것이다.

햄릿 양이 아직 치료자의 방향 제시를 흔쾌하게 받아들일 수는 없지만 억지로라도 꿈속에서까지 치료자의 눈치를 보면서 행동하는 것은 이미 그러한 전이가 충분히 일어났기 때문이다.

그녀가 이미 잃었다고 생각한 부성을 대신하여, 그녀의 새로운 오이디푸스 대상으로서 그녀의 허기를 채워 줄 수 있는 사람이 이제는 치료자밖에 없다는 자각이 생긴 것이다.

또한 동시에 훨씬 기초적인 모성 전이를 바탕으로, 그녀의 죽은 어머니 대신에 새로이 그녀의 가치를 인정해 주고 또 받아 주는 유일한 사람도 역시 치료자인데, 그러한 치료자를 다시 어머니처럼 어둠 속으로 잃고 싶지 않아서 치료자의 눈치를 구석구석까지 살펴보는 것이다.

9. 영민한 꿈분석

학교 교실에 들어가니 다들 시험을 보고 있다. 중학교 참고서를 보고 있는데 대학생들이 중학교 교사가 되려고 시험을 치고 있고 나하고는 관계가 없다. 갑자기 시험이 끝나 갈 시간이 되어 나는 서 있다가 빈자리에 앉는다. 여자 담임 선생님이 들어오는데 하필 그 빈자리 책상 위에는 여자 나체를 선으로 그려 놓은 필통이 있다. 괜한 오해를 받을까 봐 필통을 뒤집어 놓는다. 필통 속에 연필은 없고 하얀 수폰지가 보이고 뒷면은 뭔가 글씨가 가득 써 있다. 난 속으로 여자 담임 선생님에게 내가 잘 보였으면 하는 것은 내가 그녀를 엄마와 동일시해서일 것이라고 생각하고 마음을 편하게 가져야지 하고 생각한다.

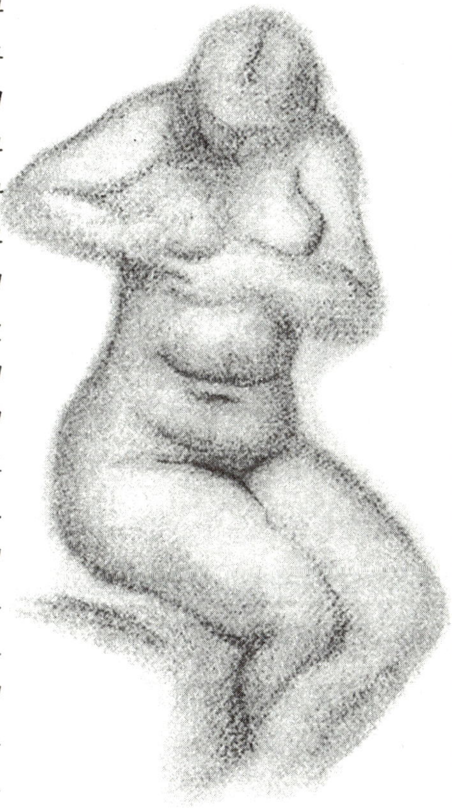

햄릿 양은 며칠 전에 고등학생의 과외 수업을 그만두었는데 그녀의 후임으로는 사범대학 학생이 내정되었다고 들었다. 그래서 그날 밤 꿈에 중학교 선생이 되기 위해 시험치는 대학생들을 보게 되었는데, 여기서 그녀는 단지 그 시험을 관망하면서 사범대학 학생에 대한 그녀의 자만심을 은근히 드러내고 있다. 즉 그녀보다 못한 대학생을 과외 교사로 쓰려면 그 실력이 과연 어떤지 시험을 쳐봐야 한다는 뜻이다.

그런데 이 교실이 그녀가 꿈으로서 무의식의 시험을 치는 교실, 즉 진료실과 서로 교차된다. 그때 책상 위에 우연히 등장한 필통 속의 나체 그림은 그녀의 신체 그림으로서 다시 말해 그녀의 성적 욕망을 드러내는 것이다. 하지만 그녀는 결코 그런 것을 그녀 내면의 것으로 인정하지 않는다. 그래서 그것을 감추고 싶어하고 필통을 뒤집어 놓는다. 그녀의 영민한 무의식은 한 술 더 떠서 남성의 성기를 상징할 수 있는 연필조차도 처음부터 아예 그녀의 필통 안에 들어있지 않았다고 속을 뒤집어 보이기도 한다.

여자 담임은 물론 치료자이다. 환자의 꿈에서 치료자가 성별을 바꾸어 나타날 수도 있는 것이지만 그녀에게는 나름대로 그럴 만한 이유가 있었다. 그녀는 지난 시간에 "어떤 아저씨"의 꿈에서 보인 성애적 전이를 절대로 사실이 아니라고 부정하고 싶었다. 그래서 그녀가 치료자에게 잘 보이려던 것은 결코 보통 남녀로서의 성애적 전이 감정이 아니라, 단지 그녀의 어머니와 치료자를 동일시해서 어머니에게 잘 보이려 한 평소 습관의 연장이라고 꿈속에서 스스로 해석하고 주장하면서 치료자에게 가르침을 주려는 것이었다. 참으로 그녀의 마음을 잘 대변하는 꿈속의 꿈분석인데 그야말로 영민하기 짝이 없다.

10. 남자와 괴물

섬이다. 이 섬에 괴물이 있다. 눈이 한 개이고 쇠뿔이로 된 사각형의 몸통을 가졌다. 이 괴물은 닥치는 대로 먹어 버린다. 난 어떤 남자와 같이 이 괴물을 퇴치하려고 안간힘을 쓴다. 여러 가지 방법을 다 동원하지만 결국 다 실패한다. 난, 이 남자와 괴물이 본래 한편이었음을 깨닫는다. 남자는 결국 괴물에게 죽고 난 막 도망을 친다. 괴물이 결국 죽었는지 생각이 나지 않는다.

처음에 햄릿 양과 동맹한 어떤 남자는 그녀의 연상에서 치료자로 생각되었다. 그렇다면 식성 좋은 괴물은 그녀의 주관적인 평가로서 어머니 사후에, 어머니 아닌 다른 여자에게 눈을 돌린 그녀의 아버지라고 해야 옳다.

그리고 이 괴물이 바로 그녀를 잡아먹겠다고 덤비는 것은 아버지의 의도가 물론 아니고 이 꿈의 원작자인 그녀의 소원이다. 그것은 그녀가 무의식속에서 오래 전부터 바라고 있던 일이지만 어머니 때문에 방해를 받던 일이다. 그런데 이제는 어머니도 없고, 게다가 아버지도 어머니 아닌 다른 여자를 만나고 있으니 그녀가 보기에는 아버지가 분별력이 흐려진 것인데 바로 이 기회에 그녀가 바라던 오이디푸스적 소원을 이룰 수 있는 것이다.

하지만 겉으로는 그녀가 이제 그녀 자신 속에 오이디푸스 콤플렉스의 대상인 괴물 아버지를 몰아내야 한다고 생각하여서 치료자와 합심하여 괴물을 퇴치하기 위해 안간힘을 쓰는 것으로 보인다.

결과적으로, 두 사람이 힘을 합쳐서 괴물과 맞서도 끝내 괴물 하나를 당해낼 수 없는 것은 기십 년간이나 그녀의 마음속에 자라 온 오이디푸스적 갈망이 그만큼 크기 때문이다.

치료자 역시 남성으로서 본래 남성 위주적이기 때문에 치료자가 그녀를 배반할 것을 깨달았다지만 그것은 진실이 아닌 위장이다. 동맹을 배반한 것은 치료자가 아니라 바로 그녀 자신이다.

그녀는 괴물과 치료자가 한참 싸울 때에 물보다 진한 피의 향기로 해서 괴물 쪽을 편들었던 것이다. 그 결과로서 그녀는 무사하고 대신 그녀가 아닌 치료자가 괴물에게 먼저 먹혀 죽는 것이다.

어쩌면 그녀와 아버지 사이를 이간질한 치료자는 아버지의 복수를 받아 죽는 것이 당연하다는 그녀의 초자아가 내린 판결일 수도 있다. 그래서 치료자가 제거당하고 나서는 서서히 그녀의 무의식속에서 절대적 애정의 대상이던 괴물과 평소 소원하던 뜻을 이루게 된다.

"아버지, 난 영원히 아버지 편이에요." 들릴 듯 말 듯한 그녀의 외침과 함께 긴장도 고조되는 추격전이 진행된다. 긴장이 지나쳐 그녀가 괴물에게 먹혀 죽은 것 같은데 바로 그 부분이 성적 결합의 절정이다. 하지만 그녀의 초자아가 철저한 검열로서 가위질하여 삭제시키고 나니 과연 절정이 있었는지를 기억할 수 없다.

흔히 오륙 세의 어린아이들이 밤마다 무서운 귀신이 나타나는 꿈을 꾼다고 호소할 때가 있다. 그러면서 때늦게 밤마다 오줌을 싸거나, 혹은 행동이 부산하고 주의집중이 안되며, 더러는 손톱을 깨무는 증상이 생겨서 병원을 찾아온다.

그때 아이들이 무서워하는 꿈속의 대상이 귀신인지, 혹은 도깨비인지를 분명히 파악할 필요가 있다. 이를테면 아이들은 누구나 자기 어머니가 세상에서 제일 좋다고 말을 하지만, 동전의 앞뒷면처럼 그 아이의 초자아에 영향을 주는 징벌자로서 어머니의 지독하고 사나운 모습이 아이의 꿈속에서 무시무시한 귀신으로 나타나서 아이를 겁주고 있는 것이다.

반면에 아버지는 꿈속에서 남성의 성기를 상징하는 뿔을 머리 한가운데에 달고 술취한 듯이 비이성적으로 마술 방망이를 휘두르는 도깨비로 나타난다. 때로는 아이에게 행운의 선물도 가져다주지만, 때로는 술주정으로 해서 도무지 예측 불가능한 위인이다.

그러니 정서 장애가 생긴 어린아이에게 먼저 꿈을 물어 보고 문제가 귀신인지, 혹은 도깨비나 드라큐라인지 알아보고 원인이 된 부모의 양육 태도를 수정해야만 어린아이의 병이 나아진다.

11. 나는 죽었다

아빠와 나는 차에 타고 있다. 아빠는 뭔가 나쁜 편지를 경찰의 눈을 피해 고속도로 옆의 우체통에 넣으려 한다. 지나가는 젊은 남자에게 그 일을 부탁하자 그는 의외로 선뜻 부탁을 들어준다. 그가 우체통에 편지를 넣는 것을 확인하는 순간, 그가 갑자기 칼을 들이밀며 차에 올라탄다. 칼은 나의 옆구리에 겨누어져 있다. 도움을 청하려는데 모두들 그냥 지나쳐서 차는 계속 고속도로로 달려간다. 다행히 앞에서 경찰이 불시 검문을 하고 있다. 차에서 총소리가 나오고 그사람, 나, 아빠가 차에서 굴러 내리는데 나는 이미 총에 맞아 죽어 있다.

갑자기 김대중 씨가 텔레비전에 나와서 과거를 회상하며 자신 때문에 딸이 죽었다고 기자회견을 한다. 김대중 씨는 영국으로 떠나고, 난 그의 어머니를 위로하기 위해 그의 고향인 섬으로 간다. 선물로 무엇을 갖다 드릴까 고민하다가 뭔가 먹을 것, 포장한 소고기 같은 것을 사 들고 간다. 그의 어머니는 자식 때문에 무척 상심하고 있다.

이 꿈의 해석은 알기 쉬운 상징인 '칼'에서 시작한다. 햄릿 양은 그녀의 옆구리에 다가든 칼이 남성 성기의 상징이라는 것을 충분히 알고 있다. 아버지는 경찰에 죄를 지어 그녀와 함께 도망을 치고 있다.

경찰은 그녀의 도덕관이다. 아버지는 그녀의 도덕관에 반하는 나쁜 편지를 전하고저 하는데 그 편지의 내용은 다른 여자, 즉 아버지의 애인을 찾는 연락 편지일 수도 있다.

그녀는 아버지의 행동이 나쁜 것이므로 필경 벌을 받게 되는데 그 벌을 자신이 대신 받게 되리라고 생각한다. 그 결과로서, 아버지의 부탁을 들어준 남자가 갑자기 돌변하여 그녀를 위협한다.

젊은 남자의 칼을 그녀의 옆구리에 꽂은 채로 차가 달린다. 고속도로를 달려가는 차 속에서의 긴장은 한껏 고조된다. 그 자체가 성행위의 상징이고 그녀는 꿈속에서 성관계를 이루는 것이다.

이러한 꿈속에서의 성적 긴장의 해소는 다시 그녀의 죄책감을 자극하게 된다. 경찰이 등장하여 그녀를 범한 남자를 처벌함으로서 그녀는 자신이 이런 꿈을 연출한 데 대한 책임을 면하고 싶다.

그러나 그녀의 본능은 더욱 절정으로 치닫고 있다. 총소리나 총알이 몸속에 박히는 것은 화룡점정이다. 그 결과로 그녀는 초자아가 주관하는 양심의 평결을 받아 이제 죽어야 한다.

김대중 씨는 우리 나라 가부장적 부성의 상징 같은 얼굴을 가지고 있다. 그는 그녀의 아버지로 해석되고 딸의 죽음에 대하여 책임을 지고 반성한다. 아버지가 그녀를 버리고 한 눈을 팔았기 때문에 그녀가 보호받지 못하고 죽게 되었다는 것이다. 다시 말해 아빠에게 버림받은 딸이 할 수 없이 치료자를 찾아가서 한 눈을 팔았지만 그것은 그녀의 본심이 아니고 아버지 탓이라는 원망이다. 아버지의 실책은 김대중 씨의 선거 실패와 어우러지고 있다.

김대중 씨가 영국으로 떠난 것은 텔레비전에 나온 바도 있고 그의 고향 역시 섬이다. 그의 어머니는 그녀의 어머니로 해석해야 적합하다. 그러면 어머니가 살고 있는 섬은 바로 저승이다.

그런데 영국이란 나라도 섬나라이다. 그녀의 아버지와 그녀가 찾아가는 곳은 결국 한 곳이다. 마치 부모와 그녀 단 세 사람만이 작은 섬에서 영원히 행복하게 오순도순 살고 싶은 것이다.

다시 앞으로 돌아가서 아버지의 딸은 죽었는데 나는 아직 살아 있다. 그렇다면 이 나는 앞 꿈에 나온 불구자 아들과 마찬가지로 남성이어야 한다. 바로 그녀의 아니무스가 등장하는 것이다.

그래서 그녀의 어머니가 자연스럽게 그의 어머니로 바뀔 수 있다. 이제까지 우울증에 걸린 그녀 때문에 상심하던 지하의 어머니에게 그녀는 선물을 들고 긴다. 소고기 같은 그것은 그녀가 새로 태어나며 얻게 된 자랑스런 남근 덩어리이다.

햄릿 양이 무의식 속에 숨겨진 아니무스를 좇아 남성화함으로써 아버지에게 향한 오이디푸스 콤플렉스는 원천적으로 더이상 존재하지 않는다고 생각할 수 있고 그래서 세 사람, 아버지와 그녀, 그리고 어머니는 다시 행복해진다. 영원히 아버지와 가까이 있고 어머니와도 화해할 수 있으니 그녀의 소원이 충족된 것이다.

아니무스는 독일인 의사이며 분석심리학자인 융(JUNG)이 설명한 무의식의 한 개념으로서, 인간의 외적 인격인 페르조나(PERSONA)를 보완하는 내적 인격체를 말하는데, 남성의 무의식속에 숨어 있는 여성적 인격을 아니마(ANIMA)라 하고 여성의 무의식속에 숨어 있는 남성적 인격을 아니무스(ANIMUS)라고 한다.

페르조나는 단지 그 사람이 외부에 보여지는 것으로서 남성, 여성의 사회적 구별과 교육 문화 환경으로서 그 사람에게 기대되고 또 성장되어지는 것이다. 반면에 내적 인격인 아니마나 아니무스는 애당초 페르조나와 같이 태어나지만 거의 환경적으로 억제되는 것이다.

이러한 아니마나 아니무스는 누구에게나 당연히 있는 것이지만 아니마의 원형, 혹은 아니무스의 원형이 사람마다 다르다. 사람마다 좋아하는 이성의 모습이나 성격이 제각각인 것과 같다.

그래서 배우자를 선택하게 될 때에도 그 사람이 가진 아니마가 영향을 미치게 된다. 아주 강한 남성적 페르조나를 가진 남자는 보다 유약한 자신의 아니마에 걸맞게 누구에게 선가 보호받아야 할 것 같은 허약한 페르조나를 가진 여성과 결혼을 하고, 반대로 섬세한 남자는 자신의 강한 아니마와 걸맞게 좀 괄괄한 페르조나를 가진 여성과 잘 어울리게 된다.

아니마나 아니무스는 우리의 집단 무의식속에서 고유한 몇 가지 원형들을 드러내 오고 있다. 남성의 아니마로서 네 가지 대표적 원형이 그려져 있는데 첫째는, 원초적인 아름다움을 간직한 여성상이다. 반 고호가 찾아가 그림을 그렸던 타이티 섬의 어린 아내처럼 건강하고 발랄한 십대 후반 여성의 아름다움을 생각해 보면 된다. 바로 선천적으로 타고나는 순수한 아름다움의 여성상이다.

둘째는, 춤추는 무희나 노래하는 가수처럼 아름다움을 추구하고 가꾸는 이십대 초반의 요염한 여성상이다. 여기에는 정열적으로 사랑을 추구하는 심미적인 아름다움이 깃들어 있다.

셋째는, 거룩한 모성을 앞세운 아름다움이다. 자식에게 희생하고 남편에게 봉사하는 여성상, 이를테면 아기 예수 그리스도에게 젖을 물리는 성모 마리아처럼, 마치 모든 남성을 자애로운 친어머니처럼 감싸줄 것 같은 고상한 여성상이다.

넷째는, 지혜나 용기의 아름다움을 드러내는 여성상이다. 프랑스를 영국으로부터 구한 잔다르크나 늙어서도 현명한 제시카 추리극장의 제시카 할머니 같이 지혜의 샘으로 남는 여성상이다.

이러한 네 가지 원형 중에 어느 아니마가 좋은 것이라고 특별히 우열은 나눌 수는 없고, 어떤 아니마를 자기 마음속에 간직하든지 그 자체가 남자의 개성이 된다.

여자의 아니무스 원형으로는 역시 대칭이 되게 네 가지를 상정할 수 있다. 첫째로 석고상의 쥴리앙처럼 여성적인 미소년의 얼굴로서 뭇여성의 모성 본능을 자극하는 아름다운 남성상, 둘째로 람보처럼 근육질로 억세게 우람하고 마치 한 마리 야수 같은 남성상, 셋째로 체구에 관계없이 나폴레옹 장군처럼 용맹하며 믿음직한 지도자 기질을 갖춘 남성상과, 넷째로 성철 스님같이 깨달은 은자 모습의 남성상을 구분해 볼 수 있다.

요즘 우리 나라 방송 프로에 나오는 젊은 남자 가수들을 보면 마이클 잭슨과 유사한 풍모들이 많다. 위에서 첫번째로 소개한 여성적인 아니마 원형의 한 변형으로 볼 수 있는데, 그것이 좀 지나쳐서 성의 구별이 퇴화된 유니섹스적 취향으로 보인다.

이것을 사회적 진화의 결과로 보기에는 너무나 인공적인 냄새가 진하게 풍겨 오기 때문에 한때의 세태를 반영하는 유행인 것으로 느껴진다. 과거에는 야수 같은 엘비스 프레슬리의 시대도 있었고 또 현재라고 해도 믿음직한 목소리의 프랭크 시내트러를 찾는 사람들이 아직 많이 있으니, 어떤 아니무스를 간직하였든지 그 여자의 개성이다.

12. 생선과 안경

엄마와 시장에 장을 보러 갔다. 내일이 무슨 기념일이기 때문이다. 시장을 웬만큼 돌아다니며 장을 보는데 생선 가게들은 문이 거의 닫혀 있다. 엄마랑 난 서둘러 생선을 사려하지만 그다지 마음에 드는 것이 없다. 그래도 뭔가 생선을 사고 시장 내의 안경 가게에 들린다. 손목 시계들이 진열되어 있다. 난 손가락에 끼는 반지 모양의 시계가 마음에 든다.

엄마는 내가 평소에 쓰는 안경처럼 생긴 안경을 써 보고는 당신에게 어울리냐고 내게 물으신다. 난 참 잘 어울린다고 말해 드리고 나도 비슷한 안경을 써 본다. 내 얼굴엔 안 어울린다.

둘이 같이 그 집을 나온다. 손에 짐이 너무너무 무겁다. 장을 한꺼번에 너무 많이 봐서 그렇다.

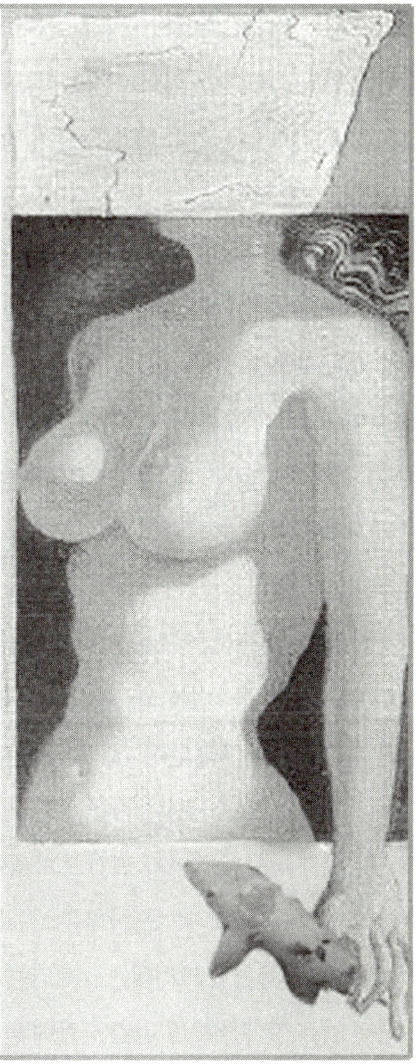

이 꿈의 해석에서 생선의 상징을 연구할 필요가 있다. 치료자는 이 때 우리의 태몽을 생각하는데 태몽에는 성별 구분이 있다. 프로이트는 독일어의 특징인 정관사로부터 도움을 얻어서 사물의 남녀를 구분 짓기에 별 어려움이 없었을 것이지만, 치료자는 우리 나라의 민간 태몽 풀이에서 상징물의 성별을 구분할 수 있는 것을 아주 고맙게 생각한다.

생선은 대체로 남성 성기의 상징이다. 아울러 햄릿 양이 들떴던 내일의 기념일은 아마도 그녀의 결혼과 관계된 것으로 생각되는데 그 이유는 꿈의 진행에서 시계 모양의 반지를 끼기 때문이다. 시계와 반지 두 가지 모두가 빼놓을 수 없는 결혼 예물인 것이다.

그녀는 요즈음에 들어서 고시 공부가 힘들어서 탈출하기 위해 시집가는 소망을 은연중에 가져오고 있었다고 말하였다. 그런데 생선 고르기가 쉽지 않아서 가게가 거의 문을 닫았고 그나마도 싱싱하고 마음에 드는 생선이 없는 것처럼 그녀는 외롭다.

안경은 당연히 유방의 상징이다. 엄마의 유방은 젖을 먹고 자란 사람은 누구나 그 크기가 만족스럽게 생각이 될 것이다. 그러나 오이디푸스 콤플렉스가 커다란 그녀는 언제부터 인지 자신의 유방에 자신이 없다.

비록 그녀가 쓰던 안경과 똑같은 안경이었지만, 그것이 안경이 아니라 유방의 의미이기 때문에 엄마가 쓰면 보기 좋고 그녀에게는 그 안경이 어울리지 않는다고 생각한다. 그녀의 오이디푸스 콤플렉스는 여성인 어머니 앞에서 자신의 여성미, 즉 유방을 드러내는 것보다는 속에 감추는 것이 안전하기도 하다.

햄릿 양은 얼마 전까지 치료 시간에 돌아가신 그녀의 어머니를 언급할 때마다 참지 못하고 울었다. 또한 어머니가 등장하는 그녀의 꿈은 항상 초상집 같은 우울한 분위기의 꿈이었다.

그런데 이 꿈에서 그녀의 어머니는 건강한 조력자로 나오고 있으며 바로 그것이 그녀의 우울한 증세가 거의 다 나아가고 있다는 신호라고 생각해 볼 수 있다.

그녀가 국민학교 시절에 안경을 써야 했지만 어머니가 무서워서 말을 못했다는 회고를 고려하면, 꿈속에서 그녀와 어머니가 다정하게 시장과 안경점에 들리는 것은 모녀간의 화합의 상징이 될 수 있다. 어머니는 그녀가 쓰는 안경을 쓰기도 하고 강력하게 그녀와 동질화되는 것이다.

여기 꿈장면처럼 그녀의 어머니에 대한 공포가 해소되면 증오도 지워질 것이고 분노도 사라지고 결국 우울증이 치료되는 것이다.

하지만 아직 그녀의 손에 든 짐은 너무 무겁다. 어머니의 욕심으로 장을 너무 많이 보았기 때문이지만 어머니에게 한 마디 불평을 할 수도 없다.

바로 지금 그녀의 상황, 어머니가 생전에 기대한 대로 장차 훌륭한 법관이 되어서 명판결을 하기 위해서는 어려운 공부를 해야 하는 것인데 그 길이 보통 외롭고 고독한 길이 아니다.

그녀가 애증을 가졌던 생전의 어머니에 대해서 어떻게 분노를 털어 버리고 애정만을 따로 떼어서 좋은 추억으로 남겨야 할 것인가? 현실적으로는 이미 돌아가신 어머니와 다시 만나서 화해할 수는 없다. 단지 꿈만이 그녀의 소원을 충족시켜 줄 수 있다.

꿈속에서라도 화해적인 행동과 결과가 있으면 그녀 일상에서도 모든 것이

화해적이 될 수 있는 것이다. 사실이지 모든 문제의 근원은 그녀의 마음속에 들어 있고 또 그 해결책도 바로 그녀 마음속에 들어 있다.

13. 싸우고 싶다

꿈에서 갑자기 절친한 여자 친구가 생각이 났다.

난 너무 화가 나서 그녀에게 따질까 싶어서 전화를 걸어야지 하고 마음먹는다.

그애가 나에게 했던 심한 말들이 막 떠오른다.

넌 왜 휴학을 하지 말라고 그랬는데 그녀는 휴학을 했냐고 따지고 싶다.

햄릿 양은 바로 전 치료 시간에 학교 중간 시험 기간이 가까워져서 이번 치료 시간은 쉬고 싶다고 말했고 치료자도 그녀의 학교 사정을 인정하여 그러라고 승낙하였다.

그녀는 현재 학교 공부가 너무 벅차고 힘들어서 일 년 정도 휴학을 하기로 많이 생각해 보았기 때문에 이런 꿈을 꾸었다고 생각했다. 그리고 그녀의 휴학하고 싶은 희망을 다른 사람인 친구에게 투사하여 그녀가 친구에게 화를 내었던 것으로 해석을 하였다.

그러나 치료자의 직감은 전혀 그렇지가 않다. 그녀는 꿈속에서 바로 치료자에게 따지고 있는 것이라고 생각되었다. 갑자기 전화를 걸어 따지고 싶을 만큼 그녀의 무의식은 화가 나 있다.

그래서 치료자는 그녀의 절친한 여자 친구 대신에 치료자를 대입시켜서 새로운 관점으로 해석할 것을 요구한다. 그래서 꿈속의 심한 말은 지난 시간에 그녀의 꿈에 대한 치료자의 해석이었던 것으로 먼저 추정이 되었다.

햄릿 양은 아직도 프로이트 식의 꿈 해석을 남의 일로 여기고 있다. 해석에서 드러나는 자신의 오이디푸스 콤플렉스도 어쩐지 먼 외국 나라의 옛날이야기일 뿐, 결코 그녀의 현실 같지는 않다.

일반인들도 역시 이십세기 초반에 센세이션을 일으켰던 프로이트 정신분석을 이십세기 후반인 이제는 골동품 항아리처럼 여기고, 그것을 바라보기는 재미있어도 자기 자신을 그 안에 담을 수 없다고 생각한다. 마치 성인이 다 된 자기 자신이 근친상간적 갈등이나 성적인 갈등을 가졌다는 것이 자존심이 상하는 일이고 수치스러운 일로 생각할 수 있다.

그리고 나서 햄릿 양은 지난 시간의 치료 뒤에 집으로 돌아가서는, 자신이 치료자에게 너무 심한 말을 하지 않았는가 하고 반성을 하였다고 말했다. 그러나 실제로 그녀가 지난 치료 시간에 치료자에게 어떤 심한 말을 했는지는 기록에도 없고 치료자가 기억하지도 못한다.

그보다는 치료자에 대한 불만으로 그녀가 시험을 핑계 대고 치료를 하루 못 나오겠다는 말을 한 것이 그녀가 무의식적으로 치료자에게 심한 말을 한 것으로 여겨지게 되었다고 보인다.

그것은 그녀가 치료자에게 어머니 전이를 일으켰기 때문에 어머니의 기대를 실망시키는 것과 같은 행동, 즉 치료 시간을 빼먹겠다는 그녀의 제안에 대한 그녀 양심의 죄책감이었다고 해야 할 것이다.

휴학은 치료 시간을 빼먹는 것을 의미한다. 그런데 그 결과가 두렵다. 어머니를 실망시킬 수 없어서 이차 대학을 포기하고 재수 학원에 열심히 다녔었듯이 어머니 같은 치료자를 실망시키고 치료자로부터 신망을 잃게 되는 것이 두렵다. 이것이 바로 전이 감정이고 꿈과 마찬가지로 치료적 분석의 대상이다.

그래서 그녀는 이미 치료자의 허락을 받았어도 감히 치료 시간을 빼먹지 못하고 치료자 앞에 제시간에 맞추어서 다시 나타나야만 했다. 지난밤 꿈에서 그녀는 절친한 친구로 나타나서 휴학을 하자고 말했던 또 하나의 자기와 싸워 이겼기 때문이기도 했다.

그녀의 꿈속에는 번번이 친구가 등장한다.

"괴물로 변한 시체" 에서의 같이 죽음의 길을 여행하는 친구나 "비누와 파피루스" 에서 편지를 보낸 친구, 그리고 "아버지의 죽음" 에서 약을 구하러 가기 싫은 친구, 또 이 꿈에서의 싸우고 싶은 친구가 그들이다.

두번째 친구와 마지막 친구는 치료자를 상징하는 모습도 일부 있었다. 하지만 전반적으로 이 꿈속 친구들은 그때그때 그녀의 또다른 마음을 충실히 대변하는 기능을 가졌다. 그들은 그녀와 거의 운명적인 동행을 같이하면서 때때로 그녀의 어떤 생각을 비판하고 반대하기도 한다. 그러한 친구는 바로 또다른 그녀 자신인 것이다.

또하나의 그녀는 현실 속에 있는 그녀보다도 훨씬 더 본능에 친근하기도 하고 혹은 초자아에 더 충실하기도 하여서 그녀에게 갈등을 준다. 거꾸로 말하면 그녀가 주로 갈등을 가졌을 때마다 이 친구들이 나타나서 그녀에게 더욱 혼란을 준다.

그 갈등이 쉽게 멈추지 않기 때문에 그 결과로 해서 그녀는 자기 자신에 대해서도 이중적인 평가를 내리기 쉽고 또 마찬가지로 그녀가 상대하는 모든 사람을 이중적으로 판단하는 경향이 생길 수도 있다.

좋은 어머니이자 고달프게 하는 어머니, 남의 존경을 받는 아버지이자 한 눈 파는 아버지, 그리고 잘 들어주는 치료자이자 좀 곤란한 해석으로 그녀를 당황하게 하는 치료자, 이런 식이다.

그래서 상대가 좋을 때는 한없이 잘 하고 그렇지 않을 때는 매우 수동적으로 상대를 공격(PASSIVE-AGRESSIVE) 한다. 그런데 그것이 바깥 상황의 변화보다는 그녀의 내면에서 일어나는 변화에 의한 것이 많고 그것을 우리는 흔히 변덕이라고 부른다.

하지만 겉으로 드러나는 그녀의 행동은 그렇게까지 충동적이지 않다. 다만 다른 사람이 그녀의 행동을 예측하기 어렵다. 그만큼 행동하기 전에 그녀는 많이 고민하는 것이다.

나와 또다른 나의 한없는 투쟁이 그녀의 머리 속에서 그녀를 또다른 "햄릿"으로 만들어 내기에 충분하다.

14. 만화 이야기

난 만화책을 읽고 있다. 만화가 곧 현실이 된다. 섬이다. 이 섬에 뭔가 경사스러운 일이 있다.

방송국에서 전기를 놔주기로 한 것 같다. 모두들 좋아하는 틈을 이용해 주인공 남자가 살짝 집을 빠져 나와 바다에 떠 있는 큰 배로 혼자 간다. 그는 뭔가 아버지가 약속을 지키지 않아 섬을 떠나려 한다. 곧 아버지와 마을 사람들이 작은 배를 타고 쫓아와서 그는 붙들려 되돌아간다. 파도가 매우 심하다.

집에 가보니 집이 온통 오물로 뒤덮여 있다. 오물 속에 발 디딜 틈도 없다. 웬 여자가 자기가 웬만큼 청소를 했으니 어서 올라오라고 한다.

햄릿 양은 현재 그녀에게 닥친 현실을 만화처럼 생각하고 있다. 그녀의 섬, 혹은 그녀의 집에 경사가 있고 방송국에서 촬영을 하며 구경꾼들이 많이 모이게 된다.

그러나 주인공 남자는 섬 전체의 경사를 못마땅해하고 혼자서 탈출을 기도한다. 아버지가 그에게 지키지 않은 약속 때문이라고 했는데 집안의 경사와 맞물려서 풀이하면 아버지의 재혼 잔치라고 생각된다. 요즘 결혼식에 비디오를 촬영하는 풍습이 방송국에서 전기를 놔주는 것으로 잘못 인지된 것이다.

하지만 그는 아버지를 떠나려다가 실패한다. 아직 학생 신분으로서 날개가 작아서 혼자 멀리 날아갈 수 없는 것이다. 그래서 주위 사람들에게 끌려오듯이 다시 집으로 돌아온다.

즉 아버지가 멋대로 재혼을 하더라도 그녀가 특별히 반발할 수단이 없다는 자각이다. 바다로 혼자 떠나는 여행은 죽음으로의 출발을 의미하는 경우도 종종 있는데 그녀가 실패한 것이 차라리 다행이다.

다시 돌아온 집은 새로 맞이한 여자, 즉 아버지의 재혼 상대자로 인하여 온통 오물로 더럽혀져 있다. 바로 그 안에 묻혀 살아야 하는 것이 그녀는 눈물이 나도록 서럽고 이 모든 것이 만화 같다.

이 꿈에서 아버지에게 반발하고 집을 떠나는 남자도 바로 그녀의 아니무스로 생각된다. 이전에 그녀의 죽은 어머니와 아버지 사이에서 그녀의 오이디푸스적 갈등을 해결하기 위해 아니무스가 등장했던 것과 같은 맥락이다. 이번에도 아버지의 새 여자와 같은 여성으로서 치졸한 질투 감정을 벌이는 사태를 피하기 위해 그녀는 자신의 아니무스를 전면에 내세운 것이다.

15. 작은아버지

엄마, 아빠가 모두 없어서 작은집에 가서 살게 되었다. 작은아버지는 잘해 주시지만 작은어머니가 몹시 구박을 한다. 작은아버지도 주기적으로 화를 잘 내는 사람이 된다. 난 꿋꿋하게 견디며 열심히 사는 자신에게 만족한다.

햄릿 양이 어머니를 잃고 지금까지 어떤 심정으로 살아왔는지를 단적으로 보여주는 꿈이다. 마치 사고무친의 천애고아가 된 심정을 표현하고 있다.

작은아버지에 치료자를 대입하고 해석을 하면 처음에는 치료자가 잘 해주지만 후에는 달라져서 그녀에게 주기적으로 화를 낼 것이라는 그녀의 예상을 볼 수 있다.

작은어머니는 치료자의 부인이 아니라 그녀가 장차 새로 맞게 될 계모를 연상하게 한다. 따라서 작은어머니의 구박은 그녀가 앞으로 계모의 눈치를 보고 살아야 한다는 체념이다.

그리고 마지막 장면은 그녀의 결심이다. 이제 더이상 죽음을 생각하지 않고 꿋꿋하게 살며, 자신을 스스로 대견해하면서 만족하는 것은 훌륭한 목표이다.

그런데 작은아버지도 주기적으로 화를 잘 내는 사람이 된다는 대목은 음미해 볼 필요가 있다. 그녀와 치료자 사이에서 일종의 전이적 감정 교류의 시작을 의미한다.

또한 그녀야말로 주기적으로 치료자가 화를 내도록 조장하는 경향이 있는지도 모른다. 그녀의 평소 생활 양태(LIFE-STYLE)가 가까운 사람을 교묘하게 자극해서 그녀에게 화를 내게 하고, 그리고 나서도 끝까지 상대방이 그녀를 포용하는지 시험하는 듯하다.

그녀는 돌아가신 어머니와 상당한 충돌이 있었고 그것이 후에 어머니가 돌아가시자 그녀의 우울증을 불러일으키기도 했다.

그런데 그녀가 어머니와 충돌한 것이 바로 관심을 끌거나 사랑을 확보하기 위한 무의식적인 쟁투 행위였을 가능성이 드러난 것이다. 그밖에도 그녀는 치료자에게 자꾸 도전하고 또 치료자의 태도를 시험하는 경향이 있다.

치료자가 그 문제를 집중적으로 토론하자 햄릿 양은 자기가 가까운 사람에게 별 이유 없이 화를 잘 내고 그러는 것이 치료자의 설명과 부합한다고 말하였다.

햄릿 양은 분명 눈물이 현저하게 줄어들었다. 어느 정도는 우울증에서 헤쳐 나온 것이다.

하지만 그녀의 오이디푸스 콤플렉스는 그녀에 의해서 아직 충분히 인정되지 않았다. 그 결과 그녀는 사람들 앞에 나서면 얼굴이 빨개지는 불편한 증상이 남아 있다. 그것은 진단적으로 적면공포증(ERYTHROPHOBIA: FEAR OF BLUSHING)이라고 하는데 역시 그녀의 내면에서 진행되는 성적인 긴장이 주로 문제가 된다.

하지만 그녀는 더 이상 치료받을 필요성을 느끼지 못했다. 그녀에게 이런 식의 치료가 아직까지도 별로 탐탁치 않거니와, 어쨌든 그녀는 급한 불을 꺼서 괴롭기만 하던 우울증이 어느 정도 해결되었기 때문이기도 했다.

그녀는 고시 공부에 다시 매진하고 싶다며 치료 중단을 원하였고 치료자는 동의하지 않을 수 없었다. 하지만 그녀의 치료가 아직 미진하여서 언젠가 다시 힘들어진다고 해도, 그때 가서 얼마든지 치료를 다시 계속할 수 있는 문은 항상 열려 있으므로 치료자는 일단 그녀를 보내는 데 더이상 주저하지 않았다.

돌아보면 햄릿 양은 어느 누구보다도 똑똑한 편이었다. 한 가지 설명을 들으면 능히 열 가지를 깨달았다. 게다가 그녀의 목표를 완성할 만한 외고집도 있다. 그래서 그녀가 무난히 소원을 성취하리라고 기대한다.

그녀는 지나치게 영민하기도 했다. 더러는 치료자를 시험했는데 그것은 그녀가 가는 길이 너무 쓸쓸해서 치료자의 변함없는 지지와 인정을 확인하는 행동이었다고 보인다.

다행히 그녀가 가는 고시 공부의 길은 보통 사람이 인내하기 어려운 것으로서, 그 과정을 다 통과하면 그녀의 인격을 완성시키는 데에 크나 큰 보탬이 될 것이다.

그래서 그녀가 마침내 소원하던 것을 다 이루고 다른 사람을 돕는 길에 들어서는 의젓한 모습이 치료자의 눈앞에 선하게 떠오른다.

3장
영혼의 치료자

오로라 양의 경우

살다 보면 초조해 양처럼 불행하게도 아버지를 일찍 여의는 경우도 있고, 또 햄릿 양처럼 어머니를 먼저 여의는 경우도 있다. 하지만 그보다 훨씬 더 많은 사람들이 일찍이 한번쯤 겪게 되는 것은 피를 나눈 오누이간의 이별인데, 다행히도 오누이간의 이별만큼은 주로 축복에 의한 결혼으로 이루어진다.

대개의 경우 오빠나 누이가 결혼하게 되면 남은 사람의 가슴속에 심한 공허감이 밀려오는 법이다. 자기도 모르게 그 빈자리를 대치해 줄 수 있는 새사람을 찾아 방황하기도 하고 미처 방황하기도 전에 연애에 쏙 빠지기도 한다. 그 결과로 행복한 결혼이 되면 다행이지만 너무 성급한 결혼으로 후회하는 일이 생길 수도 있다.

그런데 많은 경우에 젊은 여자들이 자신을 낳아 준 친아버지의 인상, 혹은 친오빠의 인상과 닮은 사람을 우연히 만났을 때에, 대부분의 여자들은 그런 형의 남자에 평소에도 익숙하므로 해서 금방 서로 친숙해지고 결혼까지 이르는 일이 많은데 바로 오이디푸스 콤플렉스의 연장이다. 어떤 의좋은 남매의 배우자를 살펴보면 오빠의 배우자는 여동생을 닮고, 여동생의 배우자는 오빠를 닮는 일이 종종 있는 것도 역시 좋은 예이다.

오로라 양은 첫 면담시간에 절망적인 모습으로 울기만 하였다. 그녀는 얼굴도 미인이었고 몸매도 팔등신에 가까웠다. 게다가 실내 장식에 탁월한 재능도 있어서 경제적으로 독립된 생활을 할 수 있었다.

객관적으로 남부러울 게 없는 그녀는 행복하여야 했는데 치료실에 들어서자마자 참지 못하고 울었다. 그녀의 울음 섞인 호소 속에는 집안에서 아무도 그녀의 처지를 이해해 주지 못한다고 하는 푸념이 담겨 있었다.

그리고 많은 시간 동안 오빠를 탓하였다. 오빠가 이제까지 너무나 그녀를 괴롭혀 왔다는 것이다. 그녀의 오빠는 제멋대로이고 툭하면 하나뿐인 여동생을 때려 왔는데 부모들이 오빠의 그런 못된 버릇을 그냥 용인하여서 그녀는 계속 구타를 당했고 마침내 울분이 쌓여서 병이 났다는 이야기였다.

울음을 멈추고 오로라 양은 자신이 항상 우울하고 불안하다고 말했으며 결혼을 한다고 해도 한 남자를 책임지지 못할 것 같다고 말했다. 그녀는 그러한 증세가 사춘기 이후 줄곧 지속이 되었으며 그래서 성격이 점점 투쟁적으로 변했다고 말했다.

집안에서는 그녀의 모든 식구들과 좌충우돌하면서 싸웠고 집밖에서도 친구들과 늘 싸우고 삐치기를 잘한다고 말했다.

그녀가 말하는 오빠의 행동은 일반인이 상식적으로 이해할 수 없는 수준이었다. 그래서 남다른 그녀의 오빠가 그녀에게 어떤 심리적 영향을 미쳤을지 미리 살펴볼 필요가 있다.

우선 그녀는 누구나 이해할 수 있을 만큼 오빠에게 분개하고 있다. 그 분노가 불꽃으로 터지기 직전의 화산처럼 연기를 피워 올리고 있다. 그래서 그녀 스스로 폭발해 버리지 않을까 불안하다.

그런데 이러한 분노는 그녀의 초자아 형성 시기인 유아 시절부터 이미 시작되었고 그래서 초자아처럼 그녀의 무의식 속에 깊이 자리하고 있다. 따라서 오빠를 향한 그녀의 서슬 퍼런 분노 뒤에는 여느 초자아의 경우나 마찬가지로 필경 죄책감이 숨어 있다. 이 죄책감이 현재 그녀로 하여금 무기력함과 우울증을 일으킨다.

또한 그녀의 해일 같은 증오 뒤에는 이율배반적으로 애정이 숨겨져 있다. 물론 병적인 증오 뒤에 가려진 애정 역시도 병적인 것이다. 예를 들어 죽음을 위협당하며 납치된 여자 인질이 원수 같은 납치범에게 애정을 느끼게 되는 경우를 종종 보는 것이다.

최근에 서울 방송의 테마 기획 시리즈 "사랑이라 부르는 것" 중의 한 드라마에서 탈옥수 이덕화에게 납치된 가수 민혜경이 보이는 사랑과 같은 것이다. 그것이 현실로서 나타난 것으로는 자신의 납치범들과 동거하면서 적극적으로 은행 강도 행각을 벌였던 미국 신문 재벌의 딸 패트리셔 허스트 양의 사건이 있었다.

좀더 흔한 예를 들면 변덕스런 어머니에게서 많은 매를 맞고 크는 어린아이가 그 어머니에게 더 많이 애정을 느끼는 것처럼 보이는 경우가 있다. 그 아이의 입장에서 보면 자신의 삶을 그런 어머니에게 맡기고 의존할 수밖에 없으므로 거의 인질이나 같다.

그래서 어린아이는 더욱 어머니 곁을 떠나지 못하는 충실한 강아지 같은 모습을 보이는데 이때 어머니에게 향한 애정은 아주 병적인 것으로서 뒤에서는 증오가 끓는 애정이다. 이런 경우에 아이는 독립성을 일찍이 포기당하고 점차 무기력하게 성장하며 잘 되 봐야 마마보이(MAMA-BOY)가 된다.

오로라 양의 경우도 마찬가지 경우로 그녀가 이제까지 겪어 온 끈질긴 오빠의 간섭과 그에 동반되는 위협 혹은 구타로 인해서, 그녀는 오빠 곁을 쉽게 벗어날 수 없는 무기력한 성인으로 성장했을 수도 있다.

이럴 때 급한 불을 끄는 절대적인 한 가지 치료 방법은 그녀가 오빠의 구타로부터 벗어나게 하는 것이다. 여전히 신체적 구타가 계속되는데 그녀의 정신적 치료가 가능할 수는 없는 것이다. 즉 먼저 그녀의 안전을 확보하고 나서야 오빠로부터 얻어진 상처들을 치유해 나갈 수 있는 것이다.

1. 세 얼굴의 남자

집 앞에 남자가 쫓아오고 나는 도망가고 그 남자는 나에게 마음이 변한다고 따진다.

나는 그 남자를 계속 만나야 되는가 하고 갈등에 빠진다.

이 꿈은 오로라 양이 가져온 첫번째 꿈이다. 그녀는 최근에 맞선을 본 일이 있었는데 상대가 다시 한 번 만나자는 것을 거절하였다. 그래서 그 남자가 꿈속에 나타난 것으로 생각하고 있었다. 그녀는 미인은 외롭다는 속설대로 마음을 주고받을 수 있는 변변한 남자 친구가 아직 없었다. 그 사실로 미루어 보아 그녀의 대인 관계에 미숙한 일면이 있으리라 추측되었다.

처음에 그녀의 꿈속에 나타난 남자가 맞선 본 남자인 것은 치료자도 이해할 수 있었다. 그러나 그 남자가 겨우 맞선 한 번 보고서 그녀에게 변심했다고 굳이 따질 일은 상식적으로 없었다.

그녀에게 따질 사람이 있다면 그 사람보다 훨씬 전에 그녀가 맞선을 보고 몇 번 만나 보기까지 했지만 그만 만나자고 거절했던 남자일 것이다. 또한 그 남자를 그녀 스스로 떠나 보내고 그녀는 다시 절망적이 되어 우울 증상을 일으킨 것으로 보인다. 그러나 그 남자도 역시 그녀에게 탓을 하거나 따지는 성품이 아니었다.

그녀에게 집 대문 앞에서 따지는 일은 그녀의 남자들이 아니라 바로 그녀의 오빠가 잘 하는 짓이었고 그러다가 지나치면 때와 장소를 가리지 않고 오빠에게 구타당한 일이 종종 있었다고 했다.

즉 이러한 오빠의 성품이 꿈속에서 다른 남자에게 투영된 것이다. 만일 오빠의 가혹한 모습이 다른 남자에게서도 일반적인 것이라고 미리 걱정한다면 그녀는 어느 남자와도 가까워지는 것이 두려울 수밖에 없다. 그래서 남자에게 별로 정을 주지도 못하지만 단 몇 번을 본 남자가 오빠처럼 그녀에게 복수를 하러 찾아오는 괴로운 꿈을 꾸게 되었다고 볼 수 있다.

옛말에 "자라 보고 놀란 가슴 솥뚜껑 보고 놀란다"는 속담이 있다. 그 속담 그대로 그녀는 오빠로부터 학습되어진 공포 감정을, 처음 만난 다른 남자를 보고도 똑같이 느끼는 것으로서 역시 전이 현상(TRANSFERENCE)이다.

그녀는 갈등을 하지만 해결책이 없어서 울상이 되는데 그것이 그녀가 요즘 갈등을 느끼는 현실과 별반 다를 것이 없다.

앞으로의 치료는 오빠에 대한 공포 감정을 전이를 통하여 치료자에게로 옮기고 치료자가 오빠와 다른 안정한 감정을 그녀에게 새로 경험시켜 주는 것이다. 그래서 그녀가 치료자를 볼 때에 오빠의 대리자로 보는 일이 없게 교육을 시키고, 또 그 후로는 다른 남자를 만날 때에도 오빠의 그림자를 보는 일이 없도록 도와주는 것이다.

그런데 이 꿈의 해석에서 아직 미진한 구석이 있다. 즉 변심의 주체가 꼭 그녀이고 추궁자의 주체도 과연 꿈과 같이 그녀의 오빠일까?

그녀가 오빠에게서 위협을 당하는 한편, 오빠에게서 벗어나려는 상황은 아마도 이제까지 너무나 오래도록 지속되어 온 것임에 틀림이 없다. 그래서 지금 이 시점에서 새삼스럽게 그녀의 증상을 일으키기에는 오히려 불충분할 수도 있다.

만일 현실이 그와 반대라서 오빠가 그녀를 버리고 떠나게 되었다면, 그래서 그것을 그녀가 추궁할 수가 없어 억울하다면 그녀가 바로 지금 이 시점에서 한없이 무기력해지고 여러 가지 우울 증상을 일으킬 만한 충분한 원인이 된다.

2. 속삭이는 사람

양품점에서 옷구경을 하고 나왔는데 주인 언니가 오토바이 뒤에 나를 태워서 집까지 데려다 주었다.

얼마 후 다시 양품점에 갔다가 집에 혼자 오게 되었는데 첩첩산중이고 과수원이 쭉 늘어서 있었다. 길이 칠흑처럼 어두워서 무서웠다. 나는 무서워서 오던 길을 되돌아갔다. 밤길에서 남자라도 만나지 않을까 하고 두려워했는데 웬 남자가 나타났다. 속삭이는 듯한 남자의 목소리를 들었고 소름이 끼쳤다. 나는 소리를 지르고 싶었지만 그럴 수가 없었다. 무서워서 잠에서 깨어났다.

오로라 양은 전에 여자 친구가 오토바이에 태워서 시장에 데려다 준 적이 있었는데 바람, 탈출, 해소 등의 연상을 하였다.

오토바이를 타고 달리는 것은 성인 영화에서 애마부인이 말을 타고 달리는 것과 마찬가지로 성적인 욕구의 해소와 관련된다.

그런데 그녀는 집에까지 일단 왔다가 다시 양품점으로 돌아가서 혼자 다시 집으로 돌아온다. 그 이유는 무엇일까?

오토바이를 이용한 간접적인 성적 욕구의 해소는 그녀에게 죄책감을 불러일으켰고 그것을 취소해야만 했기에 처음부터 다시 집으로 돌아온다. 하지만 이럴 때는 꿈을 꾸다가 잠에서 깨어나는 일이 더 많다.

혹은 오토바이를 타는 것만으로는 성적 욕구의 해소가 미진하였기 때문에 다시 남자 관계를 시도하는 것일 수도 있다. 그래서 그녀 스스로 위험하고 긴장된 상황으로 다시 뛰어든다.

그런데, 으슥한 밤길에서 낯선 남자에게 마치 강간이라도 당할 것처럼 쫓기다가 잠에서 깨는 꿈은 일반적으로 남자와의 성접촉을 상징한다. 흔히, 성적인 불만이 쌓여 있을 때에 자신의 양심에 구애 받지 않아도 되는 강제적인 상황에서 어쩔 수 없이 성적 욕구를 해소할 수 있도록 긴박감이 넘치는 꿈을 연출하는 것이다.

그녀가 공포 속에 만났던 낯선 남자는 그녀가 무의식의 방해 작용으로서 결코 의식으로 기억할 수는 없었지만 속삭이며 다가온 것으로 보아서 그녀의 지인(知人)이다. 그러면서도 소름끼치게 무서운 남자는 바로 그녀의 오빠를 생각나게 한다.

그러나 아직 그녀는 해답을 가르쳐 줄 능력이 없다. 만일 상대가 오빠라면 앞에서 말한 인질 심리의 형성으로 인해서 이율배반적으로 그녀가 오빠를 원하고 있지는 않은지 살펴보아야 한다.

3. 수영장에서

친구들과 여럿이서 수영장을 가게 되었다. 다들 수영을 못하는데 나는 잘 하기 때문에 자신이 있었다. 친구들에게 과시하고 싶었다.

수영복으로 옷을 갈아입다가 옷의 후크가 걸려서 다른 사람보다 시간을 지체하고 맨나중에 물에 들어갔다. 그런데 물에 들어가서 평영을 하는데 실제와 달리 수영이 되지를 않아서 자꾸 물 속으로 몸이 가라앉았다. 친구들에게 너무 오랜만이라서 수영이 잘 안 된다고 변명을 하였다.

오로라 양은 사춘기 때부터 목욕탕 가는 것을 시원한 해방감 속에 즐거워했다고 말했다. 그러다가 수영을 다니면서부터는 목욕탕에서 보다 더 큰 해방감을 가졌던 그녀는 수영하는 데서나 몸매에서 항상 자신이 있었다고 하였다.

실생활에서도 건전한 스포츠 활동은 성적 욕구를 간접적으로 해소시켜 주는 의미가 있는데, 꿈속에서의 수영 역시 성적 욕구의 분출을 상징하는 것이다.

그녀 역시도 꿈을 통해 성적인 욕구를 풀어 보려 하지만 그녀의 초자아는 옷자락의 말썽 난 후크처럼 제동을 걸어온다. 본래 후크의 기능은 옷이 함부로 벗겨지지 않게 막아 주는 것으로서 그녀의 정신적인 초자아와 같은 기능을 가진 물리적 도구인 것이다.

초자아의 일차적 제동에도 불구하고 그녀는 본능적으로 물에 뛰어들지만 남들에게 수영 실력을 과시하지는 못한다.

그녀가 수영 실력이 좋은데도 불구하고 수영을 잘 하지 못하는 이유는 꿈속의 수영이 실제 수영이 아니고 성행위 자체이기 때문이다. 따라서 초자아의 끈질긴 제동으로 그녀는 남보다 잘 할 수가 없는 것이고 역시 초자아가 느끼는 죄책감으로 인하여 남들에게 변명을 한다.

즉 꿈속에서의 변명은 수영을 못하는 데에 관한 변명이라기보다는 성행위를 꿈꾼 데에 대한 변명인 것이다. 그리고 그 밑에는 성적 낭만을 포함하여 남들보다 무엇이든지 다 잘하고 싶은 욕심이 보인다.

4. 동침

수영장에서 어머니와 싸우고 나와서 따로 수영장 밑으로 내려갔는데 그곳은 공상과학 영화 장면 같은 곳이었다. 그 안에는 사람들이 우주복을 입고 있었고 그래서 비행기라고 생각했다. 그런데 그 안에서 중년 남자를 만났다. 그는 표정도 없고 마치 공상 소설에 나오는 회색 인간 같았다. 그와 영화도 보고 나니 저녁이 늦어서 그를 따라 기자산 같은 칸막이 안으로 들어가 한 침대에서 똑바로 누워 잤다. 그는 몇 번 나의 신체를 만졌지만 나는 가만히 있었다. 나는 따뜻한 포옹을 원했지만 그 사람은 그러지 않았고 그냥 자고 났다.

아침에 일어나서 그는 나에게 "간밤에 왜 한 마디도 하지 않았나?" 고 물었다.

오로라 양은 몸매에 자신이 있어서 수영을 취미로 하고 있었지만 어머니와 수영을 다니는 일은 별로 없었고 오래 전에 목욕을 같이 다닌 적은 있다고 하였다.

수영장 밑에 또다른 지하층은 대개 없다. 이 대목은 수영복 밑으로 내려가는 것을 상징한다고 해석이 된다. 수영복을 벗고 나체로 무슨 일을 벌인다면 그녀는 환상적일 것이라고 생각이 들고 그래서 SF 공상과학 영화를 떠올리게 되었을 것이다.

프로이트에 의하면 대개의 의복은 나체를 상징하는데 우주복도 마찬가지이다. 특히 우주복은 전신 의상이므로 전라를 상징한다.

오로라 양은 표정 없는 중년 남자에 대해 누구인지 몰랐지만 신뢰감이 가고 안정적인 유부남을 떠올리며 바로 치료자의 이미지라고 스스로 말했다.

칸막이 안은 치료실을 생각나게 하고 그녀는 치료실의 안락의자에 앉아서 이야기하는 것을 침대에 누운 것으로 느낄 수 있다.

꿈속에서 남자가 그녀를 만지는 것은 물론 성접촉을 상징한다. 오로라 양은 바로 전시간에 꿈속에서 오토바이를 타는 등의 간접적인 성행위가 그녀의 성적 욕구를 발산시켜 준다는 설명에 대해서 충분히 무의식적으로 인식하였고 그 결과로 한 단계 더 진행된 직접적인 성행위의 꿈을 꾸고 보고하게 된 것으로 보인다.

그녀는 좀더 적극적인 위로의 말을 치료자에게 바랬기 때문에 그 감정이 포옹을 바라는 것으로 표현되었다. 마지막 질문도 치료자의 질문이라기 보다는 차라리 그녀의 몫이다. 왜 더 따뜻한 말을 못 해주는가? 치료자는 그동안 치료 시간에 흘러내린 그녀의 눈물에 너무 무감했다는 것을 인정할 수밖에 없다. 고작해야 크리넥스가 어디 있는지 눈짓을 보냈었는지 모른다.

아울러 이 꿈에서 그녀는 남자에게 무언가 원하지만 그녀 스스로는 전혀 반응을 하지 않고 대신에 남자가 모든 것을 알아서 해주기를 바라며, 또 그녀가 정상적인 반응을 하지 못해서 남자가 떨어져 나갈까 봐 염려하는 그녀의 무의식의 한 양상을 보여 주고 있다. 즉 그녀에게 가까운 남자 친구가 없는 것은 남자를 만나서도 그녀의 반응이 너무 소극적이기 때문이라는 그녀의 염려 그대로 행동하고 있는 것이다.

그녀는 치료자와 잠을 자는 이런 꿈이 일종의 전이로서 치료의 한 단계이고 치료의 한 과정으로서 생각하게 되었다. 다만 그녀는 치료자와 사이 좋게 나오는 긍정적인 전이는 좋은 것이고 부정적인 전이는 나쁜 것으로 인식하고 있었다.

그러나 그녀가 가진 긍정적인 전이가 치료에 항상 좋은 것은 아니다. 그 예로서 지난 분석 시간을 고려하면 당시에 치료자는 그녀에게 '지루한 감정'의 부정적인 역전이(COUNTER-TRANSFERENCE)를 느꼈다. 그녀는 지식적으로는 자기 자신의 적극적인 치료 참여에 의해 치료가 촉진된다는 것을 알고는 있지만, 토론에서 자신의 참여는 조심스럽고 그대신에 지나친 긍정적인 전이로 해서 여전히 의존적인 모습을 자주 보인다. 치료자를 그녀의 절대적인 후원자로 보고 그녀는 꿈을 던져 놓으면 그 이후는 치료자가 모든 것을 알아서 다 해줄 것으로 기대하는 것도 마찬가지 현상이다.

게다가 그녀는 조급한 심정으로 치료가 빨리 되기를 원하면서, 만일 치료가 빨리 되지 않으면 그녀가 나쁜 환자라고 염려하는 복잡한 양상을 보였다. 전이 감정이나 혹은 역전이 감정이나 그것이 긍정적이든 부정적이든 그녀에 대한 문제점을 알려주는 것이며, 그러한 전이 감정의 토론을 통하여 치료자나 그녀나 다같이 그녀를 깊이 이해할 수 있는 것이다.

5. 꼬마 밀고자

나의 오피스텔로 어떤 남자가 찾아왔다. 그사람과 청소를 같이 하고 컵을 씻었다. 조카 같은 아이가 나타나서 나는 배고프냐고 물었다. 꼬마는 괜찮다고 하다가 계란 후라이를 해 달라고 하였다.

장면이 바뀌어서 오빠와 식사를 하는데 오빠가 나에게 요즘 스캔들이 있다고 하면서 놀렸다.

내가 고기 요리를 만지는데 오빠가 그런 장난을 그만 하라고 했고 나는 아랑곳없이 계속 장난을 쳤다. 오빠가 나를 때릴 듯이 팔을 나꾸어챘고 나는 화가 나서 대들었다. 나는 오빠에게 덤비다가 꿈에서 깨었다.

언젠가 오로라 양의 사무실인 오피스텔로 몇 번 찾아왔던 남자가 있었다. 그 남자 역시 그녀처럼 소극적인 사람으로서 의사 표현이 별로 없었고 그저 소파에 앉아 있다가 돌아갔다. 그녀 역시도 소극적이라 그에게 별 반응을 보이지 않았다.

그러다가 어느 날에 그가 포옹을 하였다고 한다. 그녀는 이상한 기분을 느꼈다. 그러나 그 이후로 그를 만나지 않기로 결심하고 그렇게 통고하였다. 그리고서 그녀는 자신에게 어떤 문제가 있다고 생각하고 치료자를 찾아오게 되었다.

그녀의 추측에 의하면 오빠 때문에 그녀가 너무 위축되어서 남자에게 아무런 반응을 보이지 못하니 남자들이 떠나간다는 것이다. 그러나 보다시피 남자를 떠나 보낸 사람은 바로 그녀 자신이었다. 그녀는 왜 그랬어야만 했는지 이 꿈으로 찾아본다.

남자가 찾아오고 그녀는 그 남자와 청소를 하고 주방에서 컵을 씻는다. 마치 다정한 연인 사이로 상황을 연출하는 것이다.

그런데 그녀의 밀월을 깨고 등장한 방해자가 있다. 꿈속에서의 조카는 그녀의 연상으로는 조카가 절대로 아닌 것이 조카는 그 자리에 갑자기 나타날 이유가 없다. 다만 피붙이처럼 가깝고 귀찮은 존재이다.

앞에 말한 그녀의 추측, 바로 오빠 때문에 그녀가 위축이 되어 남자에게 아무런 반응을 보이지 못한다고 한 호소와 이 꿈이 상황적으로 일치하고 있다. 그녀에게는 자신의 일거수 일투족에 항상 귀찮은 감시자가 쫓아다닌다는 의식이 박혀 있는 것이다.

그녀는 꿈에서 감시자에게 무언가 대가를 주어 내보내려 하지만 이 꼬마는 배고프지 않은데도 요리를 요구하며 떠나지 않는다. 마치 평소에 그녀가 겪어 온 오빠처럼 항상 그녀의 시간을 뺐으며 이것저것 귀찮은 일을 시키는 작태이다. 그런데 이 꼬마의 정체는 다른 꿈의 분석을 보면 정말로 오빠의 분신으로 해석된다. 그리고 꿈의 장면이 바뀐다. 연속된 꿈에서 꼬마가 오빠에게 고자질을 했었던지 오빠가 그녀에게 그런 꿈이 얼마나 부정한 것인가를 따지고 있다. 이것은 초자아의 작용으로서 오빠의 꾸중으로 투영된 그녀의 초자아가 그녀 자신을 나무라고 있는 것이다.

그런데 그녀는 오빠 앞에서 더욱 도발적인 행동을 한다. 식탁에서 고기 요리를 다지는 것은 자신의 몸을 자기 손으로 선정적으로 쓰다듬는 것을 연상시킨다. 그러자 그녀의 무의식적인 유혹에 오빠가 몸을 일으킨다.

그래서 그녀는 오빠와 실컷 싸움으로서 역시 성적 발산을 하고 있는 것이다. 꿈속에서 싸우는 것이 성적 활동의 상징인 것은 물론이고, 그녀는 다른 남자와의 부정한 꿈에 대해서 오빠에게 보상을 해야 하는 것이다.

바로 이것이 그녀의 병리라고 할 수 있다. 그녀는 오빠에게 장기간 학대를 당하고 자라 오면서 자기도 모르게 오빠에 대한 근친상간적인 성적 콤플렉스를 가지게 되었고, 그래서 그녀가 다른 남자를 만나려면 오빠에게 무의식적으로 죄책감을 느끼는 것이 그녀도 모르는 무력감 속에 숨겨진 갈등의 주된 병리였던 것이다.

그 결과, 오로라 양은 모든 남자에게 수동적이 되었고 그 결과로 남자들과 개인적으로 일정 수준 이상으로는 친밀하게 가까워지지 못하고 금방 헤어지며 우울증에 빠져 자신감을 잃는 것이다.

6. 질투

친한 여자 친구인 경희와 나, 그리고 선생님이 식탁에 앉아서 이야기를 하고 있었다. 내가 경희에게 가장 좋아하는 친구가 누구냐고 물으니까 경희는 내 이름을 대지 않고 다른 여자 친구 이름을 대었다. 내가 화가 나서 경희에게 먼저 따졌다. 그러자 경희도 화가 나서 나에게 마구 말을 하였다. 나는 선생님 앞이라 창피해서 더이상 말을 못하는데 선생님이 성난 경희를 말렸다.

이 상황은 시작 단계에서부터 상당한 왜곡이 들어 있다. 현재 오로라 양이 치료자에게 긍정적인 전이를 가지고 있다는 점을 고려하고 그래서 치료자에게 잘 보이고 싶어한다는 점을 종합하면 이 이야기의 시작 부분은 달라질 수밖에 없는 것이다.

먼저 그녀가 꿈속에 했던 질문은 경희에게 한 질문이라 하기보다도 치료자에게 한 질문이다. 경희와 그녀 중에 치료자는 누구를 좋아하느냐는 질문이다.

치료자는 경희라는 친구를 모르기 때문에 그 친구의 성품이 어떤지 물었다. 오로라 양은 경희가 사람들 앞에서 말도 잘하고 웃기기도 잘하고 항상 명랑하다고 말했다.

오로라 양은 바로 그런 경희와 가장 친하다고 말했다. 그녀는 가장 친한 친구에게 가장 큰 열등감을 가지고 있는 것을 알 수 있다. 그래서 가장 질투가 나는 친구이기도 하다. 만일 치료자가 경희를 잘 알게 된다면 자신은 거들떠보지도 않을까 걱정한다.

만일 이것이 실제 상황이라면 그녀는 점잖게 넘어가서 혼자 화장실에 가서 욕을 했을지도 모르지만 꿈속이니 만큼 그렇게까지 자제할 필요가 없어서 경희에게 마구 따진다.

하지만 그녀의 능력으로 말싸움에서 경희를 이기기는 어렵다. 바로 그 때문에 그녀가 경희에 대한 열등감을 느껴 온 것이다.

꿈속에서 결국 치료자가 그녀의 편을 들어주어서 싸움을 말린다. 꿈속에서도 항상 난처해지는 그녀, 굳이 남부러울 게 없는데도 열등감에 빠져 있는 그녀는 마땅히 곧아야 할 자존심의 심지가 살짝 옆으로 휘어 있는 것으로 보인다.

7. 역사 시험

꿈속에서 역사 시험을 치르고 있었다. 교실은 국민학교 때 다니던 교실이었고 성적순으로 배치받은 자리였다. 학과 교수의 얼굴은 선생님 같았는데 시험 종료 5분을 남기고도 나는 아직 두세 문제를 풀지 못해서 답안지를 제출하지 못했다. 시험을 먼저 끝낸 여자 친구가 교실 맨앞에 나가서 뽐내면서 노래를 불렀다.

내가 한 발 늦어서 선생님 앞에 나가 노래를 하지 못해서 안타까웠다.

오로라 양은 이 치료 시간에 자신이 열등생 환자가 아닌가 하는 염려를 하고 있었다. 그것은 비단 이 시간 뿐이 아니라 앞서의 시간에서도 그녀가 보여 온 태도였는데 얼마 전에 치료자가 역전이 감정을 토론한 것이 그녀에게는 비평으로 여겨져서 더욱 견디기 힘들었었던 것으로 보인다.

그녀는 이 꿈을 보고 치료 시간을 빗대서 나타난 것으로 해석을 하면서 치료에 압박감을 느낀 것이라고 덧붙였다.

그녀의 해석이 다 옳은데 문제는 그녀가 압박을 받아야 하는 무의식적 정서를 다루는 것이다. 그녀는 환자로서 치료에 임하면 되는 것이므로 크게 압박받을 이유는 없다. 다만 적극적으로 해석에 참여하라는 치료자의 주문이 있었지만 객관적인 관점에서는 그것도 그렇게 부담을 가질 일은 아니었다.

그보다는 그녀가 항상 잘 보이려고 하는 욕심, 혹은 우수한 환자로서 과시하고 싶은 욕심이 그녀를 힘들게 하는 것이다.

꿈속에서 그녀가 치료자 앞에서 노래를 못 불러서 안타까워하는 것이 바로 그녀의 말로 지나친 과시욕이고 치료자의 해석으로는 인정받고 싶은 욕구이고 그녀의 삶을 지속적으로 고달프게 하고 있다.

오로라 양의 환상과 꿈을 보면, 심한 열등감과 자만심, 그리고 투쟁적인 성격으로 인한 대인 관계 장애가 진단적으로 나르시스 성격 장애와 비슷한 양상을 보이는데 물론 오빠로부터 받은 상처의 후유증이다.

자기애적 성격은 외부로부터 적절한 인정을 받지 못해서 생기기도 한다. 그런 경우에 치료는 현재 상황에서 그녀가 마땅히 받았어야 할 대상으로부터 받지 못한 인정을 치료자가 부모 대신 해주어 치료자의 새로운 보육

(MOTHERING)으로 그녀의 자아를 성장시키면서 그녀의 열등감을 극복하게 하고 또한 과도한 자만심을 차차로 줄여 가게 한다.

자만심은 열등감의 그림자이고 열등감의 크기나 자만심의 크기는 똑같은 것이기 때문에 열등감이 사라지면 자만심도 사라지고 대인 관계도 조화롭게 변한다. 열등감과 자만심이 진동을 하는 경우에는 대인 관계에 장애가 심각하여 다른 사람들이 볼 때에 정서가 불안하게 느껴진다.

일반적인 심리 치료에서, 열등감의 치료는 바로 그 사람에 대한 인정에서부터 시작된다. 환자를 비판하지 않고 현재 모습을 있는 그대로 인정하는 것이다. 자신감을 가지라는 격려 등도 일종의 인정이다. 하지만 여기서 끝나서는 아무 것도 될 수 없다.

그 다음 단계로 그 사람에게 성취할 수 있는 과제를 주어서 그 일을 성공적으로 수행하게 될 때에 비로소 그 사람은 자신의 가치를 한 단계 높이고 진정한 자신감을 가지게 된다. 게다가 치료자의 인정이 다시 뒤따르면 더욱 성취감을 맛보고 비로소 자기를 진정으로 존중하는 마음, 자존심이 생긴다.

반대로 무리한 과제로 해서 그 사람이 성취해 내지 못한다면 오히려 열등감은 깊어진다. 계속 실패의 함정으로 환자를 몰아넣고서 치료자가 아무리 자신감을 가지라고 말로 해서 열등감이 해소될 수는 없는 것이다.

그러나 분석 치료 과정에서는 이 모든 것을 환자 스스로 해야 한다. 치료자는 위로도, 격려도 하지 않는다. 다만 그녀가 자신을 더욱 깊숙이 이해하고 거기서부터 자신감을 찾고 스스로 출발해야 한다. 그녀로서는 훨씬 더 고독한 작업이 아닐 수 없다.

8. 시어머니

병원 구내 식당의 밥하는 할머니가 병이 나서 밥하는 것이 힘들다고 하면서 나에게 대신 부탁을 하였다. 나는 그 할머니를 쉬게 하고 병원의 밥을 대신하게 되었다. 때가 되어 밥을 하고 병원장에게 밥을 가져다주기 위해 쟁반에 밥을 챙겨서 들고 원장을 찾아 올라갔다.

그런데 웬 시어머니 같은 사람을 만났다.

이 꿈을 보이는 그대로 해석하면, 그녀는 치료자에게 긍정적인 전이 감정을 일으켜 치료자의 밥을 해주는 상상에서 시작하여 치료자의 배우자가 되어 시어머니를 만나 당황하는 데에까지 이르고 있다.

쟁반에 밥을 받쳐들고 치료자를 찾아 나선 자체가 치료자에 대한 지극한 감정 표현이니 상징의 분석은 따로 필요 없을 것이다.

지난번의 "동침"의 꿈을 해석하는 과정에서 그녀가 치료자에게 보인 성애적 전이 감정 표현이 지나친 긍정적 전이의 비판에 한꺼번에 묻혀 버린 적이 있었다. 치료자는 그로 인하여 그녀에게 성애적 전이가 무의식 속에서 위험한 것으로 간주되고 꿈에서 사라지지 않을까 하는 염려가 생겼다. 그리고 역시 염려한 대로 한동안 성애적 전이는 자취를 감추다가 이제야 다시 나타났다.

그래서 치료자는 여러 가지 전이 현상과 전이의 해석에 대해서 보충 설명을 하게 주었다. 그리고 그녀가 어떤 감정적인 전이를 치료자에게 보여도 치료자는 안정적으로 대할 것이며, 그녀의 위험한 속마음을 솔직히 내보이고 그 반대급부로 얻어지는 안전한 경험이 그녀를 생활 속에서 새롭게 할 것이라고 설명하였다.

이를테면 그녀는 자신의 마음을 드러내는 데에 대한 두려움으로 너무나 방어적이기 때문에 대인 관계에 친밀도가 떨어지는데, 여기 치료 시간에서 치료자와의 전이 감정을 반복하는 동안 그러한 두려움을 극복하게 될 것이라는 언질이었다.

오로라 양은 그 말에 용기를 얻어서 잠시후에 치료자와 싸운 꿈 두 편을 소개하였다.

9. 빨간 스타킹

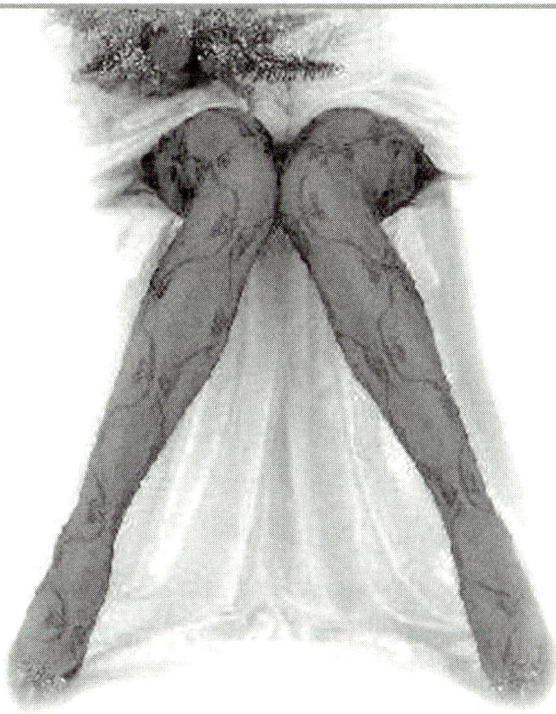

치료 시간에 나는 야한 스타킹을 신고 갔다. 선생님은 화를 내면서 왜 현란하게 하느냐고 묻고 정숙하지 못하다고 나를 야단쳤다. 그리고 이러한 행동의 심리는 나의 정서 불안 때문이고 나의 과시욕 때문이고 내가 허(虛)하기 때문이라고 선생님이 말했다. 선생님과 그냥 싸웠고 더 이상 아무것도 생각나지 않는다.

이 두 꿈은 오로라 양이 보고하지 않고 숨기려던 것이었다. 오로라 양은 화창한 봄날 반바지에 하얀 스타킹을 신고 진료실에 들어온 적이 있었다. 그러나 치료자는 그 점에 대해서 아무런 반응을 보이지 않았다. 당시 치료자의 생각에 특별한 것은 없었지만, 그녀의 다리가 길어서 보기 좋았다.

그러나 그녀는 다리 맵시에 상당한 자신이 있어서 치료자가 그녀의 다리에 정신이 팔렸을 것이라고 다분히 희망적인 상상을 할 수 있다. 그녀는 바로 그러한 자신의 상상 때문에 그녀 스스로 죄책감을 자극받고 그 결과로 꿈에서 자책할 수 있다.

그녀는 꿈속에서 빨간 스타킹을 신고 나타나서 너무 현란하지 않을까 염려했던 모양이다. 즉 그녀의 선정적인 모습으로 불안해지는 사람은 치료자가 아니라 그녀 자신이다. 그래서 그녀의 초자아는 스스로 야단을 친다. 나는 정서가 불안하고, 과시욕이 있고 그리고 허하다.

그녀는 사실로 허하다. 치료자가 쓰는 표현이 아니라 그녀가 선택한 표현이지만 더 적절한 말이 없을 것이다. 그녀가 나중에 적어 보낸 "영혼의 치료자"라는 시에서 보듯이 그녀는 만성적인 공허감에 사로잡혀 있었던 것이다. 그녀는 스스로 적절한 진단을 내렸다.

두번째, 싸운 것밖에 기억이 나지 않는 꿈에서 그녀는 싸우는 것이 성행위의 한 상징이라는 것을 잘 알고 있었기 때문에 더 이상 아무 것도 생각할 수 없게 꿈을 보고하는 데에서나 해석하는 데에서 그녀의 무의식적 저항이 생긴 것을 이해하였다.

하지만 그녀가 이런 꿈들을 숨긴 이유는 그녀가 치료자를 유혹하다가 야단

맞는 꿈이 그녀와 치료자 사이에 부정적인 감정을 불러일으키지 않을까 하고 염려한 때문이다. 그녀는 오로지 치료자에게 잘 보이려는 평소의 의도 때문에 혹시도 부정적인 전이 감정이 드러나는 꿈은 숨기려는 의도이다.

맨앞에 소개한 꿈, "세 얼굴의 남자"에서나 마찬가지로 치료자는 그녀에게 이것저것 들어가며 야단을 칠 리가 없지만 그녀의 오빠가 가진 성품이 마치 치료자의 성품처럼 튀어나온다.

이를테면 그녀가 오빠 앞에서 야한 옷차림을 하게 되면 꿈속에서처럼 실제로 야단을 맞는다. 그러면 그녀의 옷차림은 바뀌고 그녀의 여성미는 위축된다. 하지만 치료 시간에는 오빠에게서처럼 치료자에게서 야단을 맞지 않는다. 단지 옷차림 뿐만 아니라 성적인 대화나 기타 여러 가지 주제도 이 시간에는 자유롭고 그녀의 초자아가 점점 인내하게 된다.

이런 것은 그녀에게 무의식적으로 안전하고 새로운 경험이 된다. 그렇게 해서 다시 자신감을 찾아간다.

즉 오빠로부터 잘못 학습된 조건 반응들을 치료 시간에 하나둘 씩 제거해 가는 것이라고 할 수 있는데 이것이 바로 전이 분석을 통한 치료이다. 다만 조건 반응을 만들기까지 걸린 시간이 워낙 길었기 때문에 그러한 조건 반응을 지우는 데에도 역시 시간이 좀 걸릴 뿐이다.

10. 삼각 관계

조그만 방에서 오빠와 오빠 여자 친구, 그리고 나 셋이서 재미있는 이야기를 나누고 있었다.

그 여자는 연예인을 닮았다.

오빠가 갑자기 화를 내며 그 여자에게 나가라고 소리를 치고 이제 서로 끝내자고 한다.

나는 오빠에게 그러면 되냐고 조용히 훈계를 한다.

오로라 양의 오빠가 얼마 후면 결혼을 한다는 이야기를 그녀는 이제서 밝혔다. 사실 그녀가 처음 찾아오던 때부터 그녀의 오빠는 약혼을 하고 결혼을 준비 중이었다.

그러나 그녀는 그 사실을 무의식 속에서 받아들이기를 거부하였다. 무의식이 인정하기 싫은 사실은 곧 망각되거나, 혹은 도중에 변할 수도 있다는 기대로 해서 별 실감을 느끼지 못한다. 그래서 치료자에게 이제까지 그 사실을 밝혀 오지 않았을 수가 있다.

꿈을 보면 그녀는 방에서 재미있게 이야기를 하였다지만 한 남자에 두 여자라면 묘한 분위기가 되어서 별 재미가 있을 리 없다.

그녀는 재미있을지라도 상대 여자는 그렇지 않을 것이다. 그러나 그녀의 무의식은 무척 재미있을 것이라고 생각하는데 그것이 시누이들의 공통 심리이다.

그와 동시에 그녀의 열등감이 자극되어 새언니 후보가 연예인처럼 아름답기 때문에 오빠가 새언니에게 빠져들었다고 생각한다. 이전에 보았던 꿈 질투와 유사한 상황인데 그녀는 역시 열등감으로 질투를 하고 있다.

그래서 그녀의 오빠가 통쾌하게 새언니를 야단치고 나가라고 한다. 그녀는 오빠에게 참으라고 훈계를 하였고 그것으로서 그녀의 역할을 잘 했다고 생각한다. 바로 그 마지막 장면 때문에 오로라 양은 평소 자신이 가진 천사 같은 마음을 꿈속에서 드러낸 것으로 착각하고 있었다.

그런데 옛말에 "때리는 시어머니보다 말리는 시누이가 더 밉다"고 했다. 바로 그 말리는 시누이 행동의 밑에 깔린 무의식이 지금의 그녀가 가진 생각과 똑같은 것이다.

즉 시누이 나름으로는 새언니를 도운 것이지만, 그 이전에 벌써 오빠나 어머니가 새언니를 구박하기를 바라는 시누이의 심리가 드러나 있는 것이다.

하지만 시누이는 미처 그 점을 모르고 전혀 죄책감 없이 선의랍시고 새언니를 돕는다고 나서서 더욱 미운 시누이짓을 하게 된다.

시누이는 일반적으로 무의식속에서 다른 어떤 여자보다 오빠와 혈맹인 여동생을 더욱 가까이하기를 바라는 것이 보통이다. 오로라 양도 그 점에서 예외가 아닌데 오히려 더 심해 보인다. 그녀는 오빠로 인하여 이제까지 고통을 받아 왔다고 하고 그가 결혼해 나가는 것이 시원하다고 말하지만 결코 그녀의 무의식에서도 그렇게 좋은 일로 느껴지고 있지 않은 것으로 보인다.

오로라 양은 오빠에게서 받은 고통의 결과로 오빠에게 증오만 키운 것이 아니라 이율배반적으로 같은 정도의 깊은 애정까지 더불어 키우게 되어서, 지금 이 시점에서 오빠를 놓치고 싶지 않고, 그래서 지금 이런 상태의 삼각 관계의 꿈이 나타나는 것을 인정하지 않을 수 없다.

그리고 어디 호소할 데 없는 공허하고 억울한 심정으로 그녀를 병원까지 찾게 한 결정적인 스트레스는 바로 오빠의 돌연한 결혼 발표였다는 추측이 든다. 오빠가 변심한 것이다.

어느 옛날 드라마의 노래 가사에 "사랑하는 마음이 바로 미움의 뿌리가 된다"고 하였다. 그녀가 그토록 오빠를 증오하는 심리 밑에는 억울하지만 사랑의 뿌리가 있는 것이다. 그리고 이 무의식 속의 병적인 사랑이 더욱 기승을 부리면, 그만큼 더 실생활에서 오빠에게 분노하게 될 것이다.

11. 귀여운 남자

마을에 폭동이 일어나 피신을 하게 되었다. 무서운 배신자가 폭동을 일으킨 것이다. 달리 피할 데도 없고 모두 바닷물 속으로 숨어야 한다고 하였다. 나는 바다로 가다가 다리 난간에서 귀여운 어린아이를 보고 그를 안아 들고 숨으려고 했는데 그 아이는 두 손에 사탕을 들고 있었다.

(한 달 선의 꿈)

개울가에 여자 여럿이 모여 있었다. 동네 아줌마가 나의 조카가 죽었다고 한다. 나는 조카를 찾아 돌아다녔다. 나는 나체로 돌아다니고 있었다. 벗고 돌아다니는 것이 쑥스러웠지만 아무도 놀리지 않았고 당황해하지 않았다. 아기 엄마도 슬퍼하지 않는데 나 혼자만 슬퍼하고 너무 울었다.

오라 양은 무서운 배신자로 그녀의 친오빠를 생각하였다. 사실로 오빠는 그녀를 배신하고 새로운 여자를 만나고 있다.

그런데 그 후에 그녀 역시도 오빠를 배신하기 시작하였다. 이제 오빠의 그늘을 벗어나겠다고 치료자를 찾아온 것이다.

그러자 그녀의 초자아는 징벌자인 오빠의 무리를 불러내어 폭동을 일으켜 그녀를 응징하기 위해 쫓아온다. 그런데 하필 바다 밑으로 숨는다는 것은 차라리 모두 다같이 죽어 버리자는 의미이다.

죽음을 앞둔 긴박한 순간에 그녀는 하필 다리 난간에 서서 귀여운 아이를 만난다. 그리고 그 아이를 살리기 위해 귀여운 아이를 안고 숨으러 간다. 귀여운 아이가 들고 있는 사탕 두 개는 필경 남자 성기인 고환을 뜻하고 그들이 만난 장소인 다리는 그녀의 성기를 상징한다. 그러면 이 귀여운 아이는 도대체 누구인가?

그 다음 꿈은 약 한 달 전에 보고된 꿈이다. 이때는 조카를 그녀의 먼 조카 정도로 생각하였다. 하지만 오늘 앞의 꿈과 연관지어서 생각하면 조카아이가 정말 조카가 아니다.

그런데 꿈의 재료 중에 주요한 것으로서 아주 먼 과거의 기억이 있다. 이를테면 지금 그녀가 사는 곳에 개울가는 없는데 꿈에는 나온다. 어릴 때 살던 곳, 채 개발이 되지 않은 이십 년 전 동네의 개울가에서 아줌마들이 하는 이야기를 들으며 그녀는 나체로 걸어다니고 있다.

그렇다면 그녀가 아직 수치심을 느끼기 훨씬 전인 서너 살 경에 실제로 그녀가 옷을 벗고 돌아다닌 적도 있을 법하다. 그녀가 너무 어릴 때라서 그때 일들을 기억할 수는 없어도 한 조각씩 꿈으로 다시 재연되는 경우는 얼마든지 있다.

대개 서너 살 때의 기억들은 아무리 기억력이 좋아도 마치 꿈 같은 법인데, 경우에 따라서는 그 당시 서너 살 때의 꿈을 실제 일어났던 사실로 착각하여 기억하고 있는 경우도 종종 있다. 다시 말하면 우리가 기억할 수 있는 서너 살 때 유아적 기억은 대개 절반은 사실이고 나머지 절반은 그 당시의 꿈이다.

하지만 환자의 이 생애 첫기억은 그 사람의 이제까지 살아온 생활 양태(LIFE-STYLE)를 반영하여 주기 때문에 신경정신과적 면담에서 필수적인 것으로 오스트리아 의사 아들러가 이미 지적했다.

오로라 양의 기억에 그녀가 그 나이까지도 수치심을 모르고 옷을 벗고 걸어다닌 적은 없지만, 또래의 사내아이들이 옷을 훌랑 벗고 남근을 드러내며 돌아다니는 모습을 부러워했던 기억이 있었다. 그러니까 그녀는 사내아이처럼 벗고 다니고 싶은 충동은 그 당시에 충분히 있었다는 의미이다. 그리고 꿈속의 재연은 그 당시의 소원 충족이다.

그런 상황에서 한 꼬마의 죽음이 부녀자간에 화제가 된다. 그녀 역시 어린 나이 상황임을 감안하면 그 꼬마는 충분히 그녀의 오빠가 될 수 있다.

그런데 그녀의 오빠가 죽었다는 것은 현재 상황으로서 그가 곧 장가를 가서 그녀를 떠나는 것을 의미하고 있다. 아들이 장가가는 마당에 슬퍼할 어미는 없을 것이다.

오직 그녀만 슬퍼하고 울었던 것이다. 그녀의 이 큰 슬픔, 오빠를 잃은 상실감, 그래서 어쩌면 그 어린 시절로 다시 돌아가고만 싶은 소원이 한 달 전 꿈의 주제로 생각되었다.

남자는 다 어린애라고 하는 말도 있다. 어찌되었든 그녀의 무의식 속에 그동안 분별이 없어 보이던 오빠는 꼬마로 남아 있다.

그런데 그녀는 그 꼬마 같은 오빠를 앞의 꿈에서 외적으로부터 보호하고 또 달래 주어야만 한다. 오로라 양은 아직도 오빠를 원하고 있다는 것을 알 수 있다.

이런 근친상간적인 소망을 나타내는 꿈에 대하여 일반인의 상식으로 몹시 불건강한 사람의 꿈이 아닌가 염려할 수도 있겠으나 그렇지는 않다. 그것은 단지 꿈이고 무의식이고 어릴 때의 유아적 환상일 뿐이다. 그리고 오이디푸스 콤플렉스의 연장인 것이다.

이같이 심한 오이디푸스 콤플렉스를 해결하기 위하여 부성적인 치료자와 환자 간에 성애적 전이가 다시 활용되는데, 그녀는 일찍이 다른 사람보다 빠르고 강한 성애적 전이를 보인 적이 있었다. 오빠에 대한 갈등 감정이 워낙 강하기 때문에 그것이 치료자에게 전이되었을 때에도 그만큼 빠르고 강하게 나타난다.

또한 그 강한 갈등 밑에 숨겨진 그녀의 오빠에 대한 강한 의존심, 역시 치료자에 전이되는 강한 의존심도 고려해야 한다. 뿐만 아니라 그녀는 오빠에 대한 증오 감정이나 분노까지도 치료자에게 옮길 수 있고 심지어는 오빠에 대한 좌절감이 치료자에게 연장이 되어서 치료 과정에서도 쉽게 좌절하고 탈락할 수 있다.

치료가 그동안 상당히 진행되었어도 그녀는 오빠에 대한 무의식적 의존심을 아직 다 떨치기 어렵다. 그것이 비록 비이성적인 환상적 관계라고 해도 그들은 서로 오랜 혈맹이므로, 고작 치료 시간의 짧은 면담으로 치료자가 개입하여서 꿈속에서조차 그 관계를 단절시키기는 어렵다.

하지만 현실 생활에서는 충분히 교정이 가능하다. 오로라 양도 조만간 오빠를 잃는 것에 대해 꿈속에서는 슬퍼하지만 현실에서는 오빠의 전비를 그만 용서하고 싶은 마음도 들고, 좁지 않은 가슴으로 넉넉히 관용할 수 있는 정도로 이미 치료가 진행되어 있다.

12. 본심

몇 년 전에 사귀던 남자 친구와 그의 여자 친구, 그리고 나 셋이서 잠을 자게 되었다.

내가 남자의 옆에서 자는데 그가 나의 몸을 만지려고 하여서 소리를 지르니까 그가 나를 꼬집고 정신적으로 학대하였다.

내가 도망갈 기회를 노리고 있는데 창 밖에 시커먼 그림자가 왔다갔다하여서 그가 좇아 나가서 다른 남자를 혼내 주었다.

그사이에 나는 도망을 쳐서 옆방으로 갔는데 돈이 적어서 도망가기 어려웠다. 그때 남자 친구가 다시 나타나서 그만 놔줄 테니까 도망을 가라 하여서 그의 방에서 벗어났다. 그러다가 내가 그에게 안겼다. "나를 이제까지 학대하고 괴롭힌 것은 오빠의 본심이 아니라고 알고 있어서 절대로 오빠를 떠나지 않겠다."고 내가 약속을 하였다.

오라 양은 이 꿈속에 등장한 남자 친구가 바로 친오빠를 상징하고 그의 여자 친구는 새언니 후보를 뜻하는 것으로 쉽게 해석하였다. 그 세 사람이 한 방에서 누워 자는데 그녀가 오빠 옆에서 잔다. 그것이 새언니를 밀어내려는 그녀의 소원이다.

그런데 옆에 누운 오빠가 그녀를 만지려 하고 그녀가 거부하면 정신적으로 학대한다. 그녀를 병나게 했던 바로 그 정신적 학대의 정체는 바로 그녀 자신이 느끼는 고통으로서 무의식적 갈등이다.

그녀가 먼저 어린 시절처럼 오빠 곁에 눕기를 바라고 있지만, 이제 서로 어른이 되어서는 그 이상 오빠 곁에 가까이 가서는 안되므로 차라리 매를 맞는 것이 낫고, 그러면 몸과 마음이 아파질 수밖에 없는데 이 모든 것이 학대받는 것처럼 고달프다.

물론 그녀의 이 심각한 갈등이 생성되기까지 오빠 자신의 갈등도 한 몫을 하였으리라고 추정은 할 수 있다.

이제까지 그녀의 근친상간적 욕구만 토론되었는데 그녀를 학대하는 오빠의 이면에 오빠 자신의 근친상간적 욕구에 대하여는 다룬 적이 없었다. 하지만 오빠가 보기에 나날이 예뻐지고 여성미가 짙어져 가는 성숙한 여동생은 자기도 모르게 근친상간적 욕구를 자극하고 그것에 대한 자신의 무의식적 방어로서 그녀를 거칠게 구타하는 등의 학대를 자행해 왔을 가능성도 있다.

이보다 심하면 오빠는 어느 남자도 감히 그녀에게 접근하지 못하게 철저히 막고, 그녀 역시 집밖으로 나다니지 못하게 가두어 두고 감시하면서 그녀를 혼자만 감상하려는 욕심을 부릴 수도 있다. 이런 일은 남매지간 뿐 아니라 부녀지간에도 일어난다. 딸에 대한 오이디푸스 갈등이 심각한 아버지가 자신의 딸을 이렇게 다루는 경우도 있는 많이 것이다.

그녀는 서둘러 오빠에게서 도망가려 한다. 창밖에 나타난 그림자가, 겨우 그림자이지만 희망이다. 그런데 오빠가 쫓아 버린다.

그녀는 옆방에서 탈출 자금을 찾지만 부족하였다. 이것은 실제 상황으로서 그녀는 돈을 더 모아서 현재 사무실로 쓰고 있는 오피스텔을 더 넓은 곳으로 옮겨서, 그 안에다 아예 거주 공간을 갖추려고 하였다. 무엇보다도 먼저 집과 오빠로부터 지리적으로 완전히 독립하기를 원하는 것이었다.

그런데 새로운 상황이 닥친다. 자금 부족으로 도망가기를 포기한 마당에, 오빠가 순순히 그녀를 놔주겠다고 한다.

오빠에게는 새 여자가 생겼으니 당연한 일이다. 그녀는 쓸쓸히 쫓겨 나오다가 돌아서서 오빠에게 애원을 한다.

"오빠도 본심으로 나를 좋아하였고, 나도 오빠를 떠나고 싶지 않아!"

그러면서 그녀가 먼저 오빠에게 안겼다.

이제는 그녀가 도망갈 수가 있는데 자기 스스로 도망치지 않는다는 것도 알았다. 오히려 그녀를 찾아오는 남자를 그가 혼내도록 방조한 형편이고, 결국은 다시 오빠에게 돌아가고 싶은 유아적 소망이 또다시 명백하게 드러났다. 치료 과정은 항상 이렇게 같은 문제가 끝없이 되풀이되면서 아주 조금씩 변하는 게 보통이다.

오로라 양은 이때쯤에 벌써 이런 해석에 대해 크게 저항감을 가지지 않고 쉽게 수용하였다. 그녀가 이런 해석을 수용할 만큼 치료 도중에 무의식이 성장하였으므로 해서 이런 해석을 낳는 명백한 꿈을 꿀 수 있는 능력도 있는 것이다.

게다가 그녀의 꿈속에서 무의식이 선명하게 보이는 것과 마찬가지로 실생활에서는 의식이 훨씬 더 활기차고 밝아지고 있었다. 이제까지 그녀를 괴롭혀 온 알 수 없는 막연한 공포로부터 점차 벗어나기 시작한 것이다.

하지만 오로라 양은 우연한 기회에 적당히 넓은 오피스텔을 새로 구해서 집으로부터 서둘러 독립해 나갔다. 아마도 그녀는 아직 그녀의 일상적인 세계에서 자신이 오빠를 무의식적으로 혹은 본심으로 좋아한다는 것을 절대로 용납할 수 없었을 것이다.

현실적으로 오빠가 배신하고 떠나는 마당에, 그녀만 뒤에 남아서 뜸북새처럼 슬피 울며 오빠를 생각한다는 것이 그 얼마나 자존심 상하는 일인가? 그녀는 차라리 치료받기 전이나 마찬가지로 오빠를 증오하면서 오빠보다 먼저 집을 나가는 것을 택한 것이다. 그것이 곧 그녀의 무의식 속에서나 의식 속에서나, 병원에서 치료를 받아야 할 정도로 아주 허약한 그녀의 마지막 자존심을 보호하는 길이라고 생각한 것이다.

치료자는 이때 그녀에게 오빠에 대한 정상적인 사랑을 권하였다. 그녀가 먼저 의식적인 증오를 떨치고 남매간의 의좋은 사랑을 다시 시작하기를 권하는 것이다. 반대로 두 사람이 몹시 위험하니 평생 아주 멀리 떨어지라고 권한다면 그녀는 평생 불행한 순교자가 될 뿐이며 병은 결코 낫지 않는다.

하지만 치료 과정 도중에 일시적으로 거처를 바꾸어서 오빠와 한동안 떨어져 사는 것은 그녀가 시달려 온 오빠에 대해 위협을 덜면서, 오빠와 자신에 대한 객관적인 감정을 검증할 수 있는 치료적 기회가 될 수 있어서 도움이 된다.

13. 송아지

꿈속에서 영화를 보았다. 영화가 상당히 길었다.

어린이들의 데모 군단이 경찰과 패로 나뉘어 싸운다. 어린아이가 본래 정의파이다. 그런데 나를 닮은 슈퍼 우먼(SUPER WOMAN)이 나타나서 어린아이들을 총으로 다 쏴 죽였다.

영화가 끝나고 집으로 돌아가는 길에 송아지를 타고 집에 돌아갔다. 영화 속의 애마 부인이 말을 탄 것처럼 흥분되는 기분이 들었다.

집 앞에서 송아지가 집에 들어가지 않으려고 고집을 피웠다. 동네 가게 아줌마들이 송아지를 달래서 집안으로 들어가니까 식구들이 모두 좋아하였다.

오로라 양은 어렸을 때에 살던 시골집에서 송아지를 기르다가 팔아 버렸는데, 그날 저녁 송아지가 어떻게 저절로 집으로 돌아와 있어서 송아지 때문에 기분이 좋았던 추억이 있었다.

꿈속에서 영화를 보는 것은 꿈속에서도 또다른 꿈을 꾸는 것이다. 꿈속의 어린이들은 본능(ID)를 상징한다. 그들은 데모 군중처럼 봉기하여 도전한다.

그들을 막는 경찰은 초자아(SUPEREGO)이다. 그런데 어린아이가 정의파로 나온다. 본능 혹은 리비도가 심정적으로 가까운 것이기 때문이다.

그런데 꿈속의 그녀 자신은 본능과 초자아의 중간 조절자인 자아(EGO)인데 갑자기 슈퍼 우먼으로 변신을 하여서, 즉 초자아의 편을 들어서 자신의 본능을 쓸어버린다.

그것이 그녀가 집으로 마음 편히 돌아가는 전제 조건이다. 오빠에 대한 본능까지도 쏴 죽인 것이다.

그녀는 돌아가는 길에 송아지에 올라탔다. 어릴 때 집 나간 송아지를 그녀 손으로 다시 잡아오는 듯한 기분이다.

그런데 그 송아지가 그녀를 성적으로 흥분시켰는데 바로 근친상간적 욕망을 의미한다. 다만 송아지는 아직 어려서 남성으로서는 위협이 되지 않는데 바로 어린 시절의 오빠를 뜻한다.

그녀는 말 안 듣는 오빠를 잘 구슬려서 집으로 끌고 가는 그녀의 숨겨진 소원을 꿈속에서 충족하는 것으로 해석이 된다.

소는 농사를 지어 온 우리 민족에게 아주 친근한 동물이다. 백정촌에서는 소를 옥황상제의 아들로서 매우 신성하게 생각하며 소를 죽이는 것은 상계로 돌려보내는 것이라고도 한다.

치료자가 본 여러 꿈에서의 소는 근친상간적 의미가 많았는데 흔히 아버지를 상징하였다. 우람한 체격과 쇠뿔이 고집스러운 아버지를 상징하기도 하고, 또한 부지런히 밭일도 하고 때로는 게으름도 피우는 소의 행태가 마치 우리 나라 농촌의 전통적 부성을 그대로 닮기도 한 것이다.

흔히 목동이 소를 타고 피리를 불면서 노는 그림은 우리 나라 풍류 그림으로서 익숙한 것이다. 소는 당시의 큰 재산이었고 한 마리만 옆에 있어도 남부러울 게 없었다.

그리고 우리 나라 웬만한 명산 사찰의 사방 벽면에 빙 둘러진 그림으로 전해져 오는 십우도(十牛圖)라는 것이 있다.

십우도는 한 소년의 일생을 열 장의 그림으로 표현한 것이다. 첫 장에서 소년은 무작정 출가를 하여 산으로 올라간다. 소년은 산중에서 커다란 소의 종적을 발견하고 부지런히 쫓아가 소의 꼬리를 잡는다.

쇠꼬리를 잡고 씨름을 하여 겨우겨우 소를 잡게 된다. 그후 소년은 소의 등에 올라타고 소를 마음대로 부리며 금의환향하듯이 천천히 산을 내려온다.

그런데 집으로 돌아오는 도중에 산길 위에서 소의 색깔이 변한다. 본래 검은 소였었는데 어느새 하얀 소로 탈색이 되어 있다. 그러다가 점차로 소의 형상마저도 사라진다.

색즉시공(色卽時空)일까?.

소년은 소를 잃고서 비로소 깨달음을 얻는다.

뒤이어서 소년은 바로 자기 자신마저도 잃어버린다. 소년은 삿갓을 눌러쓴 채로 속세로 상징되는 자기 집을 그냥 지나쳐 간다.

이 십우도에서 사라진 소를 가리켜서 사람들은 세속적 야망이라고 하며 인간의 욕심은 한갓 물거품 같은 것이라는 뜻으로 해석한다.

더러는 이 소를 도(道)라고도 하며, 그것이 바로 도이기 때문에 인간이 잡을 수도 없고, 그래도 일단 잡았으면 다시 빨리 버려야만 진정한 도를 깨달을 수 있다고도 한다.

신경정신과 의사 중에서는 이 소를 리비도라고 설명하는 사람도 있는데 때로는 가장 현실적으로 꿈의 해석에 이용이 된다.

어쨌든 십우도의 소년과 달리, 그녀는 아직도 고집스런 소에 올라탄 채로 집으로 돌아가려고 하고 있다. 그것이 아무리 그녀의 소원이라도 그것은 마치 미국의 로데오 경기, 즉 날뛰는 들소의 등에 오래 매달리기 경기에 나선 카우보이 여자처럼 위태하기 짝이 없는 것이다. 빨리 소의 등에서 뛰어내려야 한다.

물론 그녀의 현실은 다행히 꿈과 반대였다. 꿈에서나 소원을 충족하고 대신 현실에서는 오빠에 대해서 공포를 느끼고 몸을 사리고 있다. 아니 그 이상으로 적개심을 가지고 있다.

물론 그녀가 실생활에서 오빠에게 지나친 증오를 가진 것도 이런 꿈을 완전히 털어 버려야 해결이 가능하다.

14. 뱀 잡기

얼마 전에 실내 장식 설계를 맡았던 어느 부잣집 부인 여자의 아파트에서 그 여자의 딸과 어떤 남자, 즉 그 여자의 남편하고 그 아파트의 베란다에 있었다.

그런데 베란다에 뱀이 있었다. 내가 물린 것 같았다.

남자가 뱀을 잡는다고 하더니 역시 물리고 말았다.

그 집 딸은 어딘가에 숨어 있었다. 애 엄마가 나타나서 그것도 못 잡냐고 하면서 딸애를 야단쳤다.

오로라 양은 그 부잣집 부인에게서 아파트 실내 장식 일을 맡았었다. 그런데 공사하는 도중에 그집 남편을 직접 보지는 못했고 그 남자의 사진만 보았는데 괜찮은 얼굴이었고 그 가정이 상당히 행복해 보였다.

그런데 꿈속에서 그애 엄마가 그애를 야단치는 것은 그녀를 야단치는 것처럼 눈치가 보였다고 하였다.

베란다의 뱀은 바로 그녀 자신이다. 남의 남자를 탐내는 사악한 마음 때문이다. 남자가 베란다에 나가서 뱀을 잡는다는 것은 베란다의 정사를 뜻한다. 그녀의 미모에 당연하게 남자가 유혹해 오는 꿈이고 그래서 그녀는 꿈속에서 그 남자를 깨문다.

행복해 보이는 그 가정의 유부남을 주인 몰래 훔치고 나니 그녀는 죄책감을 가진다. 그래서 그녀는 주인 여자에게 야단을 맞을 차례가 되었다. 애 엄마는 딸애에게 왜 아빠를 지키지 못했는가 야단치는데 책임은 그녀에게 있다.

그 남자는 어쩌면 집주인이 아니라 유부남인 치료자가 될 수도 있다.

그녀의 불우한 가정과 비교되어 한 가정을 행복하게 이끄는 믿음직한 그 남편은, 아마도 그녀에게 따스한 부성을 베풀어 줄 수 있는 남자를 찾아 그 사람에게 의존하고 싶은 욕구를 불러 일으켰다고도 볼 수 있다.

그녀의 실제 부친은 전혀 그녀를 보호해 주지 못했고 결코 심정적인 지지자도 못되어서 이제까지 그녀에게 원망만 사고 있는 형편이었던 것이다.

15. 정신 병원

나는 정신 병원 침대에 누워 있었다.

선생님이 들어와서 운전 시험 이론을 가르쳐 주었다.

제대로 가르쳐 주지 않았던지 나는 잘 이해가 되지 않았다.

선생님이 그만 간다고 인사하는데 나는 책만 보면서 쳐다보지를 않고 화를 내고 있었다.

창 밖에 낡고 작은 코란도가 지나가고 뒤이어서 크고 새차인 갤로퍼가 지나갔다.

내가 어느 차를 살까 하고 망설이니까 선생님은 "젊은 사람에게 낡은 차도 괜찮다"고 하였다.

나는 헌차를 타고 한바퀴 돌았다.

내게 무슨 〈마음의 병〉 있는 것처럼 느낄 만큼
알 수 없는 사람이 되어
그대 외려 나를 점점 믿지 못하고
왠지 나를 〈그런 쪽〉에 가깝게 했소?
나의 잘못이라면 그대를 위한
내 마음의 전부를 준 것뿐인데
죄인처럼 그대 곁에 가지 못하고
〈남이 아닌 남〉이 되어 버린 지금에
기다릴 수밖에 없는 나의 마음은
퇴색하기 싫어하는 희나리 같소.

——바로 이것이 의처증 환자들의 변명이다.

십여년 전에 발표된 대중 가요 〈희나리〉는 여러분 누구나가 다 따라 부를 수 있을 만큼 대단한 성공을 거두었다. 그런데 이 노래의 가사를 유심히 보면 치료자의 직업 의식으로서 그냥 넘기지 못할 대목들이 군데군데 보인다. 치료자가 대중예술을 쫓아다니며 분석하고 싶지는 않지만 기왕에 귀에 들려 온 노래이니 저절로 관심이 갔다.

이 노래를 그냥 훑어보면 단지 한 남자가 유별난 사랑을 했는데 좀 지나쳤고 여자가 무정하게도 그를 거부하고 떠나가서 단념하지 못하는 남자 마음이 아련하게 아프리라는 추측이 든다.

그러나 좀더 냉철히 살펴보면 여자가 남자에게 어떤 마음의 병이 있다고 생각했으며 남자는 그것을 인정하지 못하고 변명만 한다. 남자는 단지 세심했다고 하는데 여자는 구속이라고 했고 남자는 전부를 주었는데 여자는 믿지 못하고 결국에는 이혼에 이르러 남이 아닌 남이 되었다.

남자가 사랑이라고 주장했지만 받는 쪽에서는 괴로운 구속이라고 항변하는 마음의 병은 십중팔구 의처증이다.

45) 의처증의 발견

의처증은 대개 배우자가 아니면 그 사람에게 그런 병이 있는지조차 알기 어렵다. 설령 부모라고 해도, 혹은 아무리 오래 사귀어 왔던 친구라고 해도 직접 당해 보기 전에는 알 수 없다. 그러나 일단 배우자가 되어 같이 산다면 결혼 초기부터 쉽게 드러나는 것이 또한 의처증이다.

첫날밤부터 여자에게 솔직히 고백하면 모든 것을 용서하겠으니 지나온 과거를 다 고백하라 하고 집요하게 캐묻는 남자, 집들이를 마치고 나서 남자 자신이 초대한 손님 중에 누구를 보고 부인이 왜 웃었느냐고 따지는 남자, 저녁 일찍 돌아와 부인이 보낸 하루 일과를 꼬치꼬치 캐묻기 시작하는데 밤 열두시가 넘어도 그칠 줄 모르고 심문하는 남자, 이런 남자가 바로 의처증이다.

그런데 이런 일들은 두 사람만의 공간 안에서 일어나는 내밀한 것이라서 그런 기막힌 일을 당하고 사는 배우자의 입을 통해서가 아니면 그 사람의 증세가 좀체 밖으로 드러나지 않는 것이다. 급기야 결혼이 깨질 위기에 처해서 배우자 입을 통해 조금씩 일가 사람들에게 알려지는 정도이다.

반대로 주위의 많은 사람들에게서 의처증으로 의심받는 사람은 대개 단순한 의처증이 아니라 정신분열병이다. 정신분열병이나 뇌 손상 환자들은 사리 판별력이 부족해서 자신의 의심을 배우자가 아닌 다른 사람에게 직접 캐물어서 확인하려 든다.

이를테면 자기만의 망상으로 인하여 아무 장소를 찾아가 부인이 다른 남자와 같이 왔었는지 탐문을 하거나, 직접 아무개 남자를 찾아가 나의 부인과 동침하지 않았느냐고 따지게 된다.

그렇게 되면 금방 환자라는 소문이 나고 많은 사람들이 그가 병적이라는 것을 알고 멀리하게 된다. 이런 것도 역시 의처증 증상이기는 하지만 정신분열병에 따르는 여러 증세, 환청이나 피해망상 등에 동반한 것이라서 병명으로서는 의처증이 아니라 정신분열병이다.

46) 의처증 환자의 행동

그런데 이 의처증 환자치고 자신이 의처증이라고 시인하는 사람은 극히 찾아보기 힘들다. 바로 희나리의 가사같이 자신의 전부를 주었고, 세심했고 등으로 끝까지 변명을 할 뿐이다. 그들은 자신을 이해받지 못한 희생자로 생각하고 배우자만 탓을 한다.

그들은 왜 배우자가 자상하게 의심을 풀어 주기보다는 의처증이라고 몰아붙이고 그래서 또 더욱 의심하게만 하는지 되려 묻는다. 그러나 의처증 환자를 안심시킬 수 있는 배우자는 극히 드물다. 아무리 배우자가 노력해도 병적인 의심은 계속해서 꼬리를 물고 적당한 선에서 그칠 줄을 모른다.

결국 배우자는 해명을 하다가 지치고 만다. 심지어는 남편의 끈질긴 심문이 지겨워서 거짓으로 부정을 시인하기도 하는데 그러면 이제까지의 의처증 증세에 기름을 끼얹는 격으로 더욱 불이 붙는다. 마침내 배우자가 포기를 하고 결혼 생활은 파국을 맞는다.

이때 자신의 친어머니까지 나서서 그에게 공연한 의심을 풀라고 아무리 설득하여도 소용없다. 온 가족이 모여서 그를 설득하고 정신과적인 치료를 받아보게 하려 해도 애당초 그 자신의 불신의 벽을 넘어서기가 어려우니 치료받는 태도가 소극적이고 치료 결과도 만족스러울 수가 없다.

반면에 의부증은 의처증과 성별만 반대인데도 더러 환자 자신이 자신의 증세를 일찍 시인하고 성공적인 치료에 이르기도 한다. 사내라고 부모들이 너무 제고집대로만 키워 놓았으니 이제와서 혼자 생각으로 병이 난 다음에 아무도 말릴 수가 없는 것이다. 하지만 겸손하게 자라난 여자는 의부증이 생겨도 좀더 주위 사람의 설득을 쉽게 받아들이고 자기 치료에 협조를 잘하는 편이다.

결론적으로 이미 희나리가 되어서 사랑하던 사람과 남이 된 사람은 본인은 퇴색하기 싫어해도 어쩔 수 없이 퇴색할 수밖에 없는 운명이다. 자신을 고쳐보려는 일말의 노력도 없이 그냥 계속 자기 주장만 하고 변명만 하는 상태에서 다시 돌아올 여자는 없다. 설령 다른 여자를 만나 다시 결혼을 해도 또다른 불행을 자초할 뿐이다.

47) 이혼한 후에

이혼후에 아버지에게 남겨진 아이들이 당하는 고통은 그의 친어머니는 나한다. 즉 그녀는 자신의 꿈을 이해하고 자신의 무의식적인 행동까지 충분히 이해할 수 있게 되어 갔던 것이다. 그리고 겉으로 보기에도 많은 자신감을 찾았다.

하지만 그녀는 여전히 자신의 치료가 늦다고 생각하고 있었고 그것은 그녀의 뿌리깊은 열등감에서 비롯되었다. 그 열등감은 마치 남의 둥지에 들어간 뻐꾸기 알처럼, 그녀가 일찍이 집안에서 충분한 사랑을 받지 못했기 때문이기도 했다.

그녀에게 꾸준한 관심을 보여 그녀의 자의식을 검은 뻐꾸기 알에서 하얀 백조의 알로 격상시키는 것이 치료자의 목표다.

그런데 그녀의 자체 해석에서 아직도 항상 미숙한 것은 전이 해석이다. 그녀는 지난 시간까지도 점차 깊어만 가는 치료자에 대한 성애적 전이의 꿈을 보였었다. 그리고 이 꿈에서도 치료자에게 뻐꾸기 알같이 버림받지 않을까 염려하는 모습을 보이고 있다.

치료자에 대한 이 간절한 전이 감정의 뿌리는 역시 오빠에게서 온 것이고 그녀가 이제까지 오빠를 절실히 원했던 바로 그만큼 지금은 치료자를 원하고 있는 것이라고 가르쳐 주었다.

그리고 바로 이 절실함이 그녀의 마음속에서 어느 정도 용해되고 수위가 적절히 조절되어야 치료는 끝난다. 그렇지 않으면 그녀는 장차 다른 남자를 만나자마자 사랑이라기 보다는 다시 절실한 전이 감정 속으로 쉽게 빠지기 쉽다. 바로 그와 같은 경우를 초조해 양의 경우에서 이미 한 번 보았다.

17. 영혼의 치료자

달리는 차창엔 녹색 아지랑이가 흐물거리고
풋내 나는 삼월이 네모나게 들어와 있었다

눈뜨면 아련하게 가슴으로 스미는 아픔들
눈감으면 죽음으로 느껴지는 어두움
노래하면 모래 바람처럼 흩어지는 희망들

날마다 넘어지고 쓰러지다 야위어진 나는
잠속으로 들어가
감독도 각본도 없는 삼류 영화의 주인공이 되어
꿈이라는 무대에 서고
잠에서 나와
지혜로운 다섯 처녀가 신랑을 기다리듯
그와의 사랑의 대화를 준비한다

눈뜨기에도 겨워 허공을 내젓던 나는

눈부신 태양과 날으는 새에도 초점을 맞추고
그는 어느새 내 안에 들어와 내가 되었다
그가 내 안에서 불을 놓으면 나는 화살 맞은 에로스
그가 내 안에서 만나를 넣어 주면 나는 새살 돋는 아가
그 앞에서 수줍게 옷을 벗는 나는 다시 버려질 접시

내 안의 그가 떠나 버리고
내 안에 나만 껍질처럼 남겨질 때
무엇으로 내 안의 나를 다시 채울 수 있으리

조그만 가슴으로 쓸어안기에 벅찬 아픔들을
지나가는 가로수에 묻혀 세월 뒤켠으로 여행 보내고
처음 사랑으로 설레임과 두려움으로 학습한 진리의 씨앗들만을
가슴에 심고 나누리

돌아오는 차창엔 서늘한 햇빛 한 장과
옷 벗은 여름들이 다시 널려 있었다.

(달리는 전철 안에서－오로라 양의 시)

오라 양은 그녀의 실제 생활에서는 이전에 보여준 꿈에서처럼 치료자에 대한 전이 감정으로 고민하는 일이 없다고 하였다. 그것은 다행한 일이다. 그것은 마치 그녀가 오빠에 대한 꿈속의 애정 때문에 실생활에서 고민하는 일은 없고, 다만 현실적으로 오빠에게 증오만 가진 것과 마찬가지이다.

그렇다면 차라리 그녀는 치료자에게도 오빠에게서 느껴지던 좌절과 증오를 가졌을지 염려되지 않을 수 없다.

그녀는 치료 시간을 끝내고 자리에서 일어나다 말고 그녀가 적어 온 시 한 편을 치료자에게 주고 진료실 밖으로 나갔다. 바로 앞에 소개한 "영혼의 치료자" 이다.

시 역시 꿈이나 마찬가지로 분석 대상이다. 하지만 꿈과 다른 것은 꿈의 감정이 거의 전적으로 무의식적인 것인데 반하여, 시의 정서는 이차적인 것으로서 무의식적 감정을 건강하게 의식 세계로 끌어올려 보다 이성적인 감정으로 승화시킨 것이다.

시의 도입부에는 세상 바깥에 봄이 왔어도 그녀의 마음속은 여전히 공허한 겨울인 것을 노래했다. 그리고 이제까지의 실패를 극복하기 위해 잠을 자는데 그것은 마치 지혜로운 다섯 처녀처럼 부지런히 새날을 준비하는 것이다.

치료자의 도움으로 그녀가 다 자라서 이제 치료자와 일대일로 성장을 하고 나니 그것은 또다시 이별을 뜻한다. 그래서 추억만 남기고 집시처럼 떠나는데, 드디어 여름이 오면 옷을 벗고, 즉 이제까지의 성적 억제를 풀고 스스로 일어서겠다는 의지가 있다.

18. 미리 하는 후회

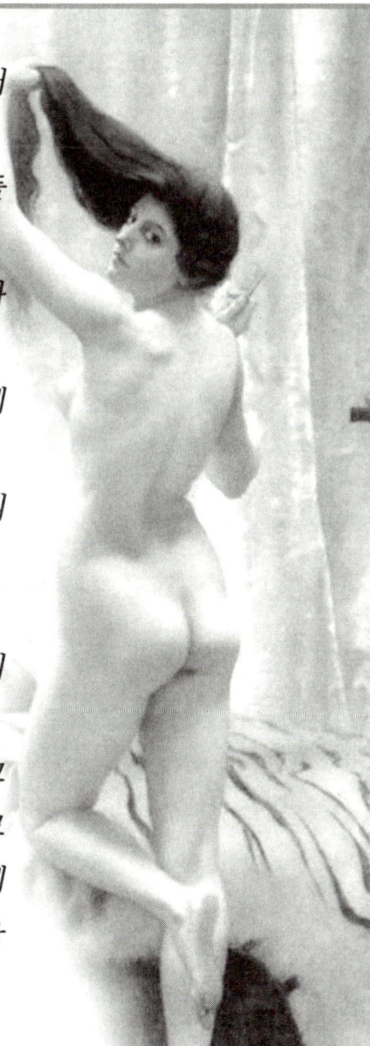

친구들과 강원도 해변 어디로 놀러 가서 놀았다.

그런데 전쟁이 나서 공산당이 쳐들어 왔다.

우리를 가스실 같은 곳에 수용을 하고 총부리를 들이댔다.

우리를 다 죽일지 몰라서 떨고 있는데 곧 죽인다는 이야기가 들려 왔다.

그런데 어떻게 죽지 않고 해방이 되었다.

밖에서 해방의 깃발이 보였다.

장면이 바뀌어 거울을 보면서 머리를 내 손으로 숏커트로 자르고 있었다.

친구들은 숏커트가 어울릴 것이라고 말했지만 나는 머리가 짧게 잘라진 모습을 보고 울었다. 머리 모양도 마음에 안 들고 어떻게 기른 머리인데 하며 울었다.

오로라 양은 지난번에 가져온 시에서 여름이 오면 달라질 것이라고 예고하고 있었다. 치료자로부터 집시처럼 떠나고 대신 남들처럼 활발하게 여름을 즐길 것이라는 암시였다.

그녀는 친구들과 경포대로 여름 휴가 여행을 떠난 것으로 연상하였다. 그리고 그곳에서 공산당의 총부리에 위협을 받는데 그것은 낯선 남자의 성기를 의미한다.

가스실은 목욕탕처럼 밀폐된 공간을 의미하고 또한 숨막히는 긴장이 기다리고 있다. 이 장면에서 낯선 사람들이 그녀들을 죽이는 것은 성관계를 이루는 것이다. 그래서 그녀들은 실제로 죽지 않고 다시 살아 돌아오는 것이다.

그런데 바로 거기에 이제까지 그녀가 억눌러 온 그녀만의 성을 마침내 해방하고 싶은 소원이 담겨져 있다.

하지만 이제까지 지켜 온 순결을 그렇게 쉽게 포기하는 것은 수년간 곱게 가꾸어 온 긴 머리를 자르는 것과 같이 너무나 큰 변혁이며 생각보다 서러운 것이다. 누가 뭐라고 아무리 위로를 해도 후회가 된다.

그래서 그녀는 현실 생활에서 도저히 그렇게 순결을 함부로 포기하지는 못하겠다는 것이 바로 이 꿈의 결론이다.

오로라 양은 이때부터 약 한 달 정도 지나서 치료를 종결하였다. 그녀가 남긴 시 "영혼의 치료자" 에 쓰여진 것처럼 한겨울의 공허로운 가슴으로 찾아와 참으로 열심히 치료를 받았었다. 마치 지혜로운 다섯 처녀의 몫을 혼자서 다하는 부지런한 성의가 엿보였다.

화창한 봄을 지나서 초여름부터 그녀는 떠나는 것을 벌써 걱정하고 아쉬워

하였는데 때로는 뻐꾸기 알처럼 고민하였다. 결국 그녀는 떠날 준비를 스스로 마치고 치료자의 때 이르다는 만류를 뒤로 하며 여름이 다되어 훌훌 날아서 떠나갔다.

어쩌면 이미 떠날 때가 무르익었다는 그녀의 감각적인 판단이 치료자의 판단보다 정확할 수 있다. 이제까지 치료자가 먼저 알던 그녀의 무의식 속에 숨겨진 비밀을, 이제 그녀 자신도 깨닫게 되었고 따라서 그녀 이상으로 그녀 자신을 잘 알 수 있는 사람은 없어진 것이다.

오로라 양의 치료는 치료자가 처음에 기대하던 이상으로 이루어졌지만, 나중에 치료자가 수정한 목표만큼은 채 이루어지지 못했다. 하지만 나머지 미진한 구석은 그녀 스스로 한여름의 짙은 녹음으로서 어렵지 않게 채울 것이라고 기대해 본다.

4장

짝 잃은 외기러기

희나리 씨의 경우

〈희나리〉

사랑함에 세심했던 나의 마음이
그렇게도 그대에겐 구속이었소?
믿지 못해 그런 것이 아니었는데
어쩌다가 헤어지는 이유가 됐소!
내게 무슨 〈마음의 병〉 있는 것처럼 느낄 만큼
알 수 없는 사람이 되어
그대 외려 나를 점점 믿지 못하고
왠지 나를 〈그런 쪽〉에 가깝게 했소?
나의 잘못이라면 그대를 위한
내 마음의 전부를 준 것뿐인데
죄인처럼 그대 곁에 가지 못하고
〈남이 아닌 남〉이 되어 버린 지금에
기다릴 수밖에 없는 나의 마음은
퇴색하기 싫어하는 희나리 같소.

몇 년 전에 발표된 대중 가요 〈희나리〉는 여러분 누구나가 다 따라 부를 수 있을 만큼 대단한 성공을 거두었다. 그런데 이 노래의 가사를 유심히 보면 치료자의 직업 의식으로서 그냥 넘기지 못할 대목들이 군데군데 보인다. 치료자가 대중예술을 쫓아다니며 분석하고 싶지는 않지만 기왕에 귀에 들려 온 노래이니 저절로 관심이 갔다.

이 노래를 그냥 훑어보면 단지 한 남자가 유별난 사랑을 했는데 좀 지나쳤고 여자가 무정하게도 그를 거부하고 떠나가서 단념하지 못하는 남자 마음이 아련하게 아프리라는 추측이 든다.

그러나 좀더 냉철히 살펴보면 여자가 남자에게 어떤 마음의 병이 있다고 생각했으며 남자는 그것을 인정하지 못하고 변명만 한다. 남자는 단지 세심했다고 하는데 여자는 구속이라고 했고 남자는 전부를 주었는데 여자는 믿지 못하고 결국에는 이혼에 이르러 남이 아닌 남이 되었다.

남자가 사랑이라고 주장했지만 받는 쪽에서는 괴로운 구속이라고 항변하는 마음의 병은 십중팔구 의처증이다.

의처증은 대개 배우자가 아니면 그 사람에게 그런 병이 있는지조차 알기 어렵다. 설령 부모라고 해도, 혹은 아무리 오래 사귀어 왔던 친구라고 해도 직접 당해 보기 전에는 알 수 없다. 그러나 일단 배우자가 되어 같이 산다면 결혼 초기부터 쉽게 드러나는 것이 또한 의처증이다.

첫날밤부터 여자에게 솔직히 고백하면 모든 것을 용서하겠으니 지나온 과거를 다 고백하라 하고 집요하게 캐묻는 남자, 집들이를 마치고 나서 남자 자신이 초대한 손님 중에 누구를 보고 부인이 왜 웃었느냐고 따지는 남자, 저녁 일찍 돌아와 부인이 보낸 하루 일과를 꼬치꼬치 캐묻기 시작하는데 밤 열두시가 넘어도 그칠 줄 모르고 심문하는 남자, 이런 남자가 바로 의처증이다.

그런데 이런 일들은 두 사람만의 공간 안에서 일어나는 내밀한 것이라서 그런 기막힌 일을 당하고 사는 배우자의 입을 통해서가 아니면 그 사람의 증세가 좀체 밖으로 드러나지 않는 것이다. 급기야 결혼이 깨질 위기에 처해서 배우자 입을 통해 조금씩 일가 사람들에게 알려지는 정도이다.

반대로 주위의 많은 사람들에게서 의처증으로 의심받는 사람은 대개 단순한 의처증이 아니라 정신분열병이다. 정신분열병이나 뇌 손상 환자들은 사리 판별력이 부족해서 자신의 의심을 배우자가 아닌 다른 사람에게 직접 캐물어서 확인하려 든다.

이를테면 자기만의 망상으로 인하여 아무 장소를 찾아가 부인이 다른 남자와 같이 왔었는지 탐문을 하거나, 직접 아무개 남자를 찾아가 나의 부인과 동침하지 않았느냐고 따지게 된다. 그렇게 되면 금방 환자라는 소문이 나고 많은 사람들이 그가 병적이라는 것을 알고 멀리하게 된다. 이런 것도 역시 의처증 증상이기는 하지만 정신분열병에 따르는 여러 증세, 환청이나 피해망상 등에 동반한 것이라서 병명으로서는 의처증이 아니라 정신분열병이다.

그런데 이 의처증 환자치고 자신이 의처증이라고 시인하는 사람은 극히 찾아보기 힘들다. 바로 희나리의 가사같이 자신의 전부를 주었고, 세심했고 등으로 끝까지 변명을 할 뿐이다. 그들은 자신을 이해받지 못한 희생자로 생각하고 배우자만 탓을 한다.

그들은 왜 배우자가 자상하게 의심을 풀어 주기보다는 의처증이라고 몰아

붙이고 그래서 또 더욱 의심하게만 하는지 되려 묻는다. 그러나 의처증 환자를 안심시킬 수 있는 배우자는 극히 드물다. 아무리 배우자가 노력해도 병적인 의심은 계속해서 꼬리를 물고 적당한 선에서 그칠 줄을 모른다.

결국 배우자는 해명을 하다가 지치고 만다. 심지어는 남편의 끈질긴 심문이 지겨워서 거짓으로 부정을 시인하기도 하는데 그러면 이제까지의 의처증 증세에 기름을 끼얹는 격으로 더욱 불이 붙는다. 마침내 배우자가 포기를 하고 결혼 생활은 파국을 맞는다.

이때 자신의 친어머니까지 나서서 그에게 공연한 의심을 풀라고 아무리 설득하여도 소용없다. 온 가족이 모여서 그를 설득하고 정신과적인 치료를 받아보게 하려 해도 애당초 그 자신의 불신의 벽을 넘어서기가 어려우니 치료받는 태도가 소극적이고 치료 결과도 만족스러울 수가 없다.

반면에 의부증은 의처증과 성별만 반대인데도 더러 환자 자신이 자신의 증세를 일찍 시인하고 성공적인 치료에 이르기도 한다. 사내라고 부모들이 너무 제고집대로만 키워 놓았으니 이제와서 혼자 생각으로 병이 난 다음에 아무도 말릴 수가 없는 것이다. 하지만 겸손하게 자라난 여자는 의부증이 생겨도 좀더 주위 사람의 설득을 쉽게 받아들이고 자기 치료에 협조를 잘하는 편이다.

결론적으로 이미 희나리가 되어서 사랑하던 사람과 남이 된 사람은 본인은 퇴색하기 싫어해도 어쩔 수 없이 퇴색할 수밖에 없는 운명이다. 자신을 고쳐보려는 일말의 노력도 없이 그냥 계속 자기 주장만 하고 변명만 하는 상태에서 다시 돌아올 여자는 없다. 설령 다른 여자를 만나 다시 결혼을 해도 또다른 불행을 자초할 뿐이다.

1. 길 잃은 아이

나는 꿈속에서 어린아이였고 집에 가는 길이었는데

길을 잃었다. 자꾸 집이 아닌 다른 길을 가고 있었다.

마치 시장 길 거리 같았다.

나는 엄마를 찾아보려 했지만 엄마를 찾을 수 없었다.

나는 울다가 깨었다.

머뭇거리면서 진료실에 들어선 희나리 씨는 이제 삼십대 후반의 깔끔한 남자였다. 그는 단지 두통과 피로감을 호소했다. 그리고 그 자신이 두통의 원인이라고 생각하는 그의 과중한 스트레스에 대하여 장황하게 늘어놓았다.

치료자는 지나가는 말처럼 그에게 그의 가정이 위로가 되지 않는지 물어 보았고 그러자 그는 고개를 저었는데 바로 그의 가정 내에도 말못할 사정이 있어 보였다.

그에게 요즘 생각나는 꿈이 있느냐고 물었더니 한 가지를 들었다. 그 꿈은 그가 어려서부터 반복적으로 꾸어 온 것이었는데 길 잃은 아이가 혼자 우는 꿈이었다.

그는 여섯 살 이전의 아동기 기억들을 거의 회상할 수가 없다고 말했다. 어린 시절에 우울증이 있었거나 환경이 불우했던 경우, 그러니까 가능하면 잊고 싶은 슬픈 일들이 기억하고 싶은 즐거운 일보다 많은 경우에, 많은 사람들은 어린 시절에 대한 기억을 되살리기 어렵다.

그가 기억하는 사실은 어려서부터 너무나 똑똑해서 길을 잘 찾아다녔고 결코 바보처럼 길을 잃어버린 적은 없다는 것이었다.

치료자는 그에게 어머니에 대해 좀더 자세하게 물었고, 그제야 그는 자기 친어머니가 춤바람이 나서 도망을 갔는데 그가 겨우 네 살 적에 그와 어린 동생을 두고 무정하게 떠나갔다고 하였다.

그후 일 년이 못 되어 새어머니가 새로 들어와서 다시 그녀를 엄마라고 부르며 살게 되었는데 그 무렵에 그는 가끔씩 혼자서 시장에 나가 아무 목적 없이 돌아다니기도 했다고 말했다.

친어머니가 집을 나가자 그의 눈에는 친어머니가 없는 빈방이 굉장히 커 보였다고 하고, 얼마 후 새어머니가 들어오자 이제는 반대로 방이 몹시 비좁았다고 말했다.

그가 의식적으로든 혹은 무의식적으로든 집밖을 헤매 다닌 목적을 부인하였지만, 그래서 얼른 그 목적이 생각나지 않았지만 치료자에게는 그가 시장을 방황한 목적이 쉽게 보인다.

바로 그의 꿈을 통해서 보인다. 그는 친어머니를 찾아 나섰다가 찾지 못해 헤매 다닌 것이다. 친어머니가 그때까지 동네 시장에 있을 리 없지만 그가 가끔 그녀를 따라나섰던 시장 거리가 당시 어린 그에게는 친어머니를 찾을 수 있는 유일한 단서였을 것이다.

치료 첫시간에 환자의 문제점을 찾지 못하면 치료는 미궁에 빠져서 마냥 길어질 수밖에 없다. 이쯤에서 그가 고통스럽게 느끼면서 정신과 외래를 찾아온 목적을 치료자 나름의 경험으로 유추해 볼 수가 있다.

첫째는 부정적인 자기 평가와 그에 대한 과도한 보상 노력이다. 친어머니가 떠났을 때의 원인은 그녀의 바람기로 밝혀져 있다. 당시 친어머니의 사정도 있을 법도 한데 그것은 이 시점에서 밝히기 어렵다. 다만 그녀가 떠난 뒤에 그 모든 책임은 그녀에게 돌아갔을 것이다. 그것은 그가 말귀를 알아듣기 시작하는 어린 나이때부터 그의 친어머니는 나쁜 여자였다는 사실을 어른들로부터 귀가 따갑게 들으면서 자라났을 것이라는 추측으로 이어진다.

집안 어른들은 감정에 받쳐서 입에서 나오는 대로 무심코 그녀를 비난했을 뿐이었겠지만 그 결과는 그녀의 피를 물려받은 그에게 치명적인 영향을 미치게 된다. 사실 떠난 사람이야 아무리 욕을 먹어도 들릴 리가 없다. 그러나 집에 남아 있는 그는 바로 그 질 나쁜 사람의 피를 이어받은 아이이고, 그의 무의식 속에서 그 자신도 역시 똑같은 나쁜 사람으로 여겨진다.

그것이 그대로 현실화해서 그는 어른으로 커서 당연히 나쁜 사람이 될 수도 있다. 그렇다면 그것은 때와 장소를 가리지 않고 어린 그의 마음에 상처를 주며 그의 친어머니를 마구 비난한 어른들이 책임을 져야 한다. 따라서 일반적으로 말해서 어떤 이유를 막론하고 누구든지 같이 살다가 떠나간 사람이 있을 때에, 그 사람을 바로 자식 앞에서 비난하는 태도는 절대로 피해야 한다.

그러나 여기 치료실에 찾아온 그는 그렇게 비도덕적으로 보이지 않는다. 그렇다면 그는 당연히 나쁜 사람이 되려 하지 않고 반대로 더 좋은 사람이 되려고 노력했을 것이다.

친어머니는 나쁜 사람이었지만 그는 착한 일을 많이 해서 그것을 속죄해야 한다. 남보다 두 배, 세 배 노력하지 않으면 그가 비천한 여자의 출신인데도 불구하고 타인에게 쉽게 착하다는 인정을 받을 수 없다. 그것은 또한 피가 다른 새어머니로부터 자기 피붙이처럼 무조건적인 보호와 사랑을 받기 어렵다는 당연한 가정을 전제로 하고 있다. 그래서 그는 매사에 자기 관리를 철저히 하고 남보다 더 희생적으로 일을 해 왔을 수도 있다.

그런데 그것이 이 시점에서 자신의 타고난 능력의 한계를 지나쳐서 어느새 자기도 모르게 정신적인 고통을 동반하기 시작하여 결국 정신과 외래를 찾아오게 만들 수가 있다. 그런 경우에 흔히 보는 것은 주로 정신신체장애로서 건강염려증이나 공황장애 증상을 주로 호소한다.

다시 꿈으로 돌아가서 이 꿈이 과거의 꿈이 아니고 최근의 꿈이라는 점을 주안하여 살펴보자.

비록 그가 과거의 어린아이로 나타났지만 잃어버린 집이 과거의 집이 아니고 현재 그가 살고 있는 집이라고 가정해 보면, 그에게 바로 현재의 가정에 문제가 있어서 그가 꿈속에서라도 집으로 돌아가고 싶어도 못 돌아가는 것일 수도 있다.

그가 꿈속에 찾는 사람은 현재의 위기에서 그를 구해 줄, 얼굴도 잘 기억나지 않는 친어머니일 수도 있지만 또 한편으로는 그에게 친어머니 대신에 새로이 모성을 베풀어주던 사람, 즉 현재의 부인일 수도 있다.

그렇다면 그에게는 현재의 부인마저도 친어머니처럼 언젠가 그를 버리고 떠나지 않을까 염려하는 마음이 일찍부터 잠재되어 있고 그것이 증상을 만들어 왔을 수도 있다. 따라서 그의 문제는 부부간의 심한 갈등이거나 혹은 더 나아가서 의처증일 수도 있다.

희나리 씨는 중학교의 국어 선생으로서 도덕심이 유별나게 투철한 사람이었고 학교에서는 별문제가 없었다. 그는 교내에서 동료 여교사와 연애하고 마침내 결혼에 이르렀다.

그런데 결혼초에 그는 생각지 않은 부부간의 갈등을 경험하게 되었다. 그녀가 자꾸 부정한 여자로 의심되는 것이었다. 집들이를 하게 되어 동료 선생들이 찾아오자, 마침 어느 동료 남선생과 부인이 전부터 특별히 가까운 관계가 아니었는지 의심이 들었다. 두 사람이 지나치며 우연히 주고받던 말 한마디가 무슨 비밀 신호처럼 들리기도 했다.

처음에는 그들이 꼭 육체적 관계는 아니더라도 자신이 모르는 비밀스런 친분이 있었다는 의심이 들었다. 그런데 그날 밤, 밤을 새워 물어 봐도 부인이 절대로 모르는 사이라고 끝끝내 부인을 하자, 그것은 오히려 그녀가 차마 남편에게 밝힐 수 없는 육체적 관계를 실제로 그와 맺었기 때문이라고 단정되었다.

희나리 씨는 부인에게 직장을 그만두도록 강요하였다. 그녀는 내심으로 불만이었지만 남편의 의심을 덜기 위해 다니던 학교를 그만두고 이후로는 가정 살림만 하며 한 아이까지 낳았다.

하지만 그후로도 그의 의처증은 가시지 않았다. 희나리 씨는 점차 의심이 깊어져 꼬박꼬박 벌어다 주던 월급도 부인에게 맡기지 않게 되었다. 게다가 아이가 조금 크자 그의 의심을 아이를 통하여 풀려고 했다. 그러나 아이는 아직 어렸고 무섭게 심문하는 아버지에게 밀고자가 되기보다는 엄마 편이었다.

그래서 희나리 씨는 자백을 받으려고 아이에게 손찌검을 하였고 그것이 계기가 되어 부인은 분노를 하면서 이혼을 요구하였다.

그녀는 강력하게 이혼을 원했지만 그는 자식들 때문이라며 이혼을 합의해 주지 않았다. 그녀 역시도 법적으로 이혼을 하면 관습적으로 아이를 그에게 빼앗길까 봐 더 이상 이혼을 조르지는 않았다. 그대신 그녀는 아이를 데리고 집을 나가 버렸다.

그녀는 지금 어린이 속셈 학원을 차리고 운영하고 있었다. 그로서는 이제 아예 남으로 취급하며 그를 피하는 부인을 집으로 돌아오게 할 방법도 없고, 그렇다고 그녀의 요구대로 선뜻 이혼할 수도 없어서 모든 일이 손에 잡히지를 않았다.

희나리 씨는 단지 두통약을 처방받기 위해 병원에 들린 것이지만 현재 그가 처한 상황을 나름대로 솔직히 털어놓고 나서 이제는 부인의 마음을 돌리기 위한 처방까지 원했다.

치료자가 권할 수 있는 충고는 그 자신이 적절한 치료를 받고 그 자신이 먼저 변화하는 길뿐이었다. 물론 그는 지금보다 더욱 솔직해져서 왜 그가 남보다 심리적으로 불안하고 또 깊은 의심병이 싹트게 되었는지 스스로 성찰을 해야지만 진정한 도움을 받을 수 있다. 그는 먼저 자신을 알아야 남을 이해할 수가 있다.

2. 소풍날

산 계곡에서 남자들과 여자들이 어울려 춤을 추었다. 마치 학교 소풍날 같은 분위기였다.

나는 혼자 자리를 떠나서 산을 올랐다.

문득 용변이 마려워서 화장실을 찾아갔는데 화장실 문을 여니 그 안에서 웬 나이 많은 여자가 하늘을 보고 누워서 용변을 보고 있었다.

그 여자는 부끄럽지도 않은 듯이 나에게도 역시 누워서 용변을 보면 된다고 말했다. 나는 변이 묻을 것만 같아서 너무나 지저분해 보였다. 그래서 용변을 보지 못하고 그냥 돌아왔다.

들판에서 그의 부인이 다른 남자와 마주앉아서 술잔을 기울이며 취해 있었다. 화가 나서 부인의 멱살을 잡고 일으켜 세우고 욕을 하면서 때렸다.

희나리 씨는 이 꿈을 꾸고 나서 흥분해 있었다. 어느 남자라도 밤에 이런 꿈을 꾸고 나면 깨어나서 부인을 의심하지 않을 수 없다는 것이다. 이 꿈이 현재 부인이 하고 다니는 행동에 대한 하늘의 명백한 계시인 것으로 그는 착각하였다.

치료자는 모든 남자가 이런 꿈을 꾸고 나서 부인을 한번쯤 의심해 볼 수는 있겠지만 절대로 모든 남자가 이런 꿈을 꾸지는 않는다고 말했다. 즉 진작에 의심이 많은 사람에게만 이런 꿈이 꾸어지는 것이라고 밝혔다.

꿈분석은 결코 꿈을 미래의 예시로 단정하지 않으며 대신에 꿈은 그의 과거와 현재의 심리 상태를 보여주는 것이라고 설명했다. 다시 원점으로 돌아가서 꿈이란 꿈꾼이의 무의식이 원작, 기획, 주연을 하는 한 편의 영화라는 것을 장황하게 설명했는데 아직 완전히 믿지 않는 눈치였다.

이 꿈의 분석으로 들어가서 꿈속에서 하늘을 보고 누워서 용변을 보는 웬 여자가 그의 기억 속에 누구 같았는지 물었다. 그는 당시에 전혀 짐작할 수 없는 여자라고 말하였다.

그가 전혀 기억할 수 없는 인물은 아주 가까운 여자인 것이다. 어지간하면 무의식적인 콤플렉스가 방해하지 않고 떠올릴 수 있는 인물인데 결코 어지간하지 않은 여자인 것이다. 또한 그가 기억하는 여자라 해도 아직은 밝힐 수 없는 인물일 수도 있다. 실제로 그는 꿈을 보고하던 당시에 그 여자가 바로 자신의 새어머니였다는 것을 알고 있었는데 치료 시간 중에 숨기고 밝히지 않았다.

다음으로 여자가 누워서 용변을 보는 것이 무엇을 상징하는지 물었는데 그는 꽉 막힌 사람처럼 짐작도 못하는 듯이 침묵하였다. 그가 만일 꿈분석 과정을 미리 짐작이나 했다면 이 꿈을 숨겼을지도 모를 일이었다. 그런데 치료 시간 도중에서야 그것이 성적인 결합을 의미한다는 것을 얼핏 떠올리고 그제서부터 침묵하였다.

왜 하필이면 성적인 결합의 장소로서 화장실이 나타났는지 여러분은 궁금할 것이다. 더러는 꿈꾼이가 평소에 무의식적으로 성을 불쾌한 것으로, 혹은 더러운 것으로 생각했기 때문이라고 추정할 수도 있을 것이다.

그러나 치료자의 경험으로 보면 그것은 성을 부정적으로 보지 않는 사람들에게서도 역시 마찬가지로 흔히 나타나는 현상이었다. 즉 성이 불결해서 화장실로 나타났기보다는 똑같은 배설의 쾌감을 느끼는 장소로서 화장실이 나타난다고 보여진다.

우리 나라 사찰에서는 화장실을 해우소(解憂所)라고 부르는데 그 말은 근심을 덜어내는 즐거운 곳이라는 뜻이다.

그는 단지 부인이 다른 남자와 바람을 피우고 있는 것을 꿈에서도 똑똑히 보았다고 치료자에게 말하고 싶어서 이 꿈을 보고했는데 해석은 그의 의도와는 전혀 다르게 진행하고 있다.

이 꿈의 줄거리는 그가 먼저 그의 무의식속에서 미지의 여인과 은밀히 바람을 피고 싶었는데 그 소원을 이루지 못하였고, 그대신에 뒤돌아 서서 우연히 부인의 부정을 발견하여 부인을 때렸다는 것을 알 수 있다. 이때 이러한 심리적 흐름을 두고 정신과적으로는 투사(PROJECTION)라는 현상으로 설명을 한다.

투사란 자기의 숨겨진 욕망을 남의 것으로 돌려서 남을 비난을 하는 것이다. 자신의 무의식적인 부정에 대한 욕망을 힘겹게 억누르고서 자신은 힘들게나마 욕망을 억눌렀지만 상대방은 그러지 못할 것이라는 무의식적 판단에서 상대방을 의심하는 것이다.

어린 형제가 맛있는 케이크를 놓고서 아버지가 들어와야 잘라먹을 수 있으니 저녁까지 기다려야만 한다면 그동안 참기 어려울 것이다. 그래서 한 아이가 저녁에 아버지를 보자마자 "재가 먼저 먹으려고 했어요." 하고 아무런 근거 없이 고자질을 한다면 그것은 바로 고자질한 아이 자신이 먼저 먹고 싶은 것을 겨우 참았다는 사실을 고백하는 것이나 마찬가지이다. 그것이 바로 투사 행위이다.

결국 현실을 호도하고 사실을 왜곡해서 받아들이는 투사 현상은 의처증이나 정신분열병 등, 심각한 정신 질환에서 많이 나타난다.

그러나 자신이 정신적으로 아무런 이상이 없다고 믿는 희나리 씨로서는 자신에게 그러한 터무니없고 비도덕적인 심리 현상이 있다는 것을 결코 쉽게 인정할 수 없었다.

대신에 그는 버릇처럼 변명을 한다.

"지금 집에 여자가 없기 때문에 여자 생각이 났던 모양이다."

"하지만 이제까지 외도를 모르고 살아왔다."

"나는 절대로 결백하다."

치료자는 그가 결백하다는 것을 의심하지 않는다. 그가 결백해야만 했기 때문에 포기해야 했던 수많은 쾌락적 유혹들에 대하여 그로서는 자기도 모르는 억울한 미련들이 생겨났고 그 무의식적 미련이 바로 남에게 투사되었기 때문이다.

그래서 의처증 환자가 남들로부터는 훌륭한 도덕군자로 인정받는 일도 종종 있는 것이다.

3. 매력적인 여자

학교 교사인 젊은 여자 안진실 양이 꿈에 나타났다.

뒤에서 다가가 그녀의 목에 키스를 하였다. 그녀가 저항하지는 않았다.

그런데 그녀가 사람들이 본다고 몸을 빼서 그녀의 손을 잡고 복도 끝으로 뛰어갔다.

복도 끝에는 구조가 바뀌어서 화장실이 있었다.

그녀는 어디 갔는지 없고, 나 혼자서 화장실로 들어갔는데 이상하게도 사방 벽이 휀하게 뚫려 있었다.

나는 용변을 보지 않고 혼자서 다시 건물 곳곳을 헤매다가 그만 밖으로 나왔다.

희나리 씨는 안진실 양과는 절대 무관한 관계라고 변명을 하였다. 도대체 그녀의 손 한 번 잡아 본 적도 없고 커피 한 잔을 같이 먹은 적도 없는데 그녀가 꿈속에 나타난 것을 이해할 수 없다고 항변하였다. 그러나 이제 그는 안진실 양이 전적으로 그의 무의식적인 의도로서 그의 꿈에 나타난 것까지 부인할 수는 없었다.

그의 의식 생활 속에서는 안진실 양이 그저 한 번 스쳐 가는 여자였지만 그의 무의식속에서는 그녀가 상당히 인상적이었다고 할 수 있다. 그리고 나서 그는 꿈속에서 화장실로 바뀌어서 나타난 학교 복도의 끝에는 본래 남자 선생들의 숙직실이 있다고 솔직하게 말했다. 즉 그는 그녀를 이끌고 숙직실로 가서 같이 통정하려는 욕망을 드러내 보인 것이었다.

그런데 그의 초자아는 그녀와의 결합을 끈질기게 방해하고 있다. 남들이 볼까 봐서 그 자리에서 꿈을 이룰 수도 없었고, 또 그녀와 함께 찾아간 은밀한 곳도 남들이 보기 좋게 사방 벽이 훤히 뚫린 화장실이었던 것이 모두 다 초자아의 방해 작용으로서 그의 소원 충족을 방해하고 있다.

앞의 꿈, "소풍날"의 해석에서 그는 화장실이 남녀 결합의 은밀한 장소를 상징한다는 사실이 의심스러웠을 수도 있다. 하지만 이 꿈에서 숙직실을 대신하여 화장실이 다시 상징으로 나타났으므로, 그것이 옳은 해석이었다는 것을 확인하게 해준다.

이 꿈의 해석으로 그는 무의식속에서조차도 엄격한 학교 선생이고 도덕군자가 아니라 아름다운 여성을 보면 욕망을 품는 평범한 한 남성이라는 것을 스스로도 확인하였다.

그런데 그 자신이 스스로 바람피고 싶은 욕망의 존재는 투사를 일으키기 위한 절대적인 전제 조건이다.

4. 교회와 물고기

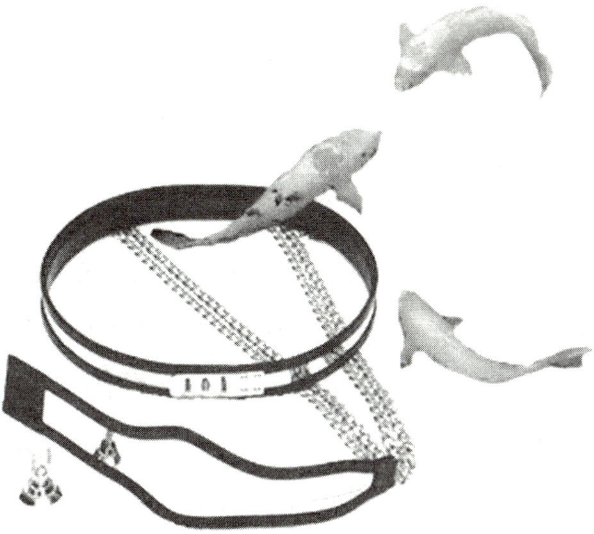

낚시를 하여서 물고기를 잡았다.

피라미처럼 여러 가지 색이 나는 은빛 물고기였다.

고기를 망태기에 넣어서 교회로 갔다.

교회에서 예배를 보는 도중에 낚시대가 쓰러지면서 망태기에서 물고기가 요동을 치며 뛰어나갔다.

옆에 앉아 있던 여자 교인이 놀래서 소동이 났다.

다른 여자가 도망치는 물고기를 두 손으로 잡았다.

그런데 그 물고기가 사람을 쏘는 고기라서 가시에 손을 쏘였다.

그 모습을 보고 재밌어서 웃었다.

희나리 씨는 어려서부터 교회를 다녔다고 말했다. 대학교 다니는 동안에 교회를 다니지 않다가 다시 결혼하고 문제가 생기면서 교회에 더욱 열심히 나가게 되었다.

그의 부인은 그를 따라서 교회를 나가기도 하였다. 그런데 그가 툭하면 그녀에게 회개하라고 강요를 하는 것이 일반적인 의미의 회개가 아니라 애당초 있지도 않은 그녀의 부정을 고백하란 의미로 깨닫고 부터 그 이후로는 교회를 같이 다니지 않았다.

그는 물론 요사이도 교회에 열심히 나가면서 그의 부인이 사탄의 꼬임에서 벗어나 마음을 잘 잡고 돌아오기를 기도하고 있었다. 하지만 그의 부인이 알면 펄쩍 뛸 노릇이었다. 자기 몸에 마귀가 붙어 있다는데 기분 좋을 사람은 아무도 없는 것이다.

여기서 이야기가 좀 빗나가더라도 치료자가 교회 다니는 분들께 꼭 부탁드리고 싶은 말은, 여타의 어떤 정신과 환자를 보았을 때라도 환자에게 마귀 들렸다는 말만은 제발 삼가 달라는 것이다. 마음이 약해서 병도 걸리고, 그래서 아무런 변명도 할 수 없는 가여운 환자에게 그 소리가 그 얼마나 아픈 소리이겠는가?

희나리 씨는 여전히 부인이 다시 집으로 돌아오게 해 달라고 기도하고 있다. 그러나 누가 나를 위해 어떻게 해달라고 하느님에게 간절히 기도를 한다면 그것은 대체로 어리석은 기도이다. 그것은 마치 어린아이가 산타클로스에게 선물을 달라는 기도와 같고 이미 다 큰 어른이 철없이 기대하고 바라는 기도가 아닌 것이다.

진정한 믿음으로서 기도를 한다면, 내 자신이 그 누구를 위해 어떤 마음으로 무엇을 하여 주게 해달라고 기도를 하여야 할 것이다. 즉 소원하는 행위의 주체는 자신이어야 한다.

자기 자신이 먼저 현재에서 더 좋은 방향으로 변하게 해달라고 기도를 해야지만 거기다가 자신의 노력이 곁들여지면서 끝내 소원이 이루어지기 쉬운 것이다. 반대로 자신은 가만히 변하지 않고, 남이 자신을 위해 자기 입맛대로 변하기를 바라는 기도는 하느님이 듣기에 철없는 억지 소리가 되기 쉽다.

희나리 씨는 아직도 기도하는 태도와 마찬가지로 치료받는 태도를 보이기도 한다. 즉 자신이 한 점 부끄럼 없이 결백하므로 치료자 앞에 그것을 증명하고 나면, 치료자가 의처증이라는 그의 누명을 벗겨 주고 치료자가 나서서 부인을 회개시켜 그에게 돌아오도록 도와줄 것으로 기대한다. 그러나 하느님도 들어주기 어려운 부탁을 치료자가 대신할 능력은 애초에 없다.

일반적인 정신 치료 과정에서도 역시 환자 주위의 다른 사람의 태도 변화보다는 치료받는 사람 자신의 변화 가능성에 주안 한다. 스스로 자신의 마음을 다스려 자신이 조금씩 변화하고자 해도 결코 쉬운 일이 아닌데, 하물며 남의 마음을 내가 다스려 내게 적합하게 남을 변화시킨다는 것은 거의 불가능에 가까운 것이다.

물고기는 대개 남성의 성기를 상징하기도 하고 팔팔 요동치는 리비도 자체를 의미하기도 한다. 그는 자신의 리비도를 망태기에 담아서 교회에 데려가지만 그것은 신성한 성전에서 엄숙함을 조롱하듯이 밖으로 뛰어나온다.

물고기가 여성을 쏘는 것은 성적인 공격을 의미하는데 그가 재밌어 하는 것은 그것이 곧 그의 심술 섞인 희망인 것을 증명하고 있다. 하지만 적어도 그가 다니는 교회 내에서 그가 성적으로 마음을 둔 매혹적인 여인은 아직 없다고 부인하였다. 그렇다면 단지 그의 무의식이 자기 멋대로 여자를 선택하고 장난을 쳤을 뿐이다.

그리고 그러한 부정적인 자신의 무의식을 강력하게 부인하는 마음이 바로 투사라는 왜곡된 심리 현상으로 발전하여, 그의 부인이 다른 남자와 눈만 마주쳐도 그것은 그녀가 나쁜 마음을 가진 때문이라고 그를 의심하도록 만들어 왔다.

물론 그렇게 투사함으로서 그 자신 속에 검은 욕망이 숨겨져 있다는 사실은 저절로 은폐된다.

따라서 의처증의 치료는 그가 자신의 욕망을 스스럼없이 인정하는 것으로부터 시작한다. 그런데 의사가 처음 의처증 환자를 만나서, 그의 의심이 어떤 근거 있는 사실이 아니고 전혀 근거없는 망상 수준이며 그것이 투사라는 심리 현상에서 비롯된 것이라고 아무리 이론적으로 설명해 주어도 "쇠귀에 경 읽기" 처럼 공염불이 되고 만다.

의처증 환자는 자신의 부정한 욕망을 애당초 인정하지 않기 때문에 그런 설명을 결코 납득할 수가 없다.

다행히 희나리 씨는 자신의 무의식이 각본을 쓴 그 자신의 꿈을 통해서 바로 자신의 적나라한 원초적 욕망을 보았고, 그래서 자신의 내면을 조금이나마 들여다보게 되었다.

또한 자신이 어려서부터 안정된 가정을 희망해 왔고 그래서 자신처럼 불행한 후예를 다시 만들고 싶지 않았기 때문에 그는 비교적 치료자의 안내를 잘 따르려고 노력하고 있었다.

5. 여의사

학교 교실 같은 곳에 도착했는데 나만 지각이었다. 다른 아이들이 시험지를 내고 돌아가는데 나는 책상에 앉아 혼자 시험을 치르게 되었다.

여자 담임 선생님이 책상머리 앞에 마주앉아서 요즘은 성적이 나쁘다고 말했다. 나는 시험을 보다 말고 집에 빨리 가고 싶다고 말했다. 선생님은 내 자동차가 고장이 나서 빨리 돌아갈 수 없다고 말했다.

창밖을 내다보니 내 차가 불이 나서 전부 다 타고 뼈대만 남았다. 나는 저걸 어떻게 하나 낙심하고 있는데 여선생은 웃으면서 시간이 지나면 깨끗하게 고쳐질 것이라고 말했다.

희나리 씨는 치료받은 지 거의 석 달이 되었는데, 부인에게 전화를 걸어서 자신이 신경정신과 치료를 받고 있다고 알렸다.

그의 부인은 아직 이혼하지 않은 상태로서 한번 병원에 찾아와서 담당 의사를 만나 보고 싶어했다. 그녀로서는 남편이 자기의 의처증을 치료받고 있다는 사실도 고무적이고 그가 처음으로 자신의 과오를 인정하고 나오는 것이 놀라운 변화여서, 그의 의처증이 이제 나을 수 있다는 희망도 생긴 것이었다.

그러나 치료자는 아직 그의 부인을 만나고 싶지 않았다. 기우일는지도 모르지만, 아직 그의 치료 과정은 멀고도 험한데 성급히 부인과 만나면 그가 다시 의심병이 날 때 치료자까지도 부인과 통정한 것으로 의심을 받을 수도 있다. 다시 말하면 그가 의사를 신뢰하는 마음에 조그만 틈이 생길 수도 있다.

희나리 씨나 그의 부인이나 치료가 빨리 이루어지기를 바라고, 조급한 마음에서 이만하면 그가 병을 인식하고 있으니 거의 다 나은 것이 아닌가 기대하지만 치료자의 경험으로 보면 아직 그의 치료는 한참 멀었다.

그가 자신의 병에 대해 바라보는 인식은 아주 피상적인 것으로서 단지 이성(理性)적으로만 일부 납득한 것이지 그가 감정(感情)적으로 완전히 느끼고 받아들인 것은 아직 아니다.

인간이 태어나서 최초로 알게 되는 선악(善惡)의 분별은, 단지 좋고 나쁜 정서적인 경험을 바탕으로 생겨난다. 즉 신생아 시기부터 배부르고, 따뜻하고, 귀염받아서 정서적으로 안락해지던 그 경험이 쌓여서 선(善)이라는 개념을 낳는다. 반대로 배고프고, 춥고, 축축하고 시끄러우면서 배타적인 경험이 쌓이면 악(惡)이 된다. 즉 이성(理性)이란 정서적 경험을 벽돌로서 한 층 한 층 쌓아올린 벽(壁)에 불과하다.

따라서 정신 치료는 비뚤어진 모양의 이성이라는 벽에다가 페인트칠만 새로 해서 되는 것이 아니다. 기존의 휘어진 벽을 아예 허물어 버리고, 새로 다시 잘 구워 낸 감정의 벽돌로서 보기 좋은 모양으로 이성의 벽을 차근히 쌓아올리는 작업이다.

그가 이러한 과정을 거쳐서 무의식의 수준에서까지 안정하게 병의 본질을 이해하고 자신을 이해하게 되려면 앞으로도 일 년 이상은 족히 걸릴 뿐더러 심하면 평생이 걸릴 수도 있다.

그것은 말로는 얼마든지 술을 끊는다고 하고도 결코 쉽게 술을 끊지 못하는 술꾼과 마찬가지로 투사라는 나쁜 심리 현상에 그가 습관적으로 중독 되어 있기 때문이다.

또 한편으로는 그가 부인과 다시 합치기 위한 방편으로 교묘하게 의사의 설명을 앞세운 것뿐이지, 실상 그 자신은 자신의 병에 대하여 아직 아무것도 인정하지 않고 있는 위장된 상태일 수도 있다. 의처증 환자들은 정말로 주위 사람을 감쪽같이 잘 속인다.

그의 부인은 치료자에게 전화를 걸어와 다시 그와 합쳐서 살아도 되겠는지, 혹은 차라리 이혼을 하는게 좋은지 물어 왔다. 그러나 그러한 질문은 물으나마나이다. 왜냐하면 의사는 궁극적으로 치료받는 환자의 편이기 때문에 아무리 희망이 없는 환자라 할지라도 결코 환자의 불행을 초래하는 방향으로 이야기할 수는 없다. 그것이 의사의 본분이다.

물론 위험한 환자로부터 환자 자신은 물론 환자의 가족까지 최선을 다하여 안전하게 보호하는 것도 의사의 역할이기도 하다.

그는 이 꿈을 자기 스스로 해석하면서 꿈속의 학교를 병원으로 보고, 그가 진작에 치료받지 않고 뒤늦게 치료를 받는 것이 지각으로 꿈에 나타난 것 같다고 말했다. 또한 치료 시간이 시험을 치르는 것처럼 힘들었다는 이야기를 하였다.

아마도 그의 뻔한 속셈으로서, 빨리 치료를 끝내고 부인과 재결합을 원하는 것이 그대로 꿈에 나타나 있다. 또한 치료 시작 때부터 치료가 오래 걸린다고 말한 치료자의 설명이 그의 급한 성미에 맞지 않았을 수도 있다. 불 탄 자동차는 바로 그 자신이고 치료자가 깨끗하게 고쳐 줄 것을 기대하는 그의 심리가 투영되어 있다.

그런데 왜 남자인 치료자의 모습이 하필이면 성별을 바꾸어서 여자 선생님으로 나타났을까? 바로 이것이 전이의 시작이다.

그는 무의식속에서 치료자를 여자로 느끼는 것인데 아마 그 이유는 그가 찾아온 모성의 상징으로서 치료자가 나타난 것일 수도 있다. 여자 환자에게서 치료자가 여성으로 나타난 경우도 같은 해석을 할 수 있다. 즉 그가 꿈속에서 상상해 온 친어머니의 태도로서 기대해 온 것을 그대로 치료자에게 투영할 수 있는 것이다.

그러나 그것을 긍정적으로만 볼 수는 없다. 그에게서 여자는 배신의 상징이다. 그의 무의식속에서 치료자도 언젠가 그를 배반할 수 있는 못 믿을 사람이라는 부정적인 전이 감정, 즉 불신이 내포되어 있다고 할 수 있다.

그리고 동성간의 성애적 전이를 생각할 수 있다. 이성간의 치료자와 환자가 오랜 시간 동안 분석을 위해 만나서 성애적 전이가 자연스럽게 이루어지는 것처럼 동성간의 치료자와 환자가 만나게 되면 역시 성애적 전이의 하나로서 동성애적 욕구가 발현되는 것은 당연할 수 있다.

그런데 이성간의 성애적 전이만 자연스럽고 동성간의 성애적 전이는 병적이고 유별난 현상으로 볼 수는 없다. 환자가 갖는 치료자에 대한 이성간의 성애적 전이나 동성간의 성애적 전이는 둘 다 똑같이 보다 근원적인 근친상간적 욕구가 표출되는 것이다.

이렇듯이 치료 시간에 다시 떠오르는 오이디푸스적 갈등의 새로운 경험과 해결은 때때로 치료에 필수적이라고 할 수 있다.

또한 그의 무의식속에 숨겨진 동성애적 욕망을 가정할 수 있다. 치료자에 대한 공격심으로 인하여 치료자를 여자로 놓고 성적으로 공격하려는 심리일 수도 있고, 아니면 그가 자라 오면서 모든 여자를 믿을 수 없어서 차라리 남자를 성적 상대로 선택하였다면 그것이 곧 동성애적 심리 상태가 되는 것이다. 희나리 씨에게 동성애적 경향이 실제로 있을지는 좀더 지켜볼 수밖에 없다.

그런데 우리 나라 사람들의 꿈에서도 동성애적 환상은 남녀를 불문하고 심심치 않게 보인다. 그러한 환상은 그들의 동성애 경험과는 아무 상관이 없어서 그들 중에서 실제 동성애를 즐기는 사람은 별로 없었다.

다만 그들의 과거에 부모의 부정한 행위를 보고들은 경험과 특히 관련이 있어 보였고, 그렇지 않은 대다수의 경우에는 단지 남들의 선망을 받는 영웅적 남녀에 대한 동일시적 소원으로서 그들을 자신 속에 함입시키기 위해 그런 꿈을 꾸고 있었다.

후자의 경우는 동성애가 아닌 정상적인 이성애에서도 같은 심리가 작용하고 있다. 즉 성행위 속에는 서로 동일체가 됨으로써 상대방을 소유하려는 욕심을 결코 배제할 수 없는 것이다.

그 욕심은 생물학적인 종족 번식의 욕구 다음으로 중요하다.

6. 바람난 새어머니

새어머니가 시장에서 다른 남자들과 다정하게 이야기를 하였다.

잠시 후 시장에 앉아 다른 남자들과 술을 마셨다.

나에게 혼자 집으로 돌아가라고 하였다.

그런데 혼자 집으로 가다가 길을 잃었다.

다시 돌아서서 새어머니가 계신 쪽으로 갔는데 서너 남자가 몽둥이를 들고 새어머니를 죽이려고 하였다.

내가 작은 칼을 들고 사내들과 맞서서 어머니를 구했다.

새어머니는 여기저기 맞아 터져서 피를 흘렸다. 그런데도 새어머니는 사내들과 맞서서 싸우려고 덤벼들었고 내가 새어머니를 붙들고 말렸다.

이 꿈에서 그는 새어머니의 부정을 의심하고 있다. 새어머니는 방해꾼인 그를 혼자 집으로 돌려보내지만 그는 다시 돌아온다. 그때 마침 새어머니는 여러 남자들에게 공격을 당한다. 물론 성적인 공격의 상징이 몽둥이로 나타났다.

그는 자신의 칼로서 맞서는데 바로 자신의 성기이다. 그 다음에는 뭇사내들을 대신하여 그가 그녀를 붙들고 말린다고 껴안는데 바로 그의 오이디푸스적 욕구의 실현이다. 그는 친어머니보다도 다섯 살 때에 만난 새어머니에게서 오이디푸스적 갈등을 느꼈었다.

희나리 씨는 이날 새로운 고백을 하였다. 그가 열 살 남짓할 때에 그의 새어머니가 아버지가 아닌 다른 남자와 안방에 다정하게 있는 것을 목격하였다는 것이다. 그때 그는 학교에서 막 돌아왔는데 방안에서 수상한 소리가 나서 인기척을 내고 숨었더니 잠시 후 다른 사내가 흐트러진 모습으로 안방에서 나왔다고 하였다.

집에까지 사내를 불러들일 정도이니 집 밖에 나가서 그녀가 얼만큼 바람을 피웠는지는 불문가지로 생각하고 있었다. 다음날에 그는 새어머니에게서 주의를 받았다.

네 아버지에게 이 사실을 고자질하면 자신은 미련없이 떠날 것이라면서 네 아버지 같은 무능한 사람과 순순히 같이 살 여자가 없다고 말했다. 친어머니가 무능력한 아버지를 버리고 떠난 것과 마찬가지로 새어머니도 떠날 것이라는 협박이었다.

너무도 당당한 그녀의 태도에 그는 단지 아버지를 동정할 수밖에 없었고 아버지에게 새어머니의 부정을 고자질하지도 않았다. 그대신 그의 가슴속에는 모든 여자를 향한 뿌리깊은 불신감이 자리잡게 되었고 그것이 병적으로 자라나게 하였다.

그리고 덧붙여서 지난번 소풍날 꿈속에서, 화장실 안에 누워서 용변을 보고 있다가 그에게도 차례를 기다렸다가 누워서 용변을 보라고 유혹했던 나이 많은 여자는 바로 새어머니 얼굴을 하고 있었다고 고백하였다.

어린 나이에 그를 스쳐 간 친어머니와 새어머니의 부정 때문에 그는 더욱 여자를 믿지 못하게 되었을 것이다. 게다가 새어머니의 불륜 현장 목격은 그에게도 무의식적으로 근친상간적 욕구를 불러일으킬 수 있다.

그러나 어머니의 부정만이 의처증을 일으키는 것은 아니다. 때로는 아버지의 부정도 의처증을 만든다. 아버지는 집을 나가 마음대로 바람을 피고, 어머니는 집에 남아 아들과 밀착하게 될 때에도 아들이 커서 의처증이 되는 경우가 종종 있었다.

이때는 아버지 때문에 고생하는 어머니 밑에서 아들이 힘겹게 자라나면서 아버지를 원망하다가도 무의식적으로 아버지처럼 바람피고 싶은 욕구가 쌓인다.

그렇지만 어머니로부터 형성된 초자아가 절대로 자신의 부정을 용납하지 않으므로, 자신의 부정한 마음을 겉으로 드러내지 못하다가 결혼 후에 부인에게 투사시켜서 의처증 환자가 되는 것이다.

7. 검은 소의 추격

해질 무렵 들판에 서 있었다.

바닥에 뱀들이 기어다니고 있어서 걸음이 조심스러웠다.

뒤에서 갑자기 검은 소가 나타나 나를 쫓아왔다.

나는 도망치다가 뱀에게 물렸고 넘어졌다.

곧이어서 검은 소의 뿔에 받쳤고 그 즉시 꿈에서 깨었다.

희나리 씨는 뱀들을 교회 관념으로서 마귀나 사악함을 상징하고 바로 그의 새어머니가 연상된다고 하였고, 뒤에 나타난 검은 소를 그의 아버지로 생각하였다. 즉 그가 사면초가에 빠졌다는 것이다.

그는 아버지의 복수를 겁내고 있다. 바로 얼마 전, 새어머니의 부정을 목격하고도 아버지에게 사실대로 고하지 않았던 사실을 밝혔다. 그 일은 그가 아버지에 대해 죄책감을 충분히 가질 만하다.

또한 그 사실을 치료자에게 털어놓았다는 것이 그의 죄책감을 가중시켰다. 그래서 저승에서 한을 가졌을 그의 아버지가 그에게 복수할 것이라는 현재의 염려가 이런 식으로 꿈을 만든 것이다.

그런데 그가 꿈속에서 검은 소에게 쫓긴 이유는 들판에서 뱀들을 만난 이후이다. 이 뱀들은 그의 리비도를 상징한다. 즉 다른 죄보다도 그의 리비도가 아버지에게 죄를 지은 것이다.

그것은 새어머니를 향한 그의 오이디푸스 콤플렉스가 너무나 커서 아버지에게 무의식적인 죄책감을 크게 가졌었다는 것을 의미한다. 그래서 그것을 해결하기 위해 그는 새어머니보다 절대적으로 아버지의 편이 되어야 한다.

그래서 그는 타협하여 기꺼이 아버지의 성적 상대가 되려 한다면, 그것이 무의식적인 동성애적 갈망으로 변할 수 있다. 즉 아버지와의 결합이 검은 소에 받치는 것으로 표현되는 것이다.

또 한편으로 그의 무의식속에서 친어머니 대신에 그가 새어머니와 맞서서 아버지의 사랑을 놓고 피나는 경쟁을 벌이는 경우를 생각할 수 있다. 그런 경우에도 그의 동성애적 욕망은 커질 수밖에 없는 것이다.

8. 불타는 유리성

숲 속을 가는데 커다란 성이 있었다.

유리 같은 성벽을 기어오르다가 미끄러져 떨어졌다,

다시 성벽을 돌아 뒷문을 찾아서 들어가는데 문에 불이 붙었다.

불길을 겨우 피했는데 나의 머리칼이 홀랑 다 타 버려서 머리 위에 아무 것도 없었다.

희나리 씨는 유리 같은 성을 여자로 해석하였다. 그리고 그는 사춘기 직전에 혼자서 새어머니의 나체를 상상하는 적이 있었다고 말하였다. 그는 새어머니가 다른 남자와 놀아난 것을 보고 나서 그 이후로 자기도 모르게 새어머니의 나체가 자꾸만 머리 속에 떠오르게 되었다고 말했다. 새어머니의 바람기가 그의 오이디푸스적 욕망을 다시 한 번 자극한 것이었다.

이빨이 빠지거나 머리카락이 빠지는 것은 흔히 거세를 상징하는 표현이다. 삼손과 데릴라의 이야기에서 삼손의 삭발이 그의 모든 힘을 뺏아 가는 것과 같다. 그는 자신의 오이디푸스적 욕망의 결과로서 스스로 벌을 받아 거세당하는 꿈을 꾼 것으로 해석하였다.

그런데 이 꿈에서 유리 같은 성벽이 과연 여체를 상징하는 것이라고 성급하게 단정할 수 없다. 프로이트는 건물의 벽을 해석할 때에 돌출한 것이 있으면 여자의 육체이지만, 돌출부가 없이 매끈한 것이면 남자의 육체로 생각하였다.

그리고 성벽을 미끄러져 돌아 들어간 곳이 뒷문이었다. 뒷문은 항문을 상징하는 것으로 보여진다. 그런데 이런 경우에 뒷문은 바로 그 자신의 것일 수도 있다. 또한 동성애 과정 중에서 그가 남성적인 역할이 아니라 여성적인 역할일 수도 있다. 그 결과로서 그의 성기가 거세되는 것이다.

치료자는 그에게 이전에도 동성애적 유혹이나 위협을 느껴 본 적이 있었는지 직접 물었다. 그는 어둠 속에서 남자가 쫓아오는 두려움을 느낀 적도 있었고 좀더 구체적으로는 욕탕에서 아버지의 성기를 보았을 때 이상한 느낌이 왔었다고 말했다.

하지만 이런 정도의 느낌은 다른 남자들도 흔히 경험할 수 있는 일이다. 그것이 다만 무의식속에 막연한 공포로서 잠겨 있는 경우가 많다. 그 말을 듣자 그는 용기를 얻어서 좀더 생생하게 동성애적 위협으로 느껴지던 꿈 한 가지를 더 꺼내었다.

"어떤 커다란 남자가 다가왔다. 잠시 후에 배꼽과 성기 사이의 가운데 부분이 아파 왔다."

이 또다른 꿈속에서 그는 동성애적 공격을 받았고 그 결과로 그가 상상하는 위치에 놓인 자궁이 아팠다는 해석이 된다.

우리 나라 역사에서는 고려의 공민왕이 사랑하던 왕후의 죽음으로 인해 성격이 변하여 동성애에 깊이 빠진 것으로 전해져 온다. 또한 일본이나 중국의 고대 소설에도 동성애가 흔히 보이는데 "장군"이라는 일본 소설에도 그런 장면이 나온다.

그러나 현재의 우리 문화 환경에서는 동성애를 결코 정상적인 것으로 인정하지 않는다. 따라서 동성애적 풍습은 아직 이 사회의 후미진 구석에서나 찾아볼 수 있고, 희나리 씨가 진작부터 그같은 욕구를 가졌어도 쉽게 동성애 행위로 발전시키지 못했다.

하지만 최근 서구 여러 나라에서는 동성애가 범람하고 있다.

그 이유는 서양 사회에서 급격하게 이혼이 증가하면서 안정되지 못한 반쪽 가정에서 자라나는 아이들이 상당히 많아졌기 때문으로 보인다. 이런 환경에서 자라나는 아이들의 경우에는 그들의 오이디푸스 갈등을 적절히 해소할 대상도 마땅히 없고, 동시에 그들의 성적 정체감(SEXUAL IDENTITY)을 형성할 동일시의 대상도 수시로 오락가락 한다. 결정적으로 그들의 잘못된 충동을 제어해 줄 초자아가 미처 자라나지 못하게 된다.

그러나 현재 미국 정신과학회에서는 동성애를 더이상 정신병으로 보지 않고 정상적인 성행위의 하나로 간주하려 하고 있다.

9. 다리 밑 총격전

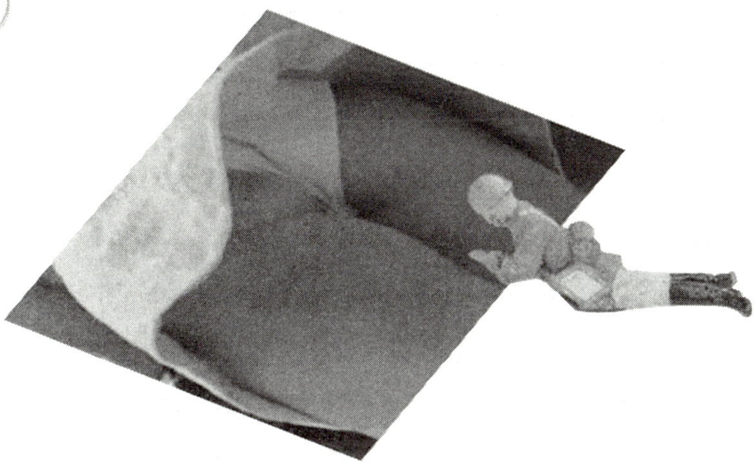

나는 야트막한 야산의 능선을 오르고 있었다.

둔덕에는 마치 고대의 산성 같은 구조물이 보였다. 그것은 정삼각형으로 둘러 쌓여진 성벽이었는데 성벽은 허연 돌로 일일이 쌓아올린 것이다.

그러나 돌담은 겨우 두세 층으로서 사람의 허리 높이도 되지 않았다.

나는 뒤를 돌아보며 아이들에게 진격해 들어가라고 하였다.

그리고 고지를 지킬 수 있도록 성곽을 보수하라고 하였다.

잠시 후 어디선가 총성이 들리고 나는 엎드려 숨었다.

고개를 들어보니 성벽 아래가 아니라 다리 밑의 계곡이었다.

나는 두 개뿐인 교각 사이로 저편에 보이는 베트콩을 향하여 서너 발의 총을 쏘았다.

그러나 적들은 총에 맞아 죽지 않고 완강히 저항하여 나는 후퇴하는 도중에 잠을 깨었다.

그는 얼마 전 우연히 사창가를 지나갔다고 하였다. 그는 사창가의 쇼윈도 안에 엷은 분홍빛 드레스를 차려 입은 젊은 아가씨를 보았다고 하였다. 마치 속옷이 비칠 듯하여서 상당히 선정적이었고, 그의 윤리 의식이 투철하지 못했더라면 참지 못하고 그 안으로 들어갈 뻔했다고 말하였다.

야산은 대개 여체를 상징한다. 산을 오르는 것은 물론 여체를 오르는 것이다. 그리고 야산 위의 삼각형 성벽은 바로 여자의 팬티로 생각된다. 두세 층의 돌은 팬티의 장식인 레이스일 것이다.

다음에 그가 성안으로 진격하라고 명령한 아이들은 그의 성기이다. 성곽을 보수하는 것이나 진지를 구축하는 것이나 성행위의 상징이다.

총성은 고조된 흥분을 뜻하고 사정을 뜻할 수도 있다. 놀랍게도 그 장면의 전투장은 성벽 아래가 아니라 다리 밑이다. 즉 이미 성벽 안으로 진입하였으니 더이상 속옷이 문제되는 것이 아니라, 이제는 직접 여체의 두 다리 밑에서 전투가 벌어지는 것이다.

베트콩은 그 월남 모자로서 자궁의 상징이 된다. 그리고 아무리 힘있는 사내 장사라고 해도 여자와 성적으로 맞서 보면 결국 사내가 전사하는 것이 정사의 순리이다.

희나리 씨는 자신의 성욕을 적절히 해소하지 못해서 누적된 성욕이 꿈으로 발현된 것을 자연스럽게 받아들였다.

하지만 그는 꿈이 아닌 현실로서 자신의 성적 욕망을 적절히 해소하는 길을 찾는 마음이 조급하였다. 물론 그의 기독교적 도덕관에 손상이 가지 않아야 하기 때문에 결국 부인에게 돌아가는 것이 유일한 해결책이었다.

그러나 그것이 결코 쉬운 일이 아니라 그는 고민을 하였다. 그러다가 그가 현재의 처지에서 가끔씩 할 수밖에 없는 자위 행위에 대해서 치료자가 어떻게 생각하는지 물어 왔다.

자위 행위도 성행위의 하나이다.

최근에 불감증 치료를 위한 성 치료에서는 남녀 모두 자위 행위를 통해서라도 혼자서 먼저 오르가슴을 달성하도록 권장하고 있다. 구체적으로는 자위 행위를 통해서 자신을 흥분시키는 신체 부위를 찾아내고, 그것을 이용해 혼자서 별 긴장감 없이 일단 오르가슴에 오르기가 더 쉽다는 것이다.

그리고 나서 다음 단계에서 이성의 상대와 만나 서로 협조하여 성관계를 추구하면, 기왕에 혼자 힘으로 닦여진 신체가 쉽게 적응하여 오르가슴에 빨리 이른다는 것이다. 물론 이 치료의 목적은 보다 친밀한 부부 관계를 이루려는 데 있다.

특히 청소년들은 성행위를 할 수 있도록 신체적으로 충분히 완성되어 있고 성호르몬의 분비도 어느 때보다 가장 왕성하다. 하지만 사회적 관습의 변천에 따라서 혹은 정신적 기능의 보다 큰 성숙을 위하여, 이율배반적으로 성 기능이 가장 왕성한 시기에 잠시 성 기능을 유보당하게 된다.

더욱이 우리 나라처럼 성이 엄격한 사회에서는 잠시가 아니라 아주 장기간 성 기능의 실업 상태가 지속되는 수도 많다. 따라서 이런 상태를 보완하기 위한 자위 행위는 생리적인 관점에서 필연적이기도 하다.

다만 문제는 청소년이 너무 심한 자위 행위에 빠져들어서 학습에 지장을 받는다는 점이다. 특히 우리 나라에서 전통적으로 내려온 금기적 관습으로 인해서 사춘기 소녀들에게는 아주 극심한 정신적 상처를 남기는 경우도 있다. 그 결과로 대인 공포증이나 혹은 이차적인 우울증 등을 초래할 수도 있다.

따라서 자위 행위가 건강이나 인격을 망친다는 식의 부질없는 엄포를 더이상 놓아서 청소년의 자위를 막으려는 것은 그들의 정신적, 신체적 건강에 별로 도움이 되지 않는다.

다만 심한 자위 행위가 단지 일시적인 쾌락 추구에 그친다는 점에서 그것을 어떻게 적절히 조절하여서, 그들이 기대하는 삶의 목표를 단지 쾌락 때문에 방해받지 않고 제대로 이루어 나갈 수 있을지 당사자인 청소년과 터놓고 의논해 보는 것이 중요하다.

아울러서 너무 자위가 심한 청소년에게는 혹시 숨겨진 정서적 질환은 없는지도 관찰해야 한다.

성행위는 본래 활발한 리비도의 절대 양과 비례하는 것이기도 하지만 또한 내면에 숨겨진 죽음의 위협과도 밀접한 관련이 있다.

본래 생명체가 자신의 죽음에 대비하여 자신의 영원한 삶을 이어가고 싶은 소망을 충족시키기 위해 씨앗을 뿌리는 것이 성의 본질이다. 그래서 특히 죽음이 흔한 전쟁 중에 사람들의 성충동이 증가하고 소위 베이비 붐(BABY-BOOM)이 일어난다.

따라서 리비도라는 것은 본질적으로 삶과 죽음 모두에 대한 생명체의 본능이 하나로 농축된 것이다.

그래서 청소년이 일시적인 학교 적응 장애나 우울증, 혹은 자폐적인 생활로 정신적인 위기 상태에 빠져들어서 병적으로 심한 자위 행위를 보이는 일도 많기 때문에, 이러한 관점에서 청소년의 정신 상태를 유심히 살펴보고 필요하면 도와주어야 한다.

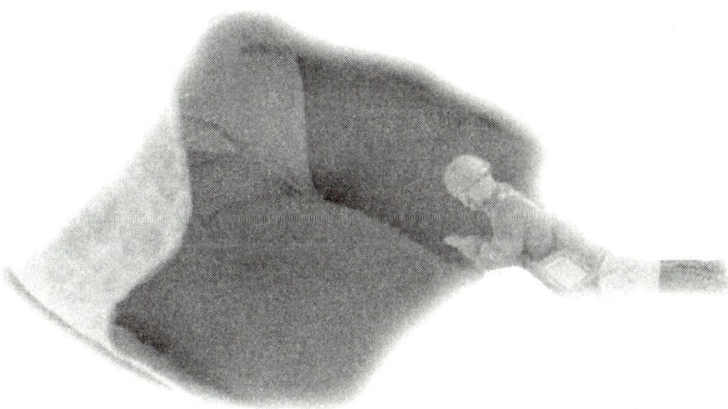

10. 외간 남자

부인과 둘이서 오토바이를 타고 가고 있었다.

부인이 운전을 하고 그가 뒤에서 타고 있었다.

그런데 두 사람 사이에 누군가가 끼어서 답답하다고 울고 있었다. 어린아이 같기도 했다.

장면이 바뀌어 부인과 내가 나란히 자고 있는데

옆에서 젊은 남자 군인이 나타나서 부인의 손을 끌었다.

그의 옆모습을 얼핏 보니 상고머리였다.

희나리 씨는 지난 주말에 부인을 찾아가서 주말을 부인과 보냈다. 그들은 당분간 주말부부처럼 만나기로 약속하였다. 그리고 일요일에는 혼자 교회를 다녀오고 밤에는 소원을 이루어 그녀와 기어이 동침을 하였다고 말했다.

치료자는 아직 치료 중이니 만큼 그가 너무 큰 성취감을 가지고 부인과 일찍 결합하면 오히려 역효과가 날 것을 우려하였다.

그는 오토바이를 운전할 수 있지만 부인은 오토바이를 탈 줄 모른다고 하였다. 그러므로 그가 뒤에 앉아서 그녀를 껴안고 오토바이를 타고 가는 꿈은 성행위를 상징하는 것으로 쉽게 생각하였다.

그런데 어린아이 같은 방해꾼이 거북스럽게 끼어 있다. 바로 그들의 아이이다. 그는 당시 일찍 부인과 동침하려는데 그의 아이가 방해를 해서 몹시 성가시게 느껴졌다고 말했다. 그 다음 장면에서 부인을 유혹한 젊은 남자 군인이 도대체 누구였을지 그는 상상할 수 없다고 하였다. 당장 또 막연한 의심이 시작되는 것처럼 기분이 나빠졌다고 했다.

그런데 그 군인의 머리가 상고머리였던 것으로 미루어 보아 현재의 아홉 살 난 그의 아이라는 것을 짐작할 수 있다.

즉 희나리 씨는 자신의 해결되지 않은 오이디푸스 콤플렉스로 인하여, 그의 자식인 사내아이와 하나뿐인 부인의 사랑을 놓고 경쟁을 하고 있는 것이다.

뒤이어서 희나리 씨는 장차 그 아이가 커서 그를 반대하고 그의 부인을 가로막지 않을까 걱정하였다. 바로 이러한 생각이 저 옛날의 그리스에서 벌써 오이디푸스 신화를 탄생시켰다.

11. 천사의 손수건

부인이 학원에서 학부형 같은 남자와 다정스럽게 이야기를 하였다. 그 남자의 얼굴이 그의 학교에 근무하는 다른 국어 선생처럼 보였다. 내가 뛰어들어가니 그 사람이 몽둥이로 나를 때리려고 하였다. 나는 맞아 죽는 기분이 들었다.

나는 꿈속에서도 악령아 물러가라 하고 기도문을 외웠다. 그러자 고통이 사라지고 여자가 다가와 꽃을 뿌렸다. 여자는 양호 선생 같았다. 나는 그녀가 준 줄무늬 하얀 손수건에 코피를 닦았다. 그래도 콧물이 흘러서 옆에 있던 세면기에 코를 세게 풀었다.

돌아서니 부인의 얼굴이 보였다. 나는 부인을 마구 야단쳤다. 그러자 그녀는 그 사람이 밖에서 만나자고 유혹했지만 그녀가 거절했다고 말했다. 나는 그녀에게 빨리 학원을 그만두라고 말했다.

이 꿈에서 그는 다시금 자기 부인이 바람피는 것으로 의심하고 있다. 그는 이 모든 것을 현실에서나 꿈속에서나 오로지 기도로서 물리치려 했다고 말하며 그의 투철한 신앙심을 자랑했다.

쓰러진 그에게 다가와서 꽃을 뿌린 여자는 마치 하늘이 내려보낸 천사가 그의 신앙심을 칭찬하러 온 것처럼 여겨졌다.

그런데 천사의 정체인 양호 선생은 현재 그의 학교에 있는 양호 선생이 아니고 그가 중학교 시절에 보았던 인상 깊은 양호 선생이었다.

당시 그 양호 선생은 미인이었고 그의 우상이었다. 그녀를 지켜본 결과 가끔 양호실에 나타나는 국어 선생을 좋아한다는 판단이 들었고, 그래서 인지 그도 사범대학을 나와 역시 양호 선생이 좋아할 국어 선생이 되었다.

그렇다면 처음에 등장한 국어 선생도 그가 중학생 당시의 국어 선생이다. 그러기에 아직 중학생인 그를 국어 선생이 몽둥이로 때리는 것이 가능하고 희나리 씨는 그의 여자를 탐냈기 때문에 맞아도 반항할 수가 없다.

꿈속에서 그녀가 준 줄무늬 하얀 손수건은 그녀가 쓰던 간호사 모자로 연상이 되었다. 그녀가 자리를 비운 양호실에서 그녀의 줄무늬 처진 흰 모자를 여러 번 만져 보았었다고 했다.

그런데 청소년 남자의 여자 우상은 청소년 시기에 활발하게 자위 행위를 할 때에 공상의 대상이 되는 일이 흔하다. 그도 그녀의 얼굴이나 모자를 상상하며 그런 적이 있었다는 사실을 시인하였다. 이 꿈에서 흐르는 콧물은 정액을 뜻하고 세면기에서 코를 풀어 버리는 것은 바로 자위 행위를 상징하고 있다.

희나리 씨는 해석 도중에 다시 옛날을 회상하면서 고등학교 시절에 반복적으로 꾸었던 꿈을 기억해 내었다. 그때 한동안이지만 잠만 들면 꿈속에서 코피를 흘리는데 너무나 많은 양의 코피가 쏟아져서 어지러워 비틀거리다가 꿈에서 깨었다고 했다.

그런 기분 나쁜 꿈을 여러 번 꾸고 나니 몸이 많이 허약해진 것으로 생각되어서 자위 행위를 점차로 자제하게 되었다고 했다. 하지만 그것은 코피를 자위 행위의 결과로 본 것이고 올바른 해석으로는 코피가 정액의 상징이다.

꿈속에서 다시 바람난 그의 부인을 보자 몹시 의심스러워진다. 자신이 방금 양호 선생에게 한 눈 판 행동을 부정하고, 대신 부인에게 투사하여 비난하는 것이다. 거기에다가 그가 한때 양호 선생에게 느꼈던 배반감도 보태진다. 한 술 더 떠서 그가 평소에 부인에게 하고 싶었던 요구인 학원을 그만두라고 한다.

그는 이 꿈을 꾸고 나서 즉시로 부인이 몹시 의심스러워졌다고 말했다. 아무리 차분하게 마음을 돌리려고 하여도 도무지 의심이 가시지 않아서 하루 종일 기분이 나빴다고 말했다.

그리고 이어서 그는 중요한 사실을 발견하였다. 그는 이 꿈을 꾸기 전날에 부인과 몹시 다투었다고 말했다.

그는 사실 그의 부인이 직업을 그만두기를 바랬지만 이제 그것을 요구할 수는 없었다. 그대신에 그는 그녀에게 특별한 요리를 주문했고 그것은 그녀가 낮부터 준비하지 않으면 안되었다. 부인은 당연히 학원일 때문에 그의 요구를 들어줄 수가 없었고 그래서 그날 밤에 서로 싸웠다는 것이다.

그런데 그는 부인과 싸우고 나면 더욱 부인이 의심스러워지는 것 같다는 심정을 이야기하였다. 이것은 중요한 자각이다.

부인과 싸워서 진다든지, 특히 이성적인 논리로서 말싸움에 지고 나면 그는 더욱 심술 사나운 의심이 드는 것이다. 그것은 아마도 그의 부인에 대하여 자기 스스로 열등감이 자극이 되어서 일어나는 것일 수도 있다. 열등감은 그의 생모가 남기고 간 도덕적인 성질의 열등감도 있을 수도 있고, 혹은 남성으로서 성적인 기능에 대한 열등감도 흔히 있을 수 있다.

그는 다시 일어난 의심으로 그날 밤 부인에게 또다시 싸움을 걸고 다그치다가 부인이 화를 참지 못하고 그를 쫓아내기 직전에 스스로 중단하고 혼자 조용히 누워 잠들었다.

그가 잠들기 전에 혼자 생각하니 한편으로 자기 스스로도 근거없는 의심이라는 생각이 마음 한 구석에 들었고, 또한 그것이 단지 투사라는 그의 못된 심리 작용이라고 생각도 해봤지만 그 당시에는 피할 수 없는 의심이고 또 싸움이라고 생각했다.

그는 자꾸 이러다 보면 부인이 다시 그를 완전히 버릴까 걱정이 들었다는데, 그 죄책감은 다시 꿈속으로 이어져 부인이 그를 버리고 떠나는 벌을 줄 수도 있게 된다.

그러면 다시 또 자기방어적으로 부인 탓을 하게 되고 그래서 또 의심이 들고 걷잡을 수 없는 의심의 악순환이 계속되고 만다.

의심은 마치 술 중독 환자가 술이 나쁘다고 생각하면서 술을 끊지 못하고 마셔 대는 것과 같다. 또한 바로 그런 이유로 해서 그에게 올바른 판단과 양식이 이제 조금 생겨났다고 해서 치료가 쉽게 끝나지 못하는 것이다.

하지만 그래도 이제까지 아무런 원인도, 이유도 모르고 부인만을 의심하던 때와는 달라질 수 있다. 즉 술이 좋은 줄만 알고 술중독이 되었을 때보다는 술이 나쁜 줄을 비로소 알게 되었을 때가 그래도 술을 자제할 수 있는 희망이 자라나는 것이다.

좀더 구체적으로는 그에게 의심이 들었을 때에 의심 자체에만 매달리지 말고, 갑자기 이 순간에 왜 의심이 들었을까를 생각해 보도록 권하는 것이다. 그날 부인에게 어떤 스트레스를 받지 않았는지도 살펴보고, 혹은 그 자신이 다른 어떤 여자에게 무의식적으로 성적인 유혹을 느꼈었는지도 돌아보라는 주문이다.

희나리 씨는 이후로도 지속적으로 장기적인 치료를 받는 조건으로 해서 부인이 포용을 하여 다시 안정된 가정 속으로 돌아갔다. 희나리가 소원하던 불꽃을 마침내 다시 피우게 된 것이다.

희나리 씨는 그의 의심이 전적으로 그의 불안한 심리 상태에서 비롯되어 근거없이 부인을 의심해 온 것을 거의 인정하였다. 그는 이지적으로 그 점을 깨달은 것이다. 이제부터 깨달은 대로 생각을 점차 고쳐 나가야만 한다. 그러나 그것은 쉽고 평탄한 길이 결코 아니다. 숱한 시행착오가 당연히 따른다.

산으로 가는 안내 지도가 있다고 해서 누구나 쉽게 산을 오를 수 있는 것은 아니다. 자신의 두 다리로서 중도에 포기하지 않고 끝까지 산정상에 올라가는 노력이 결실을 맺는다.

희나리 씨는 약속한 대로 상담 치료를 성실히 계속해 나가면서 여러 가지 전이 감정을 분석하고 누적된 전이 감정이 해소되어야 비로소 치료가 끝나게 된다.

부록
꿈의 해설

1) 꿈의 정의

꿈은 한 편의 영화이다. 꿈꾼이의 무의식이 각본을 쓰고 꿈꾼이가 주연배우이자 감독을 하고 또 편집을 한다. 게다가 꿈꾼이 자신만이 유일한 관객이고 비평가이다.

꿈속의 어떤 인물이 무슨 행동을 하든 간에 그것은 꿈꾼이의 무의식이 조작한 각본이다.

그러나 꿈이 꼭 꿈꾼이의 소망대로 헐리우드(HOLLYWOOD)영화에서 보듯이 해피엔딩(HAPPY-ENDING)으로 처리되지만은 않는다.

때로는 비극적인 것이 꿈이다. 꿈꾼이의 의식적인 통제를 전혀 받지 않는 그 사람의 무의식적 정서가 꿈을 만들어 내기 때문이다.

그 점은 병적인 신체 증상도 마찬가지이다. 자신의 의식적 통제를 받지 않는 무의식이 현실에 불만족을 느낄 때에 자신의 몸에 고통스런 증상을 만들어 내는 것이다.

그런 면에서 증상은 그 사람의 의식적인 행동 양식이나 그가 처한 환경 상태에 대하여 그 자신의 무의식적인 거부감을 충실히 대변하고 있는 신호이다.

2) 꿈의 생리

꿈을 먼저 생리적 측면으로 관찰해 보면 보통 사람은 하루 밤 수면 중에 적어도 서너 번 이상 꿈을 꾸고 있으며 한 번의 꿈을 꾸는 데 걸리는 시간은 단 5분에서 1시간까지 다양하다.

갓태어난 신생아는 물론 태아도 수면 중에 어김없이 꿈을 꾸고 동물도 수면 중에 꿈을 꾸는 것이 밝혀져 있다. 게다가 수면 중인 동물이나 사람에게서 꿈만 꾸지 못하게 꿈수면만을 골라 방해하면 이후에 각성 상태에서의 정신 활동 능력이 상당히 피폐해진다.

꿈은 수면 중에 일어나는 일종의 정신 운동이다. 꿈을 꾸는 동안에는 뇌파의 활동이 마치 각성 상태처럼 활발해져서 잠을 자면서도 대개 눈동자를 두리번거리게 된다. 때로는 잠꼬대 같은 말을 할 수도 있고 손발을 움직거리기도 하는데 특히 남자는 성기의 발기 현상이 따른다.

또한 이 때에 꿈의 내용에 따라서 꿈꾸는 이의 긴장 상태가 심해지면, 수면 중에도 호흡이 거칠어지고 맥박이 빨라지며 혈압이 오르기도 한다. 긴장이 더욱 지나치면 꿈에서 깨는데 식은땀에 푹 젖어 있기도 하는 것이다.

3) 꿈의 재료

이러한 수면 중의 정신 운동 상태인 꿈은 보통 우리가 평소에 경험하는 각성 상태의 정신 활동을 보조하는 역할을 수행할 것으로 기대된다.

좀더 구체적으로는 전날에, 혹은 평소에 정신적으로 쌓였던 스트레스를 해소시켜 주는 의미가 있다. 때로는 현실에서 이룰 수 없는 소원을 꿈속에서 대신 이루게도 하여 주는 것이다. 그 결과로 현실적으로 조급한 소원 충족을 여유 있게 미루어 둘 수도 있다.

그 외에도 현실에서 미처 의식으로서 자각하지 못한 것을 꿈을 통하여 의식하게 만들어 주기도 한다. 마치 반짝이는 영감을 주기도 하는 것이다. 또한 우리 몸 속에 어디엔가 저장되어 있었던 듯한 무의식의 자체 일정표에 의해서 죽은 사람의 얼굴도 떠오르게 해주는데 그것은 기일(忌日)이 가까워서 그런 경우가 많다.

4) 꿈의 기억 능력

모든 사람이 밤이면 밤마다 꿈을 꾸고 나지만, 깨어나서 꿈을 기억하는 것은 사람의 습관에 따라서 다르다.

그 사람의 부족한 경험에 의해서 꿈이 그저 쓸데없는 것이라고만 여겨 온 사람은 점점 꿈을 기억하지 못하게 된다.

나는 우리집 앞에 몇번 버스가 지나는지 모른다. 지하철만 타면 매일 버스정류장을 지나쳐도 기억할 수 없는 것이다. 매일 보아도 무의식이 기억할 필요를 느끼지 않으며 그래서 굳이 기억으로 저장되지 않고 눈앞에서 지워지는 것이다.

그러나 버스를 타고 다니는 사람은 버스 번호를 저절로 잘 외우게 된다. 즉 필요가 기억을 낳은 것이다.

반면에 호기심 많은 사람은 특이한 꿈에 한해서 잘 기억할 수 있으며, 꿈분석을 받다 보면 적어도 하루에 하나의 꿈은 늘 기억나기 마련이므로 꿈의 기억은 단지 습관의 문제이며 처음 시작하는 사람은 의지의 문제이니 마음먹기 달렸다.

5) 꿈분석 대상이 되는 꿈

그저 일상적인 꿈, 환자 자신의 평소 무의식이 솔직하고 자유스럽게 드러나는 간밤의 꿈 그자체로 충분하다. 바로 그 개꿈이 치료에 도움이 되는 것이고 약이 되는 것이다.

"내 꿈은 잘 맞아요." 하면서 용꿈, 돼지꿈 등등으로 시작하는 사람은 미신적 태도부터 고쳐야 하므로 치료가 더디다.

또한 꿈 속에서 기억해야할 것은 용, 돼지 같은 사물이 아니라 용과, 혹은 돼지와 굴렀느냐? 쫓았느냐? 등의 꿈속 행위이다.

6) 꿈분석 대상이 되는 사람

꿈분석을 통한 치료는 아무나 치료자로 나설 수 없는 것이지만 역시 환자도 아무나 될 수 없다는 단점이 있다. 꿈분석 치료의 환자가 되자면 결코 머리가 좋거나 학력이 높아야 하지는 않지만 그대신에 인내력이 있어야 하고 합리적인 상상력이 있어야 한다.

그것을 심리학적 마음씀씀이(PSYCHOLOGICAL-MINDNESS)라고 한다. 반면에 꿈이 마치 신의 계시라는 미신은 꿈분석 과정에서 최대의 적이다.

7) 꿈분석의 첫단계—연상

꿈을 분석하는 데에 있어서 감추어진 상징의 의미를 해석하기 위해서는 무엇보다도 먼저 환자 자신의 연상을 우선한다. 즉 그사람 나름의 독자적인 무의식이 상징을 통해 의미하는 것을 찾아야 한다. 따라서 서로 다른 두 사람이 비슷한 꿈을 꾸었어도 연상이 서로 다르면 해석도 전혀 다르게 되는 것이 꿈분석이다.

그 점이 해석자가 마치 신처럼 풀어 가는 민간의 해몽법과 꿈분석이 크게 다른 점인데, 꿈분석에서는 환자의 경험이나 가치를 바탕으로 그 사람의 무의식적 갈등을 합리적으로 밝혀 나가는 과정이 존재하고 또 그 과정에는 당연히 환자가 참여하는 것이다.

8) 꿈치료의 과정

치료 역시 이제까지의 진단 과정과 똑같은 방법으로 이루어진다. 바로 환자의 억압된 무의식이 꿈분석을 통하여 서서히 노출이 되면서, 환자의 무의식속에 치료자와의 새로운 경험이 충분히 쌓인 연후에, 역시 환자의 무의식이 주체적 판단을 내려서 환자가 절대로 안전하다는 정서를 다시 얻어야 치료가 된다.

그러한 과정을 다섯 단계로 설명을 하면 첫째 의사가 진단을 내리는 단계, 둘째 환자가 의사의 진단을 이해하는 단계, 셋째 의사가 환자의 전이를 발견하는 단계, 넷째 환자가 자신의 전이를 이해하는 단계, 그리고 다섯째로 환자가 충분한 경험으로서 자신의 전이 감정을 용해시키는 단계로 볼 수 있다.

물론 다섯째 단계가 가장 많은 치료 시간을 필요로 하는데 그것은 반년이 걸릴 수도 있고 십 년이 걸릴 수도 있다. 그래서 정신 치료는 어떤 치료보다도 시간이 많이 걸리는데 치료받으려는 사람의 인내가 많이 필요하다.

9) 꿈의 주체; 나안의 또다른 나

여러 사람의 꿈분석을 하다 보면 꿈속에서 주인공이 어릴 때의 모습으로 돌아가 그러한 작은 아이로 나타나고, 그 꿈을 꾸는 사람이 현재의 성년의 모습으로서 작은 아이에게 다가가 말을 붙이거나 길동무하여 같이 걸어가는 것은 흔히 보는 일이다.

꿈속의 웬 아이는 대개 유아적이고 하지 말라는 짓을 잘 하고 이성의 보호를 거부하며 충동적으로 성관계를 원하고 있는데 바로 환자가 가진 원초적 본능의 화신이다.

또 그것을 지켜보는 현재의 자신은 허약한 자아를 대표한다.

10) 꿈속의 얼굴없는 파트너

흔히 누구인지 알 수 없는 꿈속의 상대자는 환자의 부친을 포함한 혈연 관계의 인물이거나 정신치료 도중에는 치료자인 경우가 많다.

11) 꿈속의 시간 흐름

꿈속에서 시간의 흐름은 물리적 법칙과 상관이 없어서 앞으로도 흐르다가 뒤로도 흐르다가 하는데, 사실은 시간이 평면적으로 함축이 되어서 과거, 미래, 현재가 한꺼번에 혼재되어 나타난다고 말할 수 있다.

시간적 순서가 우리에게 개념화되는 것은 대략 5세가 지나야 한다. 그러니까 보통 사람의 꿈 속에서 나타나는 이성 수준은 5세도 채 되지 않는다.

12) 꿈은 현실과 반대, 근친상간

흔히 꿈은 현실과 반대로 나타난다는 속설이 있다. 그것은 꿈의 중요한 기능이 현실에서 이루지 못한 것을 꿈을 통해 이루고 만족하여서 꿈꾸는 사람의 쌓였던 갈등을 해결해 주기 때문이다.

따라서 외디푸스 갈등을 드러내는 근친상간 꿈은 자연스러운 현상이고 하나도 이상할 것이 없으나 실제 근친상간은 사회적 죄악으로, 둘이 전혀 별개의 것이다.

13) 꿈의 길흉

일반인들에게 특히 잘 기억나는 꿈은 마치 길흉을 예견하는 것처럼 취급이 되어 오기도 했다. 그러나 꿈은 외계로부터 오는 메세지가 결코 아니다.

그러나 꿈은 자신의 내면에서 들려오는 소리다. 자신의 내면에서는 이성과 다른 욕구와 무의식 나름대로의 판단이 있고 이를 이해하면 더 좋은 일상의 결정을 내릴 수 있다.

14) 꿈의 상징

꿈을 분석하자면 꿈의 상징적 표현이나 위장 전술에 익숙해야 한다.

꿈이 굳이 직설적이지 않고 이렇게 상징이나 위장으로서 나타나는 이유는 환자의 무의식속에 들어 있는 양심이라는 검열관에게 성에 대한 주제가 금기시 되어 있기 때문이다.

하지만 사람은 성에 대한 꿈을 꾸지 않을 수 없는 것이, 그 또한 사람의 무의식적인 본능이다. 그래서 본능적 무의식의 분출 요구와 양심적 무의식의 자제 요구가 서로 타협하여 나타난 산물이 바로 상징과 위장이다.

그래서 상징과 위장 속에 꿈을 좀더 모호하게 만들어서 양심의 제약이나 검열을 피하는 대신에, 적나라하게 본능적인 꿈을 훨씬 쉽게 편안히 꾸게 된다. 따라서 만일 치료 중에 환자의 무의식적 금제가 상당히 풀리고 나면 그 다음의 꿈은 상징을 굳이 사용하지 않고, 보다 직설적으로 대범하게 나타난다.

예를 들면 꿈속의 수영은 섹스다.

실생활에서도 건전한 스포츠 활동은 성적 욕구를 간접적으로 해소시켜 주는 의미가 있는데, 꿈속에서의 수영 역시 성적 욕구의 분출을 상징하는 것이다.

꿈을 통해 성적인 욕구를 풀어 보려 하면 단골 메뉴가 수영장이다. 수영장이 꿈에 나올 정도면 이미 상당한 수영 실력을 갖추었지만 환자는 수영 실력이 좋은데도 불구하고 수영을 잘 하지 못하는 꿈을 꾼다. 이유는 꿈속의 수영이 실제 수영이 아니고 성행위 자체이기 때문이다.

또하나의 예로서 꿈속의 전신의상은 나체를 상징한다.

프로이트에 의하면 대개의 의복은 나체를 상징하는데 우주복도 마찬가지이다. 특히 우주복은 전신 의상이므로 전라를 상징한다. 우주복을 입고 유영하는 것은 수영장에서 나체로 수영하는 것만큼 섹스를 의미한다.

15) 꿈분석의 효시, 프로이트

꿈의 내용에 대한 보다 합리적인 분석은 오스트리아 의사 프로이트에 의해서 정신과 환자의 치료에 도입이 되었는데 그의 저서 〈정신분석입문〉이나 〈꿈의 해석〉이라는 책을 읽어보면 참으로 과학적으로 잘 설명되어 있다.

따라서 여러분들은 그 두 권의 책을 섭렵하면 그것으로서 충분히 자기 꿈분석을 스스로 할 수도 있다.

다만 앞에 열거한 책들이 전문가가 되기 위한 의과 대학생들을 대상으로 프로이트가 비엔나 대학에서 직접 강의한 것을 정리한 것이기 때문에, 일반인이 얼른 보기에는 딱딱하고 조금 어렵다고 할 수 있다. 그에 비하면 독일인 의사 융의 전기인 〈회상, 꿈 그리고 사상〉은 훨씬 더 읽기 좋고 감동적이라 먼저 권하고 싶다.

필자가 처음 〈정신분석입문〉을 읽었을 때에, 그것은 경이로운 신세계를 새로 보는 것 같았다. 바로 무의식이라는 신세계였는데 의식을 바다 위의 파도에 비유한다면 무의식은 바다를 움직이는 해류처럼 거대한 흐름이었다.

필자는 프로이트가 그의 책 앞머리에서 예증을 들어 설명한 무의식의 존재에 대해서 쉽게 수긍을 하였다. 마치 종교적으로 선지자의 계시를 따르듯이 무의식을 받드는 심정이었다.

하지만 실제 꿈분석에 있어서 어느 정도까지 그가 주장하는 리비도의 원리로 오로지 해석할 수 있을까 하는 것이 당시 필자에게 다가든 첫번째 의문이었고, 그 다음에는 그러한 19세기적 꿈의 해석 방법이 이 복잡한 20세기말에 유라시아 대륙의 반대편에 있는 한국에서 얼마나 적용이 가능한 것일지 의문을 갖게 되었다.

물론 여러분들도 필자와 똑같은 의문을 가질 수 있을 것인데 그중 첫번째 의문에 관해서는 여러분 스스로 자기 분석을 하면서 여러분 자신들이 깨닫는 것이 지름길이라고 생각한다.

그리고 두번째 질문에 관해서는 이 책에서 필자가 소개한 치료 사례들을 보면서 역시 여러분 스스로가 평가를 내릴 수 있을 것이다.

필자는 정신 분석에 관해 아직 아무런 지식이 없는 분들에게도 이 책이 도움이 될 수 있도록 가능한 한 쉽게 설명을 하려고 노력하였다. 다만 필자가 아직 경험이 적어서 쉬운 것도 어렵게 설명하는 모습을 감출 수는 없었을 것인데 그 점은 용서를 구한다.

16) 프로이트식 치료

본래 꿈의 해석은 프로이트가 발견한 그의 무의식 이론이나 리비도 이론이 가장 핵심적인 기초가 된다.

그 외에도 다른 해석 방법이 많이 연구되었지만 치료자는 프로이트 관점으로 본 해석이 젊은 환자들의 치료에 가장 도움이 될 것으로 보는데 성(性)에 대한 정신적인 억압이 그 나이 또래의 환자에게 여러 증상을 일으키고 있기 때문이다.

성의 억압이 요구되는 사춘기가 있는 한,
성에 대해 억압적인 도덕이 존재하는 한,
프로이트식 꿈분석 치료는 영원하다.

17) 무의식의 진단과 치료

치료자들은 환자의 겉으로 나타난 신체 증상을 보고 충분히 그 사람의 무의식 상태를 짐작할 수도 있다.

그러나 그것을 그 자리에서 설명해도 환자는 대개 납득하기 어렵다. 환자 자신은 자기에 대해 자기가 가장 잘 안다는 선입견에 빠져서 환자가 미처 모르는 자신의 무의식을 치료자가 미리 안다는 것도 그렇고, 자신의 무의식이 자신의 의식적인 정신 행동에 도전한다는 것도 수긍하기 어렵다.

애당초 무의식은 의식보다 더 세력이 크고 의식을 지배하는 편인데, 일반적인 생각으로는 무의식이 의식보다 멀리 있는 것같이 느끼며 살아왔기 때문에 어느날 갑자기 자신의 숨겨진 무의식이 자기 자신의 앞길을 가로막는다는 것이 실감나지 않는다. 특히 자의식이 강한 사람일수록 무의식 자체를 인정하기가 어렵다.

그래서 환자의 현실과 조화롭지 못한 무의식 상태를 치료자가 증명을 해서 보여 주는데, 그때의 증거가 바로 그 사람의 꿈이다. 꿈은 바로 환자의 무의식이 주체적으로 전해 주는 솔직한 고백이기 때문이다. 따라서 꿈을 보면 그의 무의식이 평소 무엇을 생각하고 또 어떻게 느끼고 있는지를 쉽게 알 수가 있다.

18) 무의식의 세부분, 본능, 자아, 초자아

꿈으로 분석하는 대상인 우리의 무의식은 그 성질에 따라서 본능(ID)과 자아(EGO), 그리고 초자아(SUPEREGO)라는 세 부분으로 나누어서 생각한다. 본능은 타고나는 것이며 생존을 위한 욕구, 즉 식욕이나 성욕을 추구하는 무의식으로서 쾌락적이다.

반면에 초자아는 유아기 상태에서 부모나 사회의 금제 교육에 의해 생성되는 것으로서 권위적이고 금욕적이다. 그리고 마지막으로 자아는 자신을 현실에 적응시키는 주체자이며, 본능과 초자아의 영향을 받고 또한 그 둘을 조절해서 현실에 대처해 나간다.

그런데 위와 같은 무의식의 세 요소 중에서 주체인 자아보다 본능이나 초자아가 지나치게 강력하면 신경증적인 병이 되기 쉽다.

19) 외디푸스 컴플렉스

외디푸스 컴플렉스라는 것은 그리스의 외디푸스 신화에서 유래된 것이다.

그리스의 어느 왕국에 외디푸스가 태어나자 국왕인 친아버지가 아들에게 죽임을 당할 것이라는 예언을 믿고 외디푸스를 죽이려고 했는데 어머니가 외디푸스를 살려 이웃나라에 보내었다..

이후, 외국 왕실에 입양된 외디푸스가 장성하자 친아버지를 죽일 것이라는 신탁을 받고 자기를 키워준 외국왕을 친아버지로 생각하여 그를 보호하기 위해 자신은 궁실을 나와 떠돌게 된다.

그러나 우연히 친아버지를 만나 사소한 시비로 친아버지를 죽이고 위기에 빠진 이웃나라를 구원하여 그 나라의 아름다운 왕비와 살면서 딸을 낳기도 하는데 나중에 알고 보니 자신의 친부를 죽인 것이고 또한 친모를 범하였던 것이다.

외디푸스는 스스로 미칠 수밖에 없어서 자신의 두 눈을 찌르게 되었다.

정신 분석에서는 가족중에 서로 이성인 아버지와 딸, 또는 어머니와 아들간의 미묘한 친화력과, 가족중에 서로 동성인 어머니와 딸, 또는 아버지와 아들간의 배타심 등의 복잡한 갈등을 가리켜 외디푸스 컴플렉스라고 부른다.

그런데, 이 복잡한 갈등은 인간 관계에서 흔히 보는 삼각 관계의 생애 첫시작이라는 데서 더욱 중요한 의미가 있다. 정상인은 누구나 이 갈등을 겪어 내고 적절히 해소하여야 부모 아닌 다른 제 3의 인물이나 이성과 자연스럽게 교류하는데 어려움이 없다.

좀더 구체적으로 우리 실생활에서 일어나는 외디푸스 현상을 예로 들면, 겨우 말을 자유롭게 사용하는 네 살 짜리 딸이 귀엽게도 "이다음에 커서 아빠에게 시집가겠다."는 말을 대뜸 하는 것을 생각해 보면 된다.

그러다 조금 지나서 유아원이라도 다니게 되면 여러 아이들과 자연스러운 교류가 일어나면서, 딸아이는 "내가 시집갈 때 아버지는 할아버지가 되지?" 하고 따져 묻게 된다.

그리고 "엄마에게는 아버지가 있는데, 나는 도대체 누구에게 시집가야 하나?" 하고 철없이 고민하게 되면서 외디푸스 갈등을 스스로 극복해 나간다.

20) 백설공주와 미녀와 야수

야수는 미녀의 꿈의 대상이다. 처음엔 강제이다시피 그녀를 소유하지만 차차로 그녀에게 교화되는 것이 바로 미녀가 찾는 야수 같은 남자이다.

"백설공주"와 "미녀와 야수"는 같은 동화이지만 내용은 상당히 다른 것이다. 백설공주는 수동적이고 그에 반해 야수의 미녀는 능동적이며, 또한 백설공주에 등장하는 왕자는 처음부터 기다려 온 이상형의 남자라고 할 수 있지만 미녀에게서 재교육을 받고서야 인간이 되는 야수는 처음부터 이상형의 남자는 되지 못한다.

여자들이 나이가 들면서 점차 백설공주보다도 야수의 미녀에게 더 공감을 하게 된 것도, 가만있어도 행복이 찾아지는 백설공주의 비현실성보다 자신이 노력한 만큼 행복을 얻는 미녀와 야수의 상황이 훨씬 현실에 가깝기 때문이다.

무의식의 관점에서 보면 "백설공주"나 "미녀와 야수"는 외디푸스 컴플렉스를 동화로 표현한 것으로 설명이 된다.

바로 일상적인 모녀간의 갈등을 극대화하여 어머니를 계모나 마귀로 형상화시키고 주인공이 박해받는 딸이 되어 집에서 도망나가 독립하는 것이 "백설공주" 이야기로서, 많은 소녀들이 어머니에게서 야단을 맞으면 한번쯤 꿈꾸어 보는 이야기이다.

도중에 그녀를 도와주는 난쟁이 할아버지는 부성(父性)을 상징한다고 보이는데 남성으로서의 능력이 거세되어서 성적으로는 안전한 난쟁이인 것이다. 따라서 백설공주가 얼마간 피신하는 대상은 되지만 그녀를 마녀로부터 영원히 지켜 주는 데에는 일곱 명으로도 부족하다. 그리고 그녀에게 꼭 맞는 젊은 왕자가 나서야 지만 비로소 어머니의 그늘에서 벗어나는 것이다.

반면에 "미녀와 야수"는 외디푸스적 부녀간의 사랑이 주제이다. 주인공이 아버지를 찾아 낯선 곳으로 떠나가는데, 아버지를 대리할 수 있는 강한 야수를 만나게 된다.

그리고 아버지와의 이루어질 수 없는 사랑을 위하여, 아버지의 목숨을 구하는 대신에 미녀는 거친 야수에게 자신을 던지고 희생한다. 결국은 그녀를 잘 이해하던 아버지 대신에 낯선 야수와 짝을 이루고 점차로 야수 같은 한 남자를 그녀 마음대로 길들이는 데 성공하여 행복을 찾는 것이다.

이런 외디푸스 갈등은 "신데렐라"나 "콩쥐팥쥐", 그리고 "미녀와 야수"와

"심청전" 에서 보듯이 동서양을 막론하고 범세계적인 것이고, 선사 시대 이래 인간의 역사를 관통해서 내려오는 것으로서 시대에 따라 크게 달라지지 않는다.

어쩌면 사람이 태어나서 실제 경험을 하기도 전에 선천적으로 타고나는 갈등이 아닌가 생각되기도 한다.

21) 심청전과 기황후

심청전은 누구나 안다. 그런데 이 심청전은 어디서 유래되었을지를 분석해 보면 바로 고려시대 기황후의 이야기다.

고려 때에 중국 원나라에 공녀로 팔려간 기씨 여자는 심청과 다를게 없다. 그리고 심청이 용왕을 만난 것이나 기씨가 원나라 황제의 정비인 황후가 된 것이나 다른 게 없다.

심청이 고향에 사람을 보내어 아버지를 호강시키듯이 기황후는 자기 가족들로서 고려 왕실에 세도하게 하였다.

22) 신데렐라 컴플렉스, 황진이 컴플렉스

흔히 말하는 "신데렐라 컴플렉스"는 모든 사람의 무의식속에 깊이 자리하고 있다. 특히 여자의 능력 발휘 기회가 제한되고 단지 남자의 선택에 의해서 여자의 가치가 결정되던 먼 과거로부터 근대까지 모든 여자의 무의식속에 깊이 박힌 사고 체계이다.

그것은 여자가 착하게 남자 말을 잘 듣고 체제에 순응을 함으로써 여자에게 주어지는 행복을 강조하는 것이다.

그 반대의 경우로서 여자가 남자를 무한히 선택할 수 있는 "황진이" 처럼 기생이 되어 성공할 수 있기를 바라는 세태도 있다.

요즈음 서울의 화려한 술집에 종사하는 여자들의 모습에는 절대적 빈곤 때문이 아니라 쉽게 그들 자신을 과시하기 위한 것으로 보일 때가 많다. 그들은 그동안 억눌렸다고 생각한 많은 여성들이 성적으로 폭발하고 싶은 꿈을 대표하고 있다고 할 수 있다.

그런데 바로 이 신데렐라 컴플렉스와 황진이의 소원을 하나로 합쳐서 영화로 꾸민 것이 바로 "애수" 와 "귀여운 여인" 이다.

마빈 르로이 감독의 "애수(WATEROO BRIDGE)" 에서는 여자들의 그 두 가지 욕망의 갈등적 대립 때문에, 한때 창녀로 생계를 이어온 여주인공 비비안 리가 로버트 테일러의 사랑을 등지고 결국 자살함으로써 끝나며, 당시에 동서양의 많은 여자들의 심금을 울렸다.

그 후 시대가 수십 년이 지나서 최근에 제작된 게리 마샬 감독의 "귀여운 여인(PRETTY WOMAN)" 에서는, 역시 창녀로 출발한 여주인공 줄리아 로버츠가 기업가 리처드 기어마저도 사로잡아서 "애수" 와는 달리 행복한 결혼에 이르면서 역시 많은 여인들의 울분을 풀어 주었다.

이들 두 영화는 바로 일반 여인들의 그 두 가지 꿈 같은 소망, 즉 황진이로 출발하여 신데렐라가 되는 꿈을 한꺼번에 다루었기 때문에 성공한 것이다. 알게 모르게 일반인들의 무의식적 소망을 대신 실현시켜 준 것이라서 대리만족을 주게 된다.

23) 소 꿈

소는 농사를 지어 온 우리 민족에게 아주 친근한 동물이다. 백정촌에서는 소를 옥황상제의 아들로서 매우 신성하게 생각하며 소를 죽이는 것은 상계로 돌려보내는 것이라고도 한다.

치료자가 본 여러 꿈에서의 소는 근친상간적 의미가 많았는데 흔히 아버지를 상징하였다. 우람한 체격과 쇠뿔이 고집스러운 아버지를 상징하기도 하고, 또한 부지런히 밭일도 하고 때로는 게으름도 피우는 소의 행태가 마치 우리 나라 농촌의 전통적 부성을 그대로 닮기도 한 것이다.

그런데 꿈속에서 여자에게 소가 달려들면 이는 아버지와의 근친상간적 소망이 꿈속에서 위장되어 펼쳐지는 것이다.

24) 부녀간의 싸움

프로이트는 여자 환자가 자신의 아버지와 싸우는 꿈을 성적인 욕구가 분출된 것으로 해석했다. 즉 아버지와 성적인 접촉을 갖는 것을 상징적으로 아버지와 춤추는 것으로 바꾸어 표현을 해보아도 자신의 초자아의 엄격한 도덕적 검열을 피하기 어려워서, 한 번 더 각색을 하여 아버지와 싸우는 장면으로 위장시킨다는 것이다.

25) 외디푸스 컴플렉스의 책임소재

대개의 환자들은 외디푸스 컴플렉스의 근원을 자신의 것으로 보지 않고 부모의 유산으로 보려는 경향들이 많이 있다.

사실 아버지에 대하여 환자가 외디푸스 컴플렉스를 크게 가지고 있다면 그 뒷면에 아버지의 책임도 얼마간 존재한다.

아버지는 어린 딸과 신체적 접촉, 즉 스킨쉽(SKIN-SHIP)을 적절히 나누는 것이 필요하다. 그러한 유아기 경험은 장차 그녀가 이성 관계를 가지는 데 있어서 필요 없는 두려움을 갖지 않게 도움을 준다.

만일 어린 딸과 담을 쌓고서 단 한 번 따뜻하게 안아 준 일이 없다면 대개 그 딸은 이성 관계에 눈뜨지 못하는 무감동한 여자가 될 수 있다.

그런 딸의 무의식속에는 아버지에게서 적절히 해소되지 못한 외디푸스 갈등이 평생 동안 얼음 덩어리처럼 차디차게 남아 있게 된다.

반대로 신체 접촉이 지나친 경우에는 어린 딸에게 선정적인 유혹이 된다. 그런 경우에 어떤 부모는 실제로 매우 유혹적인데 부모 자신이 성적으로 미숙한 경우가 많다.

26) 정신적으로 미숙한 부모, 과부 아들 컴플렉스

단지 나이 많은 어른이라고 해서, 그들 모두가 성적으로 미숙하지 않은 것은 아니다.

외디푸스 컴플렉스는 아이가 이성의 부모에게 느끼는 것만 있지 않고 그와는 반대로 미성숙한 부모가 이성의 아이에게서 느끼는 강한 애착도 있는데, 그것은 부모 자신이 어린 시절에 가졌던 외디푸스 컴플렉스가 연장된 것이다.

흔히 말하는 과부의 지나친 아들 사랑도, 잃어버린 남편에 대한 보상으로서 묻혀졌던 외디푸스 컴플렉스가 다시 자라나서 아래로 향한 것이다. 또한 우리 사회 일각에서 나타나는 사회병리적 현상으로, 술집의 나이 어린 여자들만을 열심히 찾아다니는 중년 남자들도 있는데, 그들의 무의식속에도 마찬가지로 자기 딸들을 향한 뿌리 깊은 외디푸스 컴플렉스가 숨어 있는 것이고, 자신의 미숙한 인격을 길거리에서 적나라하게 드러내는 것이다.

이런 미숙하고 유혹적인 부모, 혹은 바람둥이 부모를 만나면 딸은 유아기를 지나서도 계속적으로 외디푸스적인 유혹을 받게 되고 도대체 나날이 새롭게 쌓이는 외디푸스 갈등이 짐이 되지 않을 수 없다. 그런 딸이 집밖에서 새로 이성 관계를 만드는 것은 무의식적으로 아버지에게 죄책감을 불러일으키기까지도 한다.

수년 전에 방영된 드라마 "사랑이 뭐길래" 에서 신애라 양이 이성 친구의 신체적 접촉을 받아들이지 못하여 난리를 치고, 대신에 아버지 김세윤에게 지나치게 칭얼거린 행동의 밑바탕에는 바로 이러한 외디푸스적 갈등이 숨어 있었던 것이다.

27) 인질심리

최근에 서울 방송의 테마 기획 시리즈 "사랑이라 부르는 것" 중의 한 드라마에서 탈옥수 이덕화에게 납치된 가수 민혜경이 보이는 사랑과 같은 것이다. 그것이 현실로서 나타난 것으로는 자신의 납치범들과 동거하면서 적극적으로 은행 강도 행각을 벌였던 미국 신문 재벌의 딸 패트리셔 허스트 양의 사건이 있었다.

좀더 흔한 예를 들면 변덕스런 어머니에게서 많은 매를 맞고 크는 어린아이가 그 어머니에게 더 많이 애정을 느끼는 것처럼 보이는 경우가 있다. 그 아이의 입장에서 보면 자신의 삶을 그런 어머니에게 맡기고 의존할 수밖에 없으므로 거의 인질이나 같다.

그래서 어린아이는 더욱 어머니 곁을 떠나지 못하는 충실한 강아지 같은 모습을 보이는데 이때 어머니에게 향한 애정은 아주 병적인 것으로서 뒤에서는 증오가 끓는 애정이다. 이런 경우에 아이는 독립성을 일찍이 포기당하고 점차 무기력하게 성장하며 잘 되 봐야 마마보이(MAMA-BOY)가 된다.

엄마의 치마에서 떨어지지 않는 어린이의 엄마는 대개 과보호하고 과잉통제하고 게다가 변덕스럽고 폭력적이다.

28) 야뇨증, 귀신과 드라큐라

흔히 오륙 세의 어린아이들이 밤마다 무서운 귀신이 나타나는 꿈을 꾼다고 호소할 때가 있다. 그러면서 때늦게 밤마다 오줌을 싸거나, 혹은 행동이 부산하고 주의집중이 안되며, 더러는 손톱을 깨무는 증상이 생겨서 병원을 찾아온다.

그때 아이들이 무서워하는 꿈속의 대상이 귀신인지, 혹은 도깨비인지를 분명히 파악할 필요가 있다. 이를테면 아이들은 누구나 자기 어머니가 세상에서 제일 좋다고 말을 하지만, 동전의 앞뒷면처럼 그 아이의 초자아에 영향을 주는 징벌자로서 어머니의 지독하고 사나운 모습이 아이의 꿈속에서 무시무시한 귀신으로 나타나서 아이를 겁주고 있는 것이다.

반면에 아버지는 꿈속에서 남성의 성기를 상징하는 뿔을 머리 한가운데에 달고 술취한 듯이 비이성적으로 마술 방망이를 휘두르는 도깨비로 나타난다. 때로는 아이에게 행운의 선물도 가져다주지만, 때로는 술주정으로 해서 도무지 예측 불가능한 위인이다.

그러니 정서 장애가 생긴 어린아이에게 먼저 꿈을 물어 보고 문제가 귀신인지, 혹은 도깨비나 드라큐라인지 알아보고 원인이 된 부모의 양육 태도를 수정해야만 어린아이의 병이 나아진다.

29) 동일시(IDENTLFICATION)

동일시(IDENTLFICATION)라는 심리 현상은 역시 외디푸스 현상에서 비롯되는 것이다. 어린아이에게 이성의 부모와 싹튼 사랑의 감정은 반대로 동성의 부모에게 죄책감을 가지게 하고, 그 죄책감을 보상하기 위해서 동성의 부모와 강력하게 한 편이 되는 것이 동일시이다.

만일 그렇게 행동하지 않으면 외디푸스 신화의 아버지처럼 일찌감치 어린 외디푸스를 제거하려 들 것이고, 아이는 그 위협을 당해 낼 수 없다.

그래서 여자아이는 더욱 어머니를 따르고 남자아이는 마찬가지로 아버지를 열심히 흉내냄으로써 동성의 부모에게 자신은 영원히 충실한 속국이며, 결코 사랑의 삼각 관계 속에 경쟁하는 적대국이 아니라는 뜻을 간절하게 표현하는 수단이 바로 동일시이다.

그것은 마치 신라가 당나라의 계속되는 위협으로부터 벗어나기 위해 당나라의 문화나 제도를 수입한 이유와 똑같다.

30) 성적인 꿈은 왜 꾸나

꿈분석을 보면 많은 부분이 성적인 것이다. 따라서 환자로서는 이전에는 전혀 그렇지 않았는데 요즈음에만 건강이 나빠서 특별히 성적인 꿈을 꾸는 것인가 의문을 갖는다.

아니면 남들은 전혀 그렇지 않은데 환자 자신만이 이런 성적인 꿈을 꾸는 것인지도 궁금해한다.

결론부터 말하면 모든 사람은 밤마다 성적인 꿈을 꾼다고 할 수 있다. 그 예로 젊고 건강한 남자가 금욕을 하고 자면 아침에 성기가 저절로 발기되는 현상을 볼 수 있다.

좀 더 정확하게 의학적으로 비뇨기과에서 측정 기계를 가지고 밤새 관찰을 해보면, 정상인 남자에서 수면 중에 일어나는 발기 현상은 꿈이나 마찬가지로 하룻밤에 한 번만도 아니고 여러 번 일어난다. 다만 잠을 자고 있기 때문에 일반인들이 그것을 모르고 그냥 잤을 뿐이다.

주로 꿈을 꾸면서 긴장을 하는 동안에 발기가 이루어지는데 남자가 보통 그렇게 여러 번씩이나 잠을 자면서도 성적 자극을 많이 받는데 반하여 여자는 아니라고 할 수 없다. 여자도 수면 중에 유두의 변화나 질의 활동을 밤새워 일부러 관찰한다면 마찬가지 현상이 있을 것이라고 쉽게 추측할 수 있다.

주기적인 생체 리듬(BIO-RHYTHM)에 따라서 밤이면 더욱 활발해지는 성호르몬(SEX-HORMON)의 왕성한 분비가 바로 우리 신체의 주요한 내적 자극 중의 하나로서, 꿈속에까지 수없이 침투하여 성적으로 자극하는 것은 너무나 당연한 것이다.

31) 동성애적 꿈

우리나라 사람들의 꿈에서도 동성애적 환상은 남녀를 불문하고 심심치 않게 보인다.

그러한 환상은 그들의 동성애 경험과는 아무 상관이 없어서 그들 중에서 실제 동성애를 즐기는 사람은 별로 없었다.

다만 그들의 과거에 부모의 부정한 행위를 보고들은 경험, 과도한 외디푸스 컴플렉스와 특히 관련이 있었고, 그렇지 않은 대다수의 경우에는 단지 남들의 선망을 받는 영웅적 남녀에 대한 동일시적 소원으로서 그들을 자신 속에 함입시키기 위해 그런 꿈을 꾸고 있었다.

후자의 경우는 동성애가 아닌 정상적인 이성애에서도 같은 심리가 작용하고 있다. 즉 성행위 속에는 서로 동일체가 됨으로써 상대방을 소유하려는 욕심을 결코 배제할 수 없는 것이다.

그 욕심은 세포분열적인 생물학적인 종족 번식의 욕구 다음으로 중요하니 세포성장 욕구이다.

32) 동성애

우리 나라 역사에서는 고려의 공민왕이 사랑하던 왕후 노국공주의 죽음으로 인해 성격이 변하여 동성애에 깊이 빠진 것으로 전해져 온다. 또한 일본이나 중국의 고대 소설에도 동성애가 흔히 보이는데 "장군" 이라는 일본 소설에도 그런 장면이 나온다.

그러나 현재의 우리 문화 환경에서는 동성애를 결코 정상적인 것으로 인정하지 않는다.

하지만 최근 서구 여러 나라에서는 동성애가 범람하고 있다.

그 이유는 서양 사회에서 급격하게 이혼이 증가하면서 안정되지 못한 반쪽 가정에서 자라나는 아이들이 상당히 많아졌기 때문으로 보인다.

이런 환경에서 자라나는 아이들의 경우에는 그들의 외디푸스 갈등을 적절히 해소할 대상도 마땅히 없고, 동시에 그들의 성적 정체감(SEXUAL IDENTITY)을 형성할 동일시의 대상도 수시로 오락가락 한다.

결정적으로 그들의 잘못된 충동을 제어해 줄 초자아가 미처 자라나지 못하게 된다.

그러나 현재 미국 정신과학회에서는 동성애를 더이상 정신병으로 보지 않고 정상적인 성행위의 하나로 간주하고 있다.

33) 자위행위

자위 행위도 성행위의 하나이다.

최근에 불감증 치료를 위한 성 치료에서는 남녀 모두 자위 행위를 통해서라도 혼자서 먼저 오르가슴을 달성하도록 권장하고 있다.

구체적으로는 자위 행위를 통해서 자신을 흥분시키는 신체 부위를 찾아내고, 그것을 이용해 혼자서 별 긴장감 없이 일단 오르가슴에 오르기가 더 쉽다는 것이다.

그리고 나서 다음 단계에서 이성의 상대와 만나 서로 협조하여 성관계를 추구하면, 기왕에 혼자 힘으로 닦여진 신체가 쉽게 적응하여 오르가슴에 빨리 이른다는 것이다. 물론 이 치료의 목적은 보다 친밀한 부부 관계를 이루려는 데 있다.

34) 청소년의 자위

특히 청소년들은 성행위를 할 수 있도록 신체적으로 충분히 완성되어 있고 성호르몬의 분비도 어느 때보다 가장 왕성하다.

하지만 사회적 관습의 변천에 따라서 혹은 정신적 기능의 보다 큰 성숙을 위하여, 이율배반적으로 성 기능이 가장 왕성한 시기에 잠시 성 기능을 유보당하게 된다.

더욱이 우리 나라처럼 성이 엄격한 사회에서는 잠시가 아니라 아주 장기간 성 기능의 실업 상태가 지속되는 수도 많다. 따라서 이런 상태를 보완하기 위한 자위 행위는 생리적인 관점에서 필연적이기도 하다.

다만 문제는 청소년이 너무 심한 자위 행위에 빠져들어서 학습에 지장을 받는다는 점이다. 특히 우리 나라에서 전통적으로 내려온 금기적 관습으로 인해 시 사춘기 소녀들에게는 아주 구신한 정신적 상처를 남기는 경우도 있다. 그 결과로 대인 공포증이나 혹은 이차적인 우울증 등을 초래할 수도 있다.

따라서 자위 행위가 건강이나 인격을 망친다는 식의 부질없는 엄포를 더이상 놓아서 청소년의 자위를 막으려는 것은 그들의 정신적, 신체적 건강에 별로 도움이 되지 않는다.

다만 심한 자위 행위가 단지 일시적인 쾌락 추구에 그친다는 점에서 그것을 어떻게 적절히 조절하여서, 그들이 기대하는 삶의 목표를 단지 쾌락 때문에 방해받지 않고 제대로 이루어 나갈 수 있을지 당사자인 청소년과 터놓고 의논해 보는 것이 중요하다.

아울러서 너무 자위가 심한 청소년에게는 혹시 숨겨진 정서적 질환은 없는지도 관찰해야 한다.

성행위는 본래 활발한 리비도의 절대 양과 비례하는 것이기도 하지만 또한 내면에 숨겨진 죽음의 위협과도 밀접한 관련이 있다.

본래 생명체가 자신의 죽음에 대비하여 자신의 영원한 삶을 이어가고 싶은 소망을 충족시키기 위해 씨앗을 뿌리는 것이 성의 본질이다. 그래서 특히 죽음이 흔한 전쟁 중에 사람들의 성충동이 증가하고 소위 베이비 붐(BABY-BOOM)이 일어난다.

따라서 리비도라는 것은 본질적으로 삶과 죽음 모두에 대한 생명체의 본능이 하나로 농축된 것이다.

그래서 청소년이 일시적인 학교 적응 장애나 우울증, 혹은 자폐적인 생활로 정신적인 위기 상태에 빠져들어서 병적으로 심한 자위 행위를 보이는 일도 많기 때문에, 이러한 관점에서 청소년의 정신 상태를 유심히 살펴보고 필요하면 도와주어야 한다.

35) 청소년의 성에 대하여

청소년의 성관계만큼은 무조건 나쁘다는 것이 우리 사회의 관념입니다. 결론적으로 우리 사회가 성에 대한 개념이 잘못되었기 때문입니다.

신체적으로 성적 성숙은 14, 5세에 완성됩니다. 그래서 지난 100만년 동안 우리 인간은 14, 5세부터 성관계를 가져왔습니다. 그것은 지극히 생물학적이고 자연 현상인 것입니다.

그런데 우리 사회는 지난 100년동안 새로운 신교육 제도를 도입하면서 학생이라는 새로운 신분 상의 이유로 무조건적인 금욕을 요구하였습니다. 100년전까지는 우리 사회에서 자유로왔던 일이 50년전부터는 아예 죄악시 되게 되었습니다.

그러나 지구상의 어느 미개한 나라나 어느 선진된 나라도 우리나라처럼 학생이라는 이유로 성관계를 금하거나 죄악시하지 않습니다.

한국적 봉건-전체주의의 산물이 우리 학생들을 국가나 사부, 부모의 부속물로 보고 학생들의 모든 것을 통제하려는 잘못된 발상이 오늘날의 한국적 사회비극을 낳았습니다.

백만년간 이어온 생물학적 욕구가 단, 일백년의 무지한 제도로 통제될 수 없는 것이고, 따라서 자연의 힘은 인간의 통제를 벗어나기 마련인데, 때로 통제를 벗어나 청소년이 성관계를 가지면 교육 사회에서 죄악시하니 그들은 교육사회를 벗어나 어두운 구석으로 숨어들어갈 수밖에 없게 되었습니다.

성교육의 목표는 학생들의 다른 교육의 효과를 올리기 위한 [절제된 성생활]이어야 하며 결코 무조건적인 [금욕]이어서는 안됩니다.

"섹스는 결혼 후에 단지 생식을 목적으로 하는 것이다."라는 단세포적인 성교육은 분명 시대착오적이고 비과학적 개념인 것이며, 왕성한 성욕을 가진 청소년들에게 딴 나라 이야기일 뿐입니다. 그들에게 이미 섹스는 생식 행위가 아니라 "사랑의 완성을 목적으로 하는 사랑의 행위"라는 범세계적 통념이 매스

미디어를 통하여 자리잡고 있습니다.

비는 내리는데 상류에 댐으로 막아서 들판에 빗물이 한 방울도 흐르지 못하게 하겠다는 정책을 주창하는 바보는 없습니다. 비가 내리면 당연히 강줄기를 타고 바다로 빠져나가도록 물길을 열어 주어야 하는 것입니다.

이미 성개방의 홍수는 범세계적 문화와 섞여서 쏟아져 내렸는데 댐을 더 높이 세워 이 땅에는 한 방울도 흐르지 못하게 막을 수 없는 것이며, 대신에 물길을 정비하여 들판을 제대로 흘러내려서 별 피해 없이 인간 성숙의 바다로 이르게 하여야 합니다. 여기서 물길 정비란 창녀촌을 양성화하자는 따위가 아니라, 청소년 나름의 끼리끼리 성을 허용하고 또 청소년을 보호하기 위하여 물질을 앞세운 어른들의 청소년에 대한 성적 착취를 강력하게 제도적으로 막는 것입니다.

우리 사회가 인간의, 바로 부모나 사부 자신들의 타고난 생물학적, 자연생리적 성활동을 이해하는데 앞으로 20년은 걸리겠지요. "내 때도 참았으니 너희 때도 참아." 라면서 고참이 신병 다루듯, 우격다짐의 통제는 계속되겠지요. 그때까지 백만년된 자연 생리를 따르는 어린 학생들이 일탈의 누명을 쓰고 사회의 불행을 뒤집어쓸텐데 안타까운 일입니다.

36) 부모는 살아야 한다

사람이 병들어서 죽은 것이 죄가 될 수는 없지만, 아버지로서의 의무는 끝까지 살아남아서 책임지고 자식을 돌보아야 하는 것이고 따라서 일찍죽은 환자의 부모는 환자에게 큰 죄를 짓는 것이다.

조실부모의 결과로 환자는 처음에 사랑을 주었다가 도중에 잃어버린 부모의 경험에서 생겨난 상처를 다시 어떤 사람에게서 받게 되는 것을 두려워하며 새로운 사람과 친밀해지는데 두려움이 있다.

어린아이가 갑자기 부모의 죽음을 당하여 절망하게 될 때에 흔히 느끼는 감정은 무엇보다도 먼저 자책감이다.

"나 때문에 부모가 죽은 것은 아닐까?"

"내가 나쁜 아이라서 나에게 이런 불행이 닥친 것은 아닐까?"

그러다 보면 남보다 우울증이 더 잘 걸리는 체질이 되기도 한다. 그리고 그 아이는 자라나서 대인 관계가 더욱 조심스럽다.

"내가 그를 좋아하면 그에게 불길한 일이 일어나지 않을까?"

"내가 나쁜 아이라서 그가 다시 나를 버리지 않을까?"

이런 식이다. 이런 것은 무의식적으로 자신은 나쁘다, 혹은 재수가 없다는 패배주의적 자기 평가를 바탕으로 한다.

그래서 그러한 무의식적 열등감의 작용으로 해서 혹시 환자와 좋아질 것 같은 사람이 생겨도 후에 환자가 버림받고 상처받을 것을 먼저 염려하고, 그러기 전에 자신이 상대를 공격해서 떨쳐 버리는 수도 있다.

반대로 상대가 환자를 어떻게 함부로 대하든지 아랑곳하지 않고 자신은 그래도 괜찮다 하고 상대에게 굴욕적으로 매달리는 경우도 있을 수 있다.

37) 조실부모의 영향

대개 우울증 환자에서 10세 이전에 조실부모한 경험이 많은데, 그런 환자들과 면담을 해 보면 이런 식으로 부모 상실이 별일이 아니었다는 생각을 가지고 자기 위로를 하고 있는 경우가 많았다.

즉 그들은 남보다 더 크게 슬픔이 느껴질 때 오히려 남만큼도 슬피 울지 못하고 진심을 숨겨 두는 것이다.

어린아이는 낯가리기를 시작할 때부터 벌써 부모의 중요성을 충분히 피부로 절감하기 때문에, 부모의 상실이라는 의미를 5세나 되어서도 아직 모르지 않느냐는 의심 역시도 어리석다.

다섯 살은 심리학적으로 외디푸스 시기이다. 즉 이성의 부모에 대한 애정과 동성의 부모에 대한 갈등이 지나가는 시기인 것이다. 따라서 다섯 살 무렵에 부모를 잃으면 외디푸스 갈등을 성숙하게 통과해나갈 수가 없고 이성을 사귀는데 제한을 받는다.

38) 어머니의 죽음

어린아이가 살면서 어머니를 잃는다는 것은 아주 큰일이다. 1세 이전에 어머니를 잃으면 자신의 생존 자체가 위협을 당하므로 해서 어린아이의 신체적, 정신적 발육이 느리고 상당히 무디어진다.

또한 1세 이후부터 3세 이전에 어머니를 잃으면 생애 첫 일 년 동안 정을 붙인 어머니를 다시 잃은 것으로써 더욱 치명적인 정서적 상처를 입고 도대체 갈피를 잡을 수 없는 불안한 성격이 된다.

그 이후 10세 이전에 어머니를 잃으면, 성격은 이미 형성된 뒤이지만 매사에 자신감이 없어서 진취적이지 못하고 우울증에 잘 걸리는 경향이 있다고 한다.

그보다 좀 성숙한 나이인 사춘기에 어머니를 잃는 것도 역시 적지않은 충격을 주게 된다. 보통은 두 달 이내의 심심한 애도 반응으로 그치지만, 그보다 심하면 병적인 것으로서 반 년 이상 진행하는 우울증에 빠져든다.

어린 시절에 우울증이 있었거나 환경이 불우했던 경우, 그러니까 가능하면 잊고 싶은 슬픈 일들이 기억하고 싶은 즐거운 일보다 많은 경우에, 많은 사람들은 어린 시절에 대한 기억을 되살리기 어렵다.

39) 애도반응과 우울증

대개 애도 반응을 지나친 우울증의 뒤편에는 심리학적으로 커다란 분노가 숨어 있다고 추정한다. 자신에 대한 분노인지 혹은 죽어서 떠난 사람에 대한 분노인지 모호할 수도 있고 복합적이라고 할 수도 있다.

상식적으로 자신에 대한 분노는 가까운 사람을 죽지 못하게 막지 못한 데서 오기도 하는데, 자신도 어쩔 수 없는 무력감에 대한 분노가 우울증으로 변하게 되는 것이다.

심리학적으로는 그 외에도 좀 더 깊이 있게 분석하여 죽은 사람에 대한 애정과 증오의 혼재를 가정하고, 그 애정과 증오 중에서 증오만을 떼어서 살아남은 자신에게 되돌린 것을 우울 증상의 병리로 보기도 한다.

그것을 터닝 어게인스트 더 셀프 (TURNING AGAINST THE SELF)라고 부르는데 우울증의 주요한 심리 기전이다.

특히 동성의 부모가 죽었을 때에 그런 경우가 많다. 예를 들면, 지독한 술꾼 아버지에게 어린 시절 내내 시달린 아들이 아버지에게 품었던 증오가 있었는데, 막상 술꾼 아버지가 죽어 없어지면서 그 증오가 아들 자신에게 향해져서 아들이 갑자기 우울증에 빠지거나, 혹은 아버지와 동일시하여 그때부터 아버지처럼 술을 많이 마시고 바로 자신을 서서히 망가뜨려가는 경우를 볼 수가 있다.

40) 우울증의 증상

환자는 자신이 점차로 소극적이 되어 가는 것을 느끼고 때때로 죽고 싶은 마음이 든다고 말한다.

치료자는 여러 가지 문진을 계속하여 환자가 요즘 들어서 불면증도 있고, 의욕도 없고, 자신감도 잃고, 무기력한 기간이 상당히 오래되었다는 것을 알게 되면 환자의 진단은 우울증이 틀림없다.

우울증은 보통 전 인구의 10퍼센트가 평생에 한 번은 걸릴 수 있을 정도로 흔한 병이다. 다만 증상이 조용하고 수동적이어서 주위 사람들의 눈에 빨리 띄지 않는 경우도 많다.

41) 우울증 때의 꿈

우울증에서 가장 특징적인 변화는 꿈이 길어지는 것이다. 수면 중에 꿈 수면이 많고 자고 나도 잔 것같지 않게 피곤하다.

현재 우울증이 있는 경우 탈출을 꿈꾸게 되고 대신에 집을 잃어버린다. 꿈속에서 집으로 가는 길에 집이 없어지며 자꾸 길만 헤매이면 현재 우울증을 의심할 수 있다.

흔히 사람들은 우울증에 시달릴 때에 죽은 사람의 꿈을 많이 꾸게 된다.

그런데 민간 꿈풀이로 보면 어쩌다 죽은 사람이 나타나는 것은 좋은 계시를 주는 식이고 조상이 음덕을 베푸려고 하는 전조로서 해몽을 한다.

하지만 우울증 환자들은 그런 꿈풀이를 보아도 아무 소용이 없다. 다만 죽은 사람이 이제 자신을 저승으로 데려가려는 신호로서 자신의 꿈에 나타났다고 생각한다.

42) 남매의 애증

살다 보면 불행하게도 아버지를 일찍 여의는 경우도 있고, 또 어머니를 먼저 여의는 경우도 있다.

하지만 그보다 훨씬 더 많은 사람들이 일찍이 한번쯤 겪게 되는 것은 피를 나눈 오누이간의 이별인데, 다행히도 오누이간의 이별만큼은 주로 축복에 의한 결혼으로 이루어진다.

대개의 경우 오빠나 누이가 결혼하게 되면 남은 사람의 가슴속에 심한 공허감이 밀려오는 법이다. 자기도 모르게 그 빈자리를 대치해 줄 수 있는 새사람을 찾아 방황하기도 하고 미처 방황하기도 전에 연애에 쑥 빠지기도 한다.

그 결과로 행복한 결혼이 되면 다행이지만 너무 성급한 결혼으로 후회하는 일이 생길 수도 있다.

그런데 많은 경우에 젊은 여자들이 자신을 낳아 준 친아버지의 인상, 혹은 친오빠의 인상과 닮은 사람을 우연히 만났을 때에, 대부분의 여자들은 그런 형의 남자에 평소에도 익숙하므로 해서 금방 서로 친숙해지고 결혼까지 이르는 일이 많은데 바로 외디푸스 컴플렉스의 연장이다.

어떤 의좋은 남매의 배우자를 살펴보면 오빠의 배우자는 여동생을 닮고, 여동생의 배우자는 오빠를 닮는 일이 종종 있는 것도 역시 좋은 예이다.

43) 말리는 시누이

옛말에 "때리는 시어머니보다 말리는 시누이가 더 밉다"고 했다. 바로 그 말리는 시누이 행동의 밑에 깔린 무의식이 수상한 것이다.

즉 시누이 나름으로는 새언니를 돕는 것이지만, 그 이전에 벌써 오빠나 어머니가 새언니를 구박하기를 바라는 시누이의 심리가 들어있다.

하지만 시누이는 미처 그 점을 모르고 전혀 죄책감 없이 선의랍시고 새언니를 돕는다고 나서서 더욱 미운 시누이짓을 하게 된다.

시누이는 일반적으로 무의식속에서 세상 다른 어떤 여자보다 오빠와 혈맹인 여동생을 더욱 가까이하기를 바라는 것이 보통이다.

44) 희나리는 의처증이다.

〈희나리〉
사랑함에 세심했던 나의 마음이
그렇게도 그대에겐 구속이었소?
믿지 못해 그런 것이 아니었는데
어쩌다가 헤어지는 이유가 됐소!

내게 무슨 〈마음의 병〉 있는 것처럼 느낄 만큼
알 수 없는 사람이 되어
그대 외려 나를 점점 믿지 못하고
왠지 나를 〈그런 쪽〉에 가깝게 했소?
나의 잘못이라면 그대를 위한
내 마음의 전부를 준 것뿐인데
죄인처럼 그대 곁에 가지 못하고
〈남이 아닌 남〉이 되어 버린 지금에
기다릴 수밖에 없는 나의 마음은
퇴색하기 싫어하는 희나리 같소.

——바로 이것이 의처증 환자들의 변명이다.

십여년 전에 발표된 대중 가요 〈희나리〉는 여러분 누구나가 다 따라 부를 수 있을 만큼 대단한 성공을 거두었다. 그런데 이 노래의 가사를 유심히 보면 치료자의 직업 의식으로서 그냥 넘기지 못할 대목들이 군데군데 보인다. 치료자가 대중예술을 쫓아다니며 분석하고 싶지는 않지만 기왕에 귀에 들려 온 노래이니 저절로 관심이 갔다.

이 노래를 그냥 훑어보면 단지 한 남자가 유별난 사랑을 했는데 좀 지나쳤고 여자가 무정하게도 그를 거부하고 떠나가서 단념하지 못하는 남자 마음이 아련하게 아프리라는 추측이 든다.

그러나 좀더 냉철히 살펴보면 여자가 남자에게 어떤 마음의 병이 있다고 생각했으며 남자는 그것을 인정하지 못하고 변명만 한다. 남자는 단지 세심했다고 하는데 여자는 구속이라고 했고 남자는 전부를 주었는데 여자는 믿지 못하고 결국에는 이혼에 이르러 남이 아닌 남이 되었다.

남자가 사랑이라고 주장했지만 받는 쪽에서는 괴로운 구속이라고 항변하는 마음의 병은 십중팔구 의처증이다.

45) 의처증의 발견

의처증은 대개 배우자가 아니면 그 사람에게 그런 병이 있는지조차 알기 어렵다. 설령 부모라고 해도, 혹은 아무리 오래 사귀어 왔던 친구라고 해도 직접 당해 보기 전에는 알 수 없다. 그러나 일단 배우자가 되어 같이 산다면 결혼 초기부터 쉽게 드러나는 것이 또한 의처증이다.

첫날밤부터 여자에게 솔직히 고백하면 모든 것을 용서하겠으니 지나온 과거를 다 고백하라 하고 집요하게 캐묻는 남자, 집들이를 마치고 나서 남자 자신이 초대한 손님 중에 누구를 보고 부인이 왜 웃었느냐고 따지는 남자, 저녁 일찍 돌아와 부인이 보낸 하루 일과를 꼬치꼬치 캐묻기 시작하는데 밤 열두시가 넘어도 그칠 줄 모르고 심문하는 남자, 이런 남자가 바로 의처증이다.

그런데 이런 일들은 두 사람만의 공간 안에서 일어나는 내밀한 것이라서 그런 기막힌 일을 당하고 사는 배우자의 입을 통해서가 아니면 그 사람의 증세가 좀체 밖으로 드러나지 않는 것이다. 급기야 결혼이 깨질 위기에 처해서 배우자 입을 통해 조금씩 일가 사람들에게 알려지는 정도이다.

반대로 주위의 많은 사람들에게서 의처증으로 의심받는 사람은 대개 단순한 의처증이 아니라 정신분열병이다. 정신분열병이나 뇌 손상 환자들은 사리 판별력이 부족해서 자신의 의심을 배우자가 아닌 다른 사람에게 직접 캐물어서 확인하려 든다.

이를테면 자기만의 망상으로 인하여 아무 장소를 찾아가 부인이 다른 남자와 같이 왔었는지 탐문을 하거나, 직접 아무개 남자를 찾아가 나의 부인과 동침하지 않았느냐고 따지게 된다.

그렇게 되면 금방 환자라는 소문이 나고 많은 사람들이 그가 병적이라는 것을 알고 멀리하게 된다. 이런 것도 역시 의처증 증상이기는 하지만 정신분열병에 따르는 여러 증세, 환청이나 피해망상 등에 동반한 것이라서 병명으로서는 의처증이 아니라 정신분열병이다.

46) 의처증 환자의 행동

그런데 이 의처증 환자치고 자신이 의처증이라고 시인하는 사람은 극히 찾아보기 힘들다. 바로 희나리의 가사같이 자신의 전부를 주었고, 세심했고 등으로 끝까지 변명을 할 뿐이다. 그들은 자신을 이해받지 못한 희생자로 생각하고 배우자만 탓을 한다.

그들은 왜 배우자가 자상하게 의심을 풀어 주기보다는 의처증이라고 몰아붙이고 그래서 또 더욱 의심하게만 하는지 되려 묻는다. 그러나 의처증 환자를 안심시킬 수 있는 배우자는 극히 드물다. 아무리 배우자가 노력해도 병적인 의심은 계속해서 꼬리를 물고 적당한 선에서 그칠 줄을 모른다.

결국 배우자는 해명을 하다가 지치고 만다. 심지어는 남편의 끈질긴 심문이 지겨워서 거짓으로 부정을 시인하기도 하는데 그러면 이제까지의 의처증 증세에 기름을 끼얹는 격으로 더욱 불이 붙는다. 마침내 배우자가 포기를 하고 결혼 생활은 파국을 맞는다.

이때 자신의 친어머니까지 나서서 그에게 공연한 의심을 풀라고 아무리 설득하여도 소용없다. 온 가족이 모여서 그를 설득하고 정신과적인 치료를 받아보게 하려 해도 애당초 그 자신의 불신의 벽을 넘어서기가 어려우니 치료받는 태도가 소극적이고 치료 결과도 만족스러울 수가 없다.

반면에 의부증은 의처증과 성별만 반대인데도 더러 환자 자신이 자신의 증세를 일찍 시인하고 성공적인 치료에 이르기도 한다. 사내라고 부모들이 너무 제고집대로만 키워 놓았으니 이제와서 혼자 생각으로 병이 난 다음에 아무도 말릴 수가 없는 것이다. 하지만 겸손하게 자라난 여자는 의부증이 생겨도 좀더 주위 사람의 설득을 쉽게 받아들이고 자기 치료에 협조를 잘하는 편이다.

결론적으로 이미 희나리가 되어서 사랑하던 사람과 남이 된 사람은 본인은 퇴색하기 싫어해도 어쩔 수 없이 퇴색할 수밖에 없는 운명이다. 자신을 고쳐보려는 일말의 노력도 없이 그냥 계속 자기 주장만 하고 변명만 하는 상태에서 다시 돌아올 여자는 없다. 설령 다른 여자를 만나 다시 결혼을 해도 또다른 불행을 자초할 뿐이다.

47) 이혼한 후에

이혼후에 아버지에게 남겨진 아이들이 당하는 고통은 그의 친어머니는 나쁜 여자였다는 사실을 어른들로부터 귀가 따갑게 들으면서 자라나는 것이다.

집안 어른들은 감정에 받쳐서 입에서 나오는 대로 무심코 그녀를 비난했을 뿐이었겠지만 그 결과는 그녀의 피를 물려받은 그에게 치명적인 영향을 미치게 된다.

사실 떠난 사람이야 아무리 욕을 먹어도 들릴 리가 없다. 그러나 집에 남아 있는 그는 바로 그 질 나쁜 사람의 피를 이어받은 아이이고, 그의 무의식속에서 그 자신도 역시 똑같은 나쁜 사람으로 여겨진다.

그것이 그대로 현실화해서 그는 어른으로 커서 당연히 나쁜 사람이 될 수도 있다. 그렇다면 그것은 때와 장소를 가리지 않고 어린 그의 마음에 상처를 주며 그의 친어머니를 마구 비난한 어른들이 책임을 져야 한다. 따라서 일반적으로 말해서 어떤 이유를 막론하고 누구든지 같이 살다가 떠나간 사람이 있을 때에, 그 사람을 바로 자식 앞에서 비난하는 태도는 절대로 피해야 한다.

48) 투사(PROJECTION)

투사란 지기의 숨거진 욕망을 남의 것으로 돌려서 남을 비난을 하는 것이다. 자신의 무의식적인 부정에 대한 욕망을 힘겹게 억누르고서 자신은 힘들게나마 욕망을 억눌렀지만 상대방은 그러지 못할 것이라는 무의식적 판단에서 상대방을 의심하는 것이다.

어린 형제가 맛있는 케이크를 놓고서 아버지가 들어와야 잘라먹을 수 있으니 저녁까지 기다려야만 한다면 그동안 참기 어려울 것이다. 그래서 한 아이가 저녁에 아버지를 보자마자 "재가 먼저 먹으려고 했어요." 하고 아무런 근거 없이 고자질을 한다면 그것은 바로 고자질한 아이 자신이 먼저 먹고 싶은 것을 겨우 참았다는 사실을 고백하는 것이나 마찬가지이다. 그것이 바로 투사 행위이다.

결국 현실을 호도하고 사실을 왜곡해서 받아들이는 투사 현상은 의처증이나 정신분열병 등, 심각한 정신 질환에서 많이 나타난다.

49) 정신치료는 감정의 치료다

인간이 태어나서 최초로 알게 되는 선악(善惡)의 분별은, 단지 좋고 나쁜 정서적인 경험을 바탕으로 생겨난다.

즉 신생아 시기부터 배부르고, 따뜻하고, 귀염받아서 정서적으로 안락해지던 그 경험이 쌓여서 선(善)이라는 개념을 낳는다.

반대로 배고프고, 춥고, 축축하고 시끄러우면서 배타적인 경험이 쌓이면 악(惡)이 된다.

즉 이성(理性)이란 정서적 경험을 벽돌로서 한 층 한 층 쌓아올린 벽(壁)에 불과하다.

따라서 정신 치료는 비뚤어진 모양의 이성이라는 벽에다가 페인트칠만 새로 해서 되는 것이 아니다.

기존의 휘어진 벽을 아예 허물어 버리고, 새로 다시 잘 구워 낸 감정의 벽돌로서 보기 좋은 모양으로 이성의 벽을 차근히 쌓아올리는 작업이다.

50) 정신치료의 진행

정신과 환자의 치료에서 가장 중요한 것은 지식과 기술, 그리고 사랑이다. 지식은 정신과적 학문과 비정신과적 인문 과학에 대한 전반적인 이해를 포함하며 정신과적 기술은 진찰과 치료에서 면담의 기술을 말한다.

다음으로는 환자를 한 사람으로서 받아들이고(ACCEPT), 환자를 따뜻한 분위기 속에서 성장시키고(MOTHERING), 다시 환자가 스스로의 길을 가게끔 독립을 시키는 것인데 이 모든 과정이 의사가 환자에게 기본적으로 사랑을 주는 과정이다.

환자를 받아들여 성장시키는 마더링(MOTHERING)은 영국의 윈니코트(WINNICOTT)가 내세운 치료 주안점인데 사실로 환자에 대한 치밀한 분석보다도 훨씬 중요할 때가 많다.

그리고 나서 치료를 마치면, 마치 부모가 자식을 독립시키듯이 환자를 사회 속에서 새출발시키는 것이다.

그러다보니 의사와 환자의 관계는 때로는 환자와 부모 사이보다도 친밀하다. 마치 물과 고기처럼 가까워진다. 또 그렇게 가까워지지 않으면 정신 치료는 성공되지 못한다.

50) 돌발 행동

정신 치료자들은 환자의 돌발적 행동을 두고 학술적인 용어로서 행동화(ACTING-OUT)라는 말을 쓰는데 환자는 꾸준한 인내를 요구하는 치료 과정에 무의식적으로 반발하고 치료의 틀을 벗어나 장외로 뛰쳐나가는 경우가 종종 있다.

그 돌발적 행동의 저변에는 환자 자신이 성적으로 지나치게 억제되고 위축이 되어서 이렇게까지 병이 된 것이 아닌가 하는 자기 판단에서, 자기 자신을 성적으로 과감히 개방을 하면 병이 저절로 극복되지 않을까 하는 잘못된 기대심리가 숨어 있다.

일반인도 환자와 마찬가지로 생각하고 환자에게 너무 조심스럽게 굴지 말고 과감하게 용기를 가져 보라고 충고할 수도 있고 혹은 눈 딱 감고 결혼하면 모든 것이 다 좋아질 것이라고 책임질 수 없는 장담을 할 수도 있다.

그러나 그것은 결코 옳은 처방이 아니다. 십중팔구 그런 처방을 따른 환자는 곧바로 다시 후회를 하고, 후회는 다시 깊은 우울증을 초래하여 이제까지 없던 병을 새로 얻게 된다.

혹을 떼려다가 혹을 붙이는 경우인데, 죄책감이나 자기비애감 같은 증상에서부터 심지어는 자살 충동까지 더 큰 불행을 자초하는 것이다.

즉 환자는 아직 성(性)에 대한 준비가 전혀 되어 있지 않은데, 성에 대한 초보 걸음마 단계의 어린아이에게 거친 달음질을 주문하는 것은 환자로 하여금 뛰다가 넘어져서 다리를 다치게 하고 만다.

게다가 이미 환자는 대개의 경우에 돌부리에 걸려 한번 넘어져서 아직까지 스스로 일어나지 못한 상태이다. 이제 빨리 돌부리를 치워 버린다고 해서 이미 부러진 다리가 즉시 붙고 병이 나아지지도 않는다.

환자는 결코 어린아이가 아니지 않느냐고 항변할지 모르나 그런 경우에도 다른 부분은 성인이어도 그 부분만은 성인의 기능을 아직 채 갖추지 못했다고 고려해야 된다.

51) 전이감정 (TRANSFERENCE)

정신치료중에 전이 감정(TRANSFERENCE)이라는 것이 있다.

전이 감정을 좀 더 알기 쉽게 설명하면 환자가 어릴 적에 갑(甲)이라는 대상에게서 얻어진 감정을 새로 만난 을(乙)이라는 사람에게 옮기는 것이다.

예를 들어 "[자라] 보고 놀란 가슴 [솥뚜껑] 보고 놀란다" 고 하는 옛말이 있는데 [솥뚜껑]은 아무 죄가 없지만 [자라]에서 얻어진 공포 감정이 솥뚜껑에게 작용하는 것이 전이감정이다.

아버지에게 학대받은 환자가 의사에게 학대받는 느낌을 가지는 것도 전이감정이다.

52) 역전이감정(COUNTERTRANSFERENCE)

신경정신과 의사들은 대개 세속적인 도덕적 판단 없이, 환자를 있는 그대로 포용하도록 훈련되어 있다.

그런데 환자가 의사에게 전이감정을 일으키는 것과 반대되는 현상으로서 역전이가 있다.

만일 감추어진 치료자의 무의식속에서 이전의 잘못된 경험으로 그와 비슷한 환자에게 어떤 거부감이 생겨나면 그것은 치료자도 모르게 환자를 대하는 태도에서 언젠가 드러나게 되어 있다.

그러면 환자 역시 무의식속에서 치료자의 거부감을 눈치채게 되는데, 결국 그 치료자는 환자를 옳게 치료할 수가 없다.

53) 성애적 전이(SEXUAL TRANSFERENCE)

전이 감정(TRANSFERENCE)에는 대표적으로 부모 감정의 전이와 성애적 전이(SEXUAL TRANSFERENCE)가 있다.

많은 경우, 여자 환자의 치료 초기에 부성 전이가 빨리 일어나서 치료자를 마치 아버지처럼 의존하게 된다.

그러면 점차 어린 시절에 친아버지로부터 잘못 경험한 외디푸스적 갈등이 치료자에게 전이되어서, 부모 같은 역할을 하는 치료자와 성적 갈등을 다시 경험하게 되는데 그것이 마치 성애적 전이처럼 보인다.

성애적 전이 감정도 단지 그녀가 아버지와 미처 경험하지 못했던 외디푸스 경험을 치료자에게서 처음 경험하는 것으로서의 초기 단계의 성애적 전이이다.

이 초기 단계의 성애적 전이, 즉 외디푸스 갈등의 재경험을 통하여 환자는 과거에 잘못된 외디푸스 갈등의 결과인 지나친 성적 억제를 풀 수 있도록 치료자의 도움을 받는다.

그래서 환자는 보다 안전하고 부드러운 분위기 속에서 새로이 성숙한 성에 관한 무의식을 형성할 수 있는 것이다.

54) 성애적 전이의 진행

꿈의 해석은 내용의 정확성보다도 해석의 시기가 중요하다.

왜냐하면 환자의 무의식이 채 준비되지 않아서 아직 받아들이기 어려운 해석은 치료적이기 보다는 오히려 환자의 무의식에 적지않은 부담을 주어 적극적인 꿈해석을 회피하게 만들 우려가 있다.

치료 시간에 치료자가 성적인 해석에서 후퇴를 하였을 때 보통 두 가지의 길로 분석치료가 진행이 된다.

그중 한 가지 길은 환자가 치료자의 해석 회피를 추궁하듯이 더욱 노골적인 성적 꿈을 연속해서 가져오는 경우이다. 그런 경우라면 치료자가 자연스럽게 전시간에 미루어 둔 해석을 마저 진행하게 되고 환자도 그러한 해석이 거듭된 자신의 꿈에서 증명이 된 것이니 만큼 쉽게 납득을 하고 치료는 순탄하게 진행이 된다.

또 다른 길은 환자와 치료자의 성행위에 대한 꿈이 이후로 영영 자취를 감추는 것이다. 환자는 치료자가 회피하는 찰나에 환자의 무의식에서 작용하는 순간적인 눈치로서, 아마도 이런 해석에 대해 치료자가 도덕적으로 꺼리거나 혹은 치료자의 환자에 대한 불쾌감 내지는 거부감 때문일 것이라는 무의식적 판단을 얻게 된다.

그러면 환자의 무의식속에서 그렇잖아도 자신 스스로도 괜히 언짢았던 이런 종류의 꿈은 차후로 절대로 피해야 할 주제 즉 터부(TABOO)로 인식이 되는 것이다.

이런 경우에 분석 치료는 진행이 느려지거나 심하면 환자에 의해 치료가 일찍 종료되고 마는데 결국 치료 실패로 끝나는 것이다.

눈치나 육감은 전적으로 무의식인데 평소의 의식보다도 훨씬 많은 것을 감지하기도 하고 때로는 사람의 행동에 이성보다 더 큰 영향을 미친다.

55) 성애적 전이의 토론

앞서도 말했지만 꿈은 꿈꾼이 자신이 제작하고 꿈꾼이 자신만이 관객인 한 편의 영화와 같다. 그 중에서도 원작자의 사고 능력 수준은 꿈꾼이의 5세 무렵의 유아적 사고 수준을 보이고, 뒤에 그 꿈을 감상하는 관객은 마치 백일몽에 빠져들기 쉬운 사춘기적 사고 능력을 보인다.

그러면 아직 성인들이 생각하는 성행위의 의미를 모르는 상태에서 환자의 어린 무의식이 생각하는 성적 접촉의 의미는 그대로 순수하게 받아들여져야 하는 것이다.

이를테면 그 어린 나이, 즉 외디푸스 갈등기의 5세 소녀 나이에 꼭 필요한 것이라고 추정할 수 있는 부모로부터의 사랑을 받아 보기 위한 소망에 불과한 것이다.

그런데 초기 성애적 전이의 꿈을 토의할 때에 환자는 거북스러워 하는 것이 보통이다. 토론에 나선 환자의 수준은 거의 성인 수준이기 때문이다.

56) 성애적 전이(SEXUAL TRANSFERENCE)의 발전

치료초기에 나타나는 성애적 전이는 환자가 어린 시절에 충분히 소화하지 못했던 외디푸스 갈등의 새로운 경험이라고 앞에서 설명하였다. 그리고 이때 환자에게 필요한 것은 치료자가 친절한 부성으로서 안전하게 끝까지 돌보아 줌으로써 환자 스스로 외디푸스적 갈등을 처리하게 하는 것이다.

그러나 환자라고 해서 언제까지나 환자로 머물러 있는 것은 아니다. 정신적으로 항상 어린아이 같던 환자가 어느새 다 자라서 성숙한 여인처럼 치료자에게 비쳐지면, 그후에 나타나는 치료 후기 성애적 전이 감정은 부모 같은 치료자로서의 관심이 아니라 그 이상의 친밀한 관심을 요구하게 된다.

환자는 점차 치료자와 환자의 관계가, 엄숙한 부모와 아이같이 환자가 일방적으로 보호받는 차원에서 벗어나기를 원한다. 그 대신에 마치 한 쌍의 다정한 연인같이 성숙되기를 본심으로 바란다.

이때, 이런 감정이 치료자에게 위험스럽게 여겨지고 전혀 받아들여지지 않으면 환자는 다시 좌절하고 이제까지의 치료는 환자에게 단지 또다른 실패의 경험으로 돌아간다. 물론 그렇다고 해서 환자의 그러한 성애적 전이 감정을 치료자가 무조건적으로 다 받아들일 수는 없다.

그래서 치료자는 이런 다치기 쉬운 환자의 성애적 전이 감정을 천천히 조심스럽게, 긴 치료 시간을 두고서 적절히 다루어 주면서, 점차 그 감정의 물길을 바깥으로 흘려서 그녀의 사회 생활에서 만나는 적당한 남자에게로 관심을 돌리도록 유도를 한다.

성애적 전이감정을 댐으로 막아서는 안되고, 물길이 적절히 분출되도록 유도하여 치료자를 넘어 환자 자신의 바다, 새 세상으로 들어가게 하여야 한다.

그렇게 해서 환자가 치료자로부터 완전히 독립하여 사회로 돌아갈 때에 치료는 비로소 끝난다.

물론 이 때에 그녀가 다른 남자로부터 원하는 이성 관계는, 치료자에게서 일차적으로 원하던 보호자 같은 불평등한 관계가 다시 되풀이되어서는 절대로 안된다. 당연히 그 다음 단계로 넘어서서, 충분히 정신적으로 성숙한 그녀와 새로운 남자가 서로 평등한 남녀 관계로서 서로간에 부족한 것을 보완하는 이성 관계를 이루어야 바람직한 것이다.

57) 정신과 의사와 에로영화, 원초적 본능

어떤 영화에서는 자상한 치료자와 의존적인 환자가 최종적으로 육체적 사랑을 나누는 것을 하나의 소원이나 목표로 설정하고 있다.

그 이유는 일반인들의 무의식속에서 치료자가 대개 아버지 상이나 어머니 상을 대신하므로 해서 역시 일반인들의 무의식속에 숨겨진 외디푸스적 갈등을 영화를 통해서 풀어 주고 만족시켜 주는 것이다.

만일 실제 치료 과정에서 치료자와 환자가 마치 통속 영화처럼 신체적 사랑을 나눈다면, 그것은 환자의 성애적 전이 감정이 잘못 처리된 것이다.

또한 그것은 치료자 역시도 환자나 조금도 다름없는 미숙한 인격으로, 자신의 무의식속에 숨겨져 있던 역전이 감정을 적나라하게 드러내는 것뿐이다.

흔히 외국 영화에서 이런 식으로 치료자와 환자가 사랑하는 장면을 많이 보여준다. 어쩌면 대본을 쓴 영화 작가나 관객들은 그렇게까지 정성을 다해 몸까지 던져 사랑했던 그 단 한 사람의 환자만큼은 치료자가 완벽하게 치료했으리라고 착각할 수도 있다.

하지만 미처 해결되지 못한 치료자 자신의 미숙한 역전이 감정을 드러내면서 또다른 한 사람의 환자를 치료한다는 것은 애초에 불가능하다.

그 결과로, 단지 치료를 받으러 온 환자의 의존심을 이용하여 치료자는 자신도, 환자도 느끼지 못하는 동안에 환자만 공연히 괴롭혔다는 결론에 이른다.

그 좋은 예가 영화 "원초적 본능(BASIC INSTINCT, 폴버 호벤 감독)" 에서 주인공인 마약 중독 형사 마이클 더글러스와 경찰서에서 그의 심리 치료를 담당한 여자 치료자 진 트리플혼의 육체적 관계이다. 이 영화에서 두 사람의 관계는 환자의 의존심은 물론이지만, 그보다는 치료자의 결핍된 인격에서 오는 내면적 욕구로서 이루어지고 있다.

여기서 환자였던 형사는 그 여자 치료자를 통해 성적 욕구를 해소할 수는 있었지만, 정신적인 치료는 전혀 이루어지지 않았다. 결국 그 여자 치료자는 자신의 기형적인 심리 때문에 벌을 받아서 죽는 것으로 결말이 난다.

58) 치료자는 꾸준해야 한다.

환자는 무의식적으로 치료자가 도중에 사라지지 않고 끝까지 그녀를 돌봐주기를 간절하게 기대한다.

치료자는 물론 그 역할을 충분히 수행하여 환자의 부모가 주지 못한 안전한 경험을 새로 주어서, 환자가 다시 독립하게 하여야만 하는데 이것이 바로 전이감정의 재경험을 통한 문제 해결이다. 그러니 그것은 결코 단 시일내에 이루어질 수 없는 것이다.

꾸준해야 하기 때문에 치료자는 초기에 냉엄하게 느껴질 수도 있다. 한번에 모든 치료를 쏟아붓고 뭔가 하루빨리 해결되기를 바라는 환자에게는 더욱 그렇다.

59) 장기치료와 단기치료

최근의 정신 분석은 정통적인 장기(長期) 치료 일변도에서 벗어나 단기(短期) 치료를 지향하는 쪽인데 그 이유는 경제적 효율성을 우선시키는 것이다.

즉 상담 치료가 시간적 경제적 비용이 많이 드는데 비해서 치료 효과를 측정하기가 어려운데, 단기 치료를 먼저 시행해서 그 결과를 관찰한 이후에 치료가 만족스럽지 못하면 그때서부터 장기 치료를 하는 것이 비용면에서 효율적일 수도 있다는 것이다.

필자도 때로는 약물 치료를 우선하며 고통을 감소시키면서 자연치료를 기다려보다가 여의치 못하면 분석 치료로 옮겨가기도 한다.

60) 치료의 종결

대개의 환자들은 치료자가 자신을 평생 돌봐 줄 것을 기대하며 치료를 시작한다. 그러나 어떤 이를 평생 돌보는 것은 환자의 살아있는 부모라도 하기 어렵다. 게다가 치료자는 단지 계약된 시간만큼 환자를 돌본다.

그리고 치료의 본질로 돌아가서 치료자가 평생 돌봐야만 되는 환자는 결코 병이 나아졌다고 할 수 없다. 부모 역시 때가 되면 자식을 독립시켜야 부모 역할을 마친 것이 되는 것처럼, 치료자도 환자를 낫게 하여 혼자 독립시키는 것이 치료의 목표이다.

61) 아니마와 아니무스

아니무스는 독일인 의사이며 분석심리학자인 융(JUNG)이 설명한 무의식의 한 개념으로서, 인간의 외적 인격인 페르조나(PERSONA)를 보완하는 내적 인격체를 말하는데, 남성의 무의식속에 숨어 있는 여성적 인격을 아니마(ANIMA)라 하고 여성의 무의식속에 숨어 있는 남성적 인격을 아니무스(ANIMUS)라고 한다.

페르조나는 단지 그 사람이 외부에 보여지는 것으로서 남성, 여성의 사회적 구별과 교육 문화 환경으로서 그 사람에게 기대되고 또 성장되어지는 것이다. 반면에 내적 인격인 아니마나 아니무스는 애당초 페르조나와 같이 태어나지만 거의 환경적으로 억제되는 것이다.

이러한 아니마나 아니무스는 누구에게나 당연히 있는 것이지만 아니마의 원형, 혹은 아니무스의 원형이 사람마다 다르다. 사람마다 좋아하는 이성의 모습이나 성격이 제각각인 것과 같다.

그래서 배우자를 선택하게 될 때에도 그 사람이 가진 아니마가 영향을 미치게 된다. 아주 강한 남성적 페르조나를 가진 남자는 보다 유약한 자신의 아니마에 걸맞게 누구에게 선가 보호받아야 할 것 같은 허약한 페르조나를 가신 여성과 결혼을 하고, 빈대로 섬세한 남자는 자신의 강한 아니마와 걸맞게 좀 괄괄한 페르조나를 가진 여성과 잘 어울리게 된다.

62) 아니마의 전형

아니마나 아니무스는 우리의 집단 무의식속에서 고유한 몇 가지 원형들을 드러내 오고 있다. 남성의 아니마로서 네 가지 대표적 원형이 그려져 있는데 첫째는, 원초적인 아름다움을 간직한 여성상이다. 반 고호가 찾아가 그림을 그렸던 타이티 섬의 어린 아내처럼 건강하고 발랄한 십대 후반 여성의 아름다움을 생각해 보면 된다. 바로 선천적으로 타고나는 순수한 아름다움의 여성상이다.

둘째는, 춤추는 무희나 노래하는 가수처럼 아름다움을 추구하고 가꾸는 이십대 초반의 요염한 여성상이다. 여기에는 정열적으로 사랑을 추구하는 심미적인 아름다움이 깃들어 있다.

셋째는, 거룩한 모성을 앞세운 아름다움이다. 자식에게 희생하고 남편에게 봉사하는 여성상, 이를테면 아기 예수 그리스도에게 젖을 물리는 성모 마리아처럼, 마치 모든 남성을 자애로운 친어머니처럼 감싸줄 것 같은 고상한 여성상이다.

넷째는, 지혜나 용기의 아름다움을 드러내는 여성상이다. 프랑스를 영국으로부터 구한 잔다르크나 늙어서도 현명한 제시카 추리극장의 제시카 할머니 같이 지혜의 샘으로 남는 여성상이다.

이러한 네 가지 원형 중에 어느 아니마가 좋은 것이라고 특별히 우열은 나눌 수는 없고, 어떤 아니마를 자기 마음속에 간직하든지 그 자체가 남자의 개성이 된다.

63) 아니무스의 전형

여자의 아니무스 원형으로는 역시 대칭이 되게 네 가지를 상정할 수 있다. 첫째로 석고상의 쥴리앙처럼 여성적인 미소년의 얼굴로서 뭇여성의 모성 본능을 자극하는 아름다운 남성상, 둘째로 람보처럼 근육질로 억세게 우람하고 마치 한 마리 야수 같은 남성상, 셋째로 체구에 관계없이 나폴레옹 장군처럼 용맹하며 믿음직한 지도자 기질을 갖춘 남성상과, 넷째로 성철 스님같이 깨달은 은자 모습의 남성상을 구분해 볼 수 있다.

수년전 우리 나라 방송 프로에 나오는 젊은 남자 가수들을 보면 마이클 잭슨과 유사한 풍모들이 많았다. 위에서 첫번째로 소개한 여성적인 아니마 원형의 한 변형으로 볼 수 있는데, 그것이 좀 지나쳐서 성의 구별이 퇴화된 유니섹스적 취향으로 보인다.

이것을 사회적 진화의 결과로 보기에는 너무나 인공적인 냄새가 진하게 풍겨 오기 때문에 한때의 세태를 반영하는 유행인 것으로 느껴진다.

과거에는 야수 같은 엘비스 프레슬리의 시대도 있었고 또 현재라고 해도 믿음직한 목소리의 프랭크 시내트러를 찾는 사람들이 아직 많이 있으니, 어떤 아니무스를 간직하였든지 그 여자의 개성이다.

64) 형제관계와 열등감

개인적인 열등감과 보상적인 권력 추구 의지를 깊이 연구한 오스트리아의 의사 아들러는 그의 개인심리학에서 가족 구성상의 서열을 한 인자로 내세웠다. 대개 장남이나 장녀에 비해 차남이나 차녀가 열등감을 가지고 더욱 도전적이 된다는 이론이다.

대개 첫째딸보다는, 둘째딸이나 셋째딸이 아버지의 관심을 끌려고 많은 노력을 기울이는데 비하여 아버지는 흔히 첫째딸에게 더 관심을 주고 마치 첫사랑의 연인처럼 애지중지한다.

그러니, 그 뒤에 태어난 둘째딸부터는 아무리 애교를 부려도 아버지로부터 무시당하기 쉽다. 결국 막내딸이 얻은 숙명적인 열등감의 뿌리는 바로 아버지에 대한 사랑 다툼에서 언니에게 서열상으로 패배한 것에서 비롯되는 것이다.

그 결과로 둘째딸은 집안에서 어머니와 강력한 동맹 관계를 형성하여 아버지와 언니에게 대항하거나 집밖에서 사회적 인정을 받기 위해 노력을 한다. 따라서 사회적 성공이 촉발될 수 있다.

한편 셋째딸은 보지도 않고 데려간다는데 그만큼 착한 여자 컴플렉스에 잘 빠진다. 그래서 자기 자신에 대한 이기심이 결여되어, 열심히 살아본들 남좋은 일만 시키고 인생 허무감을 느낄 수도 있다.

65) 십우도(十牛圖)

우리 나라 웬만한 명산 사찰의 사방 벽면에 빙 둘러진 그림으로 전해져 오는 십우도(十牛圖)라는 것이 있다.

십우도는 한 소년의 일생을 열 장의 그림으로 표현한 것이다. 첫 장에서 소년은 무작정 출가를 하여 산으로 올라간다.

소년은 산중에서 커다란 소의 종적을 발견하고 부지런히 쫓아가 소의 꼬리를 잡는다.

쇠꼬리를 잡고 씨름을 하여 겨우겨우 소를 잡게 된다. 그후 소년은 소의 등에 올라타고 소를 마음대로 부리며 금의환향하듯이 천천히 산을 내려온다.

그런데 집으로 돌아오는 도중에 산길 위에서 소의 색깔이 변한다. 본래 검은 소였었는데 어느새 하얀 소로 탈색이 되어 있다. 그러다가 점차로 소의 형상마저도 사라진다.

색즉시공(色卽時空)일까?.

소년은 소를 잃고서 비로소 깨달음을 얻는다.

뒤이어서 소년은 바로 자기 자신마저도 잃어버린다. 소년은 삿갓을 눌러쓴 채로 속세로 상징되는 자기 집을 그냥 지나쳐 간다.

이 십우도에서 사라진 소를 가리켜서 사람들은 세속적 야망이라고 하며 인간의 욕심은 한갓 물거품 같은 것이라는 뜻으로 해석한다.

더러는 이 소를 도(道)라고도 하며, 그것이 바로 도이기 때문에 인간이 잡을 수도 없고, 그래도 일단 잡았으면 다시 빨리 버려야만 진정한 도를 깨달을 수 있다고도 한다.

신경정신과 의사 중에서는 이 소를 리비도라고 설명하는 사람도 있는데 때로는 가장 현실적으로 꿈의 해석에 이용이 된다.

66) 자기애적 성격(NARCISSM)

자기애적 성격은 외부로부터 적절한 인정을 받지 못해서 생기기도 한다. 그런 경우에 치료는 현재 상황에서 환자가 마땅히 받았어야 할 대상으로부터 받지 못한 인정을 치료자가 부모 대신 해주어 치료자의 새로운 보육(MOTHERING)으로 환자의 자아를 성장시키면서 환자의 열등감을 극복하게 하고 또한 과도한 자만심을 차차로 줄여 가게 한다.

자만심은 열등감의 그림자이고 열등감의 크기나 자만심의 크기는 똑같은 것이기 때문에 열등감이 사라지면 자만심도 사라지고 대인 관계도 조화롭게 변한다.

열등감과 자만심이 진동을 하는 경우에는 대인 관계에 장애가 심각하여 다른 사람들이 볼 때에 정서가 불안하게 느껴진다.

일반적인 심리 치료에서, 열등감의 치료는 바로 그 사람에 대한 인정에서부터 시작된다. 환자를 비판하지 않고 현재 모습을 있는 그대로 인정하는 것이다. 자신감을 가지라는 격려 등도 일종의 인정이다. 하지만 여기서 끝나서는 아무 것도 될 수 없다.

그 다음 단계로 그 사람에게 성취할 수 있는 과제를 주어서 그 일을 성공적으로 수행하게 될 때에 비로소 그 사람은 자신의 가치를 한 단계 높이고 진정한 자신감을 가지게 된다. 게다가 치료자의 인정이 다시 뒤따르면 더욱 성취감을 맛보고 비로소 자기를 진정으로 존중하는 마음, 자존심이 생긴다.

반대로 무리한 과제로 해서 그 사람이 성취해 내지 못한다면 오히려 열등감은 깊어진다. 계속 실패의 함정으로 환자를 몰아넣고서 치료자가 아무리 자신감을 가지라고 말로 해서 열등감이 해소될 수는 없는 것이다.

67) 공주병

공주병은 자기애적 성격 나르시즘의 일종이다. 앞에서 말한대로 자라면서 인정을 받지 못해 생기는 병이다.

역설적으로 말해서 진짜 공주는 공주병에 걸리지 않는다. 공주는 열등감이 없기 때문이다.

열등감에 싸인 무시받는 시녀가 공주를 상상하고 공주병에 걸리는 것이다.

따라서 공주병의 치료는 너 자신을 알라는 식의 구박이 아니라 일단은 공주로 대우하는 사랑이 우선이다.

68) 열등감과 자만심, 동전의 양면

본래 열등감과 자만심은 동전의 양면과 같다.

강한 사람 앞에서는 열등감으로 몹시 비굴한 사람이, 자기보다 조금 약한 사람에게는 자만심으로서 지독하게 잔혹한 것과 마찬가지로서 열등감이 심한 사람은 자만심도 심하고 자만심이 심한 사람은 열등감도 심한 것이다.

그 중간 선에 정당한 자기 평가, 열등감도 없고 자만심도 없는 상태를 가리켜 진정한 의미의 자존심이라고 해야 옳다.

열등감과 자만심이 실제 생활에서 교차되어 진동하면서 나타날 때에 환자들은 일상적인 대인 관계가 힘들어지고 또 쉽게 좌절하며 성격적인 우울증에 걸리기 쉽다.

그런데 열등감이라는 것은 대개 사회에서 얻어지는 것은 아니다. 설령 경제적으로 유복하게 재벌의 아들로 태어나도 열등감은 존재하고 그것이 병을 만들어 자살에 이르게 할 수도 있다. 즉 아무리 선망을 받는 사람도 그 사람에 대한 사회적 평가와 무관하게 열등감은 주관적으로 존재한다.

69) 적면 공포증(ERYTHROPHOBIA: FEAR OF BLUSHING).

사람들 앞에 나서면 얼굴이 빨개지는 불편한 증상을 진단적으로 적면공포증(ERYTHROPHOBIA: FEAR OF BLUSHING)이라고 하는데 역시 환자의 내면에서 진행되는 성적인 긴장이 주로 문제가 된다.

70) 주부우울증; 남편이 고쳐지면 내 병이난다.

남편이 고쳐지면 낫는 병은 평생 낫지 않는 병이다. 이런 병을 고치려면 의사는 환자와 싸우다시피 하여야 한다. 고치지 않으려면 그냥 위로해 주면 그만이다.

일반적인 정신 치료 과정에서 환자 주위의 다른 사람의 태도 변화보다는 치료받는 사람 자신의 변화 가능성에 주안한다.

스스로 자신의 마음을 다스려 자신이 조금씩 변화하고자 해도 결코 쉬운 일이 아닌데, 하물며 남의 마음을 내가 다스려 내게 적합하게 남을 변화시킨다는 것은 거의 불가능에 가까운 것이다.

즉 오지 않는 환자(남편)을 원거리에서 고칠 수도 없거니와 치료의 첩경은 고달픈 환자(부인) 자신이 변하는 것이다.

71) 강간에 대해

강간은 도발과 응전의 개념은 아니다. 가해자가 자신의 의지로서 피해자의 거부 의사에 반해서 그녀를 무력으로 강탈한 것이 강간이라는 범죄이다. 피해자가 명백하게 반대한 이상에는 힘이 부쳐서 굴복당했던 그녀를 결코 아무도 탓할 수가 없다.

그것이 사회 정의다. 그러나 우리 사회의 인습이 아직까지는 성숙하지 못해서 그와 같은 상황에서 가해자가 범죄 인식을 전혀 갖지 못하고 있는 것이 현실이고, 사회 제도도 그런 피해자를 충분히 보호해 주지 못하는 것이 문제이다.

설령 피해자에게 있었을지도 모를 본능적인 성충동을 십분 인정한다고 해도, 그녀도 사람인 이상에는 무의식적인 성적 충동이 내재되어 있는 것은 정상 범주이다. 하지만 그 뒤에 저질러진 강간은 의식적이고 고의적인 행동으로서 결코 정상 행위가 아니라는 것을 우리는 다시 한 번 생각해야만 한다.

72) 교회는 참아 주세요.

치료자가 교회 다니는 분들께 꼭 부탁드리고 싶은 말은, 여타의 어떤 정신과 환자를 보았을 때라도 환자에게 마귀 들렸다는 말만은 제발 삼가 달라는 것이다.

마음이 약해서 병도 걸리고, 그래서 아무런 변명도 할 수 없는 가여운 환자에게 그 마귀 들렸다는 소리가 그 얼마나 아픈 소리이겠는가?

73) 전생치료의 허구

전생을 보여주어서 정신치료를 한다고 하는데 정신치료라는 것은 앞에서 보았듯이 여러 단계를 공들여서 하는 것이다.

진단과 진단의 전달, 전이의 진단, 전이의 이해, 그리고 전이 해소 과정이 있다.

소위 전생의 원인을 밝혔다고 해서 정신치료되는 것이 아닌 것이다.

예를 들어서 전생에 생쥐였던 환자가 고양이를 무서워 한다고 하자. 그것을 알아냈으니 어쩌란 말인가?

"나는 개다, 나는 개다." 자기 최면을 하면 고양이를 무서워하는 병이 나을 것인가?

또한 전생을 신용하기 어려운 이유는 최면 속에서 환자가 보는 현실이 전생의 진실이 아니라 환자의 상상인 것이다.

그렇게 전생퇴행으로 실제의 과거의 진실을 알 수 있다면 한국 역사의 비밀은 벌써 밝혀졌을 것이고, 한국보다 먼저 전생요법을 시작한 미국에서는 진짜 케네디 암살범도 분명하게 잡아냈을 것이다. 그러나 어디 그런가?

74) 전생요법도 낫는 이유

전생요법도 치료가 된다고 하는데 맞는 말이다. 공황장애자나 건강염려증 환자는 전생요법에 잘 들을 수 있다.

공황장애자들은 자신이 당장 쓰러져 죽을 것 같은 발작을 일으킨다. 아무리 죽지 않는다고 의학적인 설명을 해도 긴가민가다.

대신에 온갖 첨단 의료장비로서 검진을 받고 그 첨단 장비로도 찾지 못하는 병일 것이라 생각하며 심리정인 병이라는 개념을 받아들이려하지 않는다. 마치 자신의 정신적 의지를 시험당하는 것처럼 기분이 나쁘고 그래서 더 과학적인 여러가지 검사를 원하기도 한다.

그런데 아주 비과학적인 전생을 믿게하고 현재의 고통이 과거 독립군으로서 고문받던 고통이라고 믿게 해주면 현재의 공황발작으로부터 지금 이생에서 죽지 않을 것이라는 새로운 믿음을 가지게 된다. 그러면 당연히 공황발작의 강도가 감소되기 시작하고 점점 나아질 수 있다. 공황 발작에서 이 발작으로 죽지 않는다는 믿음을 가진다면 삼분지일은 치료된 것고 같다.

건강염려증도 마찬가지다. 알수없는 여러가지 잡동사니 증상들을 첨단 의학적으로 설명 못한다고 생각하다가 이 모두를 애초에 설명할 수 없는 전생의 아픔으로 돌려버리고 나니 당장 죽음의 공포로부터 벗어날 수 있는 것이다.

자신의 불신감으로 있지도 않은 더 과학적인 만을 찾다가 가장 미신적인 곳으로 추락하여 무조건 신뢰하는 일은 한국인의 열등감에 의한 사회적 병폐다.

그러니 이승의 혼란을 전생으로 돌려버리고 스스로 안도한들 현세의 본래 문제가 해결된 것이 아니라서 근본적인 치료가 된다고 보기 어렵다. 현생의 문제는 현생에서 풀어야 한다. 당연히 현세의 갈등을 찾아 해결해야 하는 것이다.

구자일

〈경력〉
- 1961 서울 출생
- 서울대학교 의과대학 졸업
- 신경정신과 전문의
- 의권쟁취투쟁위원회 운영위원 – 2000
- 의료제도 민주화추진본부 사무총장 – 2002
- 대한의사협회 의료법비상대책위원회 위원 – 2007
- 현)보람병원 원장

〈주요저서〉
- 시집 〈나를 닮아 미운 개구리 그리고 나〉 – 1992년
- 소설 〈대발해〉 – 1993년

〈한국 고대 역사 지리연구〉 – 1997
〈한국고대역사지리〉 – 2005
〈백제속국일본사〉 – 2006

구자일의 한국인의 꿈 분석

수정판발행일 : 2011년 10월 20일
저 자 : 구자일
펴 낸 이 : 오무근
펴 낸 곳 : 도서출판 하나의학사
주 소 : 서울시 종로구 홍파동 13-4 한솔빌딩 1층
Tel (02) 730-2555, 2556
Fax (02) 730-2557
E-mail: hanampc@yahoo.co.kr
출 판 등 록 : 제300-2011-21호(1988.4.1)
ISBN 978-89-92141-75-8 03180
정가 18,000원